人民交通出版社“十三五”
民航运输类空中乘务专业规划教材

Inflight Tea & Wine Cultures and Service

机上茶酒文化与服务

主　编/刘雪莹（中国民航大学）
副主编/于金艳　于　佳　刘芳洋
主　审/于　蓉（中国民航飞行学院）

人民交通出版社股份有限公司
China Communications Press Co.,Ltd.

内 容 提 要

本书围绕乘务员的工作环境，融合国内与国外多家航空公司服务标准及服务流程，讲解了与客舱服务相关的茶酒水知识、操作服务方法，重视实际操作，紧密联系客舱服务特点。能够有针对性地扩大学生的知识面，同时增强学生自身的文化素质。

本书可作为空中乘务、航空服务等相关专业的教材使用，也可供行业相关岗位培训使用。

图书在版编目(CIP)数据

机上茶酒文化与服务 / 刘雪莹主编. -- 北京 : 人民交通出版社股份有限公司，2019.1

人民交通出版社"十三五"民航运输类空中乘务专业规划教材

ISBN 978-7-114-14449-3

Ⅰ. ①机… Ⅱ. ①刘… Ⅲ. ①民用航空－旅客运输－商业服务－教材 Ⅳ. ①F560.9

中国版本图书馆CIP数据核字(2017)第312277号

Jishang Chajiu Wenhua yu Fuwu

书　　名：机上茶酒文化与服务
著 作 者：刘雪莹
责任编辑：吴燕伶　李　娜
责任校对：尹　静
责任印制：刘高彤
出版发行：人民交通出版社股份有限公司
地　　址：(100011)北京市朝阳区安定门外外馆斜街3号
网　　址：http://www.ccpcl.com.cn
销售电话：(010) 59757973
总 经 销：人民交通出版社股份有限公司发行部
经　　销：各地新华书店
印　　刷：北京建宏印刷有限公司
开　　本：787×1092　1/16
印　　张：15.25
字　　数：354千
版　　次：2019年1月　第1版
印　　次：2024年8月　第6次印刷
书　　号：ISBN 978-7-114-14449-3
定　　价：40.00元

前　言

《国家中长期教育改革和发展规划纲要》(2010—2020)、《现代职业教育体系建设规划(2014—2020)》中提出要加快职业教育建设，着力培养学生的职业道德、职业技能，以满足社会对高素质技能人才的需求。截止到2017年，我国共有航空公司58家、定期航班航线4418条、颁证运输机场229座、运输飞机3296架。通航领域发展同样蒸蒸日上，365家通用航空企业拥有2297架通用航空器。高质量的民航快速发展离不开高素质专业应用型人才，《机上茶酒文化与服务》教材就是在这种背景下编写而成。

本教材编写团队由中国民航大学乘务学院教师和航空公司乘务培训中心一线资深培训教师共同组成，这样既能保证教材内容突出乘务专业特点，同时又能很好把握学生学习的规律，使本教材呈现系统性、完整性和适用性，同时，本教材还特别强调了乘务专业技能的传授和训练。

中国民航大学乘务学院自建院以来，一直重视与实际客舱服务工作相关的课程。在2008年首次开设了茶酒文化课程，其中既包括理论学习，也有实际操作。该课程现为中国民航大学精品课程。随着民航事业的快速发展，需要满足不同旅客群的需求，特别是面对高端客群，他们对茶、酒、咖啡服务标准的要求更高，而市场上针对机上茶酒服务的教材还是空白，其他的教材内容难以满足当今的飞机客舱服务标准，教材的出版势在必行。

本教材以实际应用能力和职业素质培养为主线，按"实际、实用、实践、实效"的原则编写。内容选取围绕乘务员的工作环境，融合国内与国外多家航空公司服务标准及服务流程，提供与客舱服务相关的茶、酒、咖啡知识，操作服务方法，有针对性地扩大学生的知识面，同时增强自身的文化素质，重视实际操作紧密联系客舱服务特点。教材内容包括茶文化概述、茶的种类与茶艺服务以及常用咖啡知识与服务，酒的概述、分类和服务。教材还介绍与客舱服务相关的茶酒咖啡容器、服务用语，特别指出客舱服务与地面服务的不同之处，有针对性地扩展学生文化素养，培养学生动手能力，帮助学生全方位地了解乘务员的茶、酒、咖啡服务工作，熟悉专业术语，加强专业素质的培养，为今后的工作打下良好的基础。

由于编者水平有限，书中不足之处，恳请读者批评指正。

编　者

2018年9月

目　录

第一篇　茶

第二篇　酒

第一篇

茶

第一章　茶的概述

第一节 茶的起源与历史

茶，从神农发现到周鲁公时期闻名于世，从唐代兴起到宋代兴盛，经历了漫长的历史过程，是中华民族的国粹，现已成为世界三大无酒精饮料之一（图1-1）。目前，全世界已有60多个国家种茶，有150多个国家和地区的20多亿人钟情于饮茶。考古学家在浙江杭州跨湖桥新石器时代遗址中发现的茶叶和完整的茶树籽，距今已有8000年的历史。追本溯源，世界各国引进的茶种、饮茶方法、栽培技术、加工工艺、茶文化习俗等，都是直接或间接从中国传播而来的。

茶叶　　可可　　咖啡

图1-1　世界三大无酒精饮料

一、茶的起源

我国是最早利用茶叶的国家，也是野生大茶树发现最早、最多的国家。西汉时期，茶叶已经成为了商品，三国（公元220—280年）《吴普·本草》引《桐君录》中就有“南方有瓜芦木（大茶树），亦似茗，至苦涩，取为屑茶饮，亦可通夜不眠”之说。唐代饮茶已成为风尚，茶叶产业发达，政府征收茶税就是有力证明。唐代茶圣陆羽（公元733—804年）在所著《茶经》（公元758年左右）中称：“茶者，南方之嘉木也，一尺，二尺遒至数十尺……”。唐代开始，饮茶风气传到了日本和朝鲜，逐渐形成了“茶礼”和“茶道”。到了明、清二代，茶叶传入欧洲各国。

（一）茶的发现

《神农本草经》中记载“神农尝百草，日遇七十二毒，得荼而解之”，其中“荼”就是“茶”，这是我国最早发现和利用茶叶的记载。

茶农口中相传："神农有个水晶肚，达摩眼皮变茶树。"在上古时期（公元前3200年），炎帝神农氏有一个透明的肚子，吃下的东西，可以清楚地看到胃里的变化。由于那时人们的生产水平非常低下，无法辨别哪种植物是有毒的，因此吃了东西经常得病。神农为了解救苦难的大众，决心把看到的植物都尝试一遍，这就是"神农尝百草"的典故（图1-2）。有一次，神农尝到了有毒的植物而腹痛昏迷，过了很久他被一阵清香唤醒，发现自己昏迷前烧好的一锅水上漂浮着白色花朵和嫩叶，他喝下汤水后便觉得神清气爽，这种叶子在肚子里到处流动洗涤，好像是在"查来查去"，于是神农便把这种植物称为"茶"。《神农本草经》上有这样的记载："茶叶味苦寒，久服安心益气，轻身耐劳。"还记载了茶叶可治疗头肿、受寒发热、发炎，还可以止渴生津，使人心境舒适。因此，最初茶叶是作为一种药物而为人所知、为人所用的。

图1-2　神农尝百草

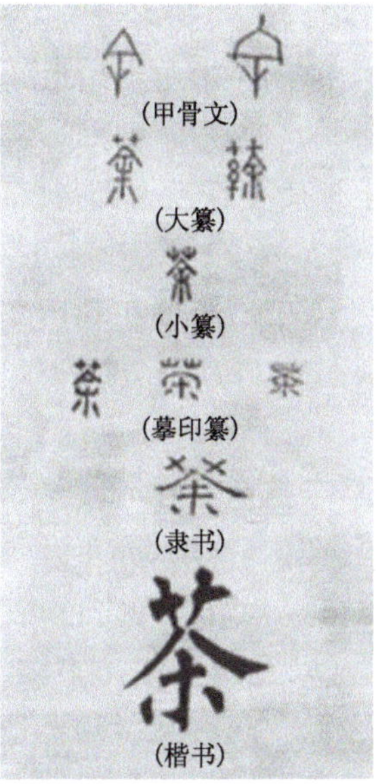

图1-3　"茶"字的演变

中国古代，茶的读音先于字形出现，读音出现在西汉时期，而字形和字义成形于我国唐代。史料记载中，茶的名称很多。西汉时期司马相如的《凡将篇》中提到的"荈（chuǎn）诧"就是茶。同样在西汉末年，扬雄的《方言》中称茶为"蔎（shè）"；《神农本草经》（约成于汉朝）中，称茶为"茶草"或"选"；东汉的《桐君录》（撰人不详）中谓之"瓜芦木"；南朝宋山谦的《吴兴记》中称为"荈"；唐代茶圣陆羽的《茶经》中，也提到"其名，一曰茶，二曰槚，三曰蔎，四曰茗，五曰荈"。在这本《茶经》中，对茶的提法不下10余种，其中用得最多、最普遍的是"茶"。唐代是中国历史上，国泰民安、兴旺发达的朝代。在唐代，由于茶产业的发展，饮茶的普及程度越来越高，茶的文字的使用频率也越来越高，因此，民间为了将茶的意义表达得更加清楚、直观，就把"荼"字减去一划，改写成了我们现在看到的"茶"字。"茶"字的演变过程如图1-3所示。此后，在古今茶学书中，茶字的音、形、义基本形成。

中国是一个多民族国家，因地方方言的特殊性，同样的茶字，在发音上也有差异。而世界各国语言中，茶的发音多为我国各地区茶字发音的转译，见表1-1和表1-2。

中国不同地区/民族茶字发音　　表1-1

地区/民族	茶 字 读 音
福州	ta
厦门、汕头	de
长江流域及华北各地	chai、zhou、cha
傣族	a
贵州苗族	chu、a

世界语言中茶字发音 表1-2

世界语言	茶字读音	中国相似地区
日文	チセ	中国普通话
俄文	чай	中国北方
英文、法文	tea、the	中国闽南地区
德文	tee	中国闽南地区
拉丁文	thea	中国闽南地区

此外，澳大利亚语、印地语、乌尔都语里的茶字发音，也都是我国汉语茶字的音译。从茶字的演变与确立，到世界各地的有关茶的读音，无不说明，茶出自中国、源于中国，中国是茶的原产地。

（二）茶树的发源

茶树是一种多年生常绿木本植物。根据植物分类，茶科植物共有23属，380多种，我国的茶树多分布在云南、贵州和四川等地，在我国的有15属，260余种。关于茶树的起源问题，历来争论较多，随着考证技术的发展和新发现，才逐渐达成共识，即中国是茶树的原产地，并确认中国西南地区，包括云南、贵州、四川是茶树原产地的中心。由于地质变迁及人为栽培，茶树开始由此普及全国，并逐渐传播至世界各地。

茶树起源于何时？据文字记载，我们的祖先在3000多年前就已经开始栽培和利用茶树。经过植物学家的科学论证，根据植物分类学追本溯源，茶树起源在6000万～7000万年前，经过漫长的演变、发展，成为了我们所熟知的不同种类的茶树。

中国是茶树的原产国，自古以来，一向为世界所公认。但在1824年，探险家在印度原始丛林中发现了野生茶树，部分国外学者提出，印度应该是茶树原产国，在国际学术界引发了争论。中国公元200年左右的著作《尔雅》中提到有野生大茶树的存在。有资料可查证，在我国多个省区、多地点发现了野生大茶树，仅云南省内树干直径在1m以上的就有10多株，有的地区的野生茶树群落甚至大至数千亩，距今最老的一株野生大茶树在云南，树龄已达2700年左右。后来经考证，印度发现的野生茶树与从中国引入印度的茶树同属中国茶树之变种。由此，中国是茶树的原产地遂成定论。近几十年来，茶学和植物学研究相结合，从树种及地质变迁、气候变化等不同角度出发，对茶树原产地做了更加细致深入的分析和论证，进一步证明我国西南地区是茶树原产地。主要论据，简单地讲，有以下三个方面。

1. 茶树的自然分布

目前所发现的山茶科植物共有23属，380余种，而我国就有15属，260余种，且大部分分布在云南、贵州和四川一带。已发现的山茶属有100多种，云贵高原就有60多种，其中以茶树种占最重要的地位。从植物学的角度看，许多属的起源中心在某一个地区集中，即表明该地区是这一植物区系的发源中心。山茶科、山茶属植物在我国西南地区的高度集中，说明了我国西南地区就是山茶属植物的发源中心，当属茶的发源地。图1-4所示为一株云南古茶树。

图1-4 云南古茶树

2. 地质变迁

西南地区由于地质差异的原因，造成了低纬度和海拔高低相差悬殊的情况。因为群山起伏，河谷多且地形变化多端，形成了众多的小地貌区和小气候区。因为气候差异，原来生长在这里的茶树，相当于慢慢分置在热带、亚热带和温带不同的气候中，使得茶树种内变异，发展成了热带型和亚热带型的大叶种和中叶种茶树，以及温带的中叶种及小叶种茶树。植物学家认为，某种物种变异最多的地方，就是该物种起源的中心地。我国西南三省，是我国茶树变异最多、资源最丰富的地方，当是茶树起源的中心地。

3. 茶树的进化类型

从茶树在其系统发育史上看，它总是趋于不断进化之中。因此，凡是原始型茶树比较集中的地区，当属茶树的原产地。我国西南三省及其毗邻地区的野生大茶树，具有原始茶树的形态特征和生化特性，也证明了我国西南地区是茶树原产地的中心地带（图1-5）。

图1-5 云南野生大茶树茶树王（树龄2700年）

关于茶树的发源地，在我国国内有多种说法，见表1-3。

茶树发源地探究 表1-3

发 源 地	原 因
西南地区	“我国西南部是茶树的原产地和茶叶发源地。”这一说法所指的范围很大，但不确切
四川	清·顾炎武《日知录》：“自秦人取蜀以后，始有茗饮之事。”

续上表

发源地	原因
云南	云南的西双版纳是植物的王国，有原生的茶树种类存在完全是可能的
川东鄂西	陆羽《茶经》："其巴山峡川，有两人合抱者。"巴山峡川即为今天的川东鄂西，且此地发现过大茶树
江浙地区	有人提出茶始于以河姆渡文化为代表的古越族文化。江浙一带目前是我国茶叶行业最为发达的地区

（三）饮茶方式的发明

茶是怎样起源的呢？人类是怎样开始有饮茶习惯的？茶在我国很早即被发现和利用，且很早就有关于人工茶树的种植和茶叶的制作工艺。但是茶在社会中各阶层被广泛普及品饮，是在唐代茶圣陆羽所撰写的《茶经》传世以后。所以宋代有诗云"自从陆羽生人间，人间相学事春茶"。也就是说，茶在被发现后，约有1000年以上的时间并没有被大众所熟知。

茶的作用在中国的历史潮流中经历了祭品→药用→食用→饮用的演变过程，使用主体经历了由离宫别苑向寻常百姓家过渡的漫长过程，品饮方式经历了唐煎→宋点→明清泡的过程，茶叶外形经历了饼茶→团茶→散茶的过程。

二、茶的历史

中国茶文化历史悠久，巴蜀地区更是被视为中国茶文化的摇篮。我国茶文化的形成与巴蜀地区古时的政治、风俗及茶产业的发展有着密切的关系。

中国茶文化形成的历史过程见表1-4。

中国茶文化形成的历史过程　　表1-4

茶文化形成情况	历史时期	代表事件
启蒙时期	三国以前	《广雅》记载了饼茶的制法和饮用方式
萌芽时期	晋代、南北朝	有关茶的诗词歌赋日渐问世
形成时期	唐代	陆羽著《茶经》
兴盛时期	宋代	斗茶兴起，关于茶的诗词歌赋兴起
普及时期	明、清两代	朱元璋废饼茶兴散茶，茶馆文化兴起
现代茶文化	中华人民共和国成立后	茶产业高速发展

（一）三国以前的茶文化启蒙

很多书籍把茶的发现时间定为公元前2737—2697年，其历史可追溯到三皇五帝。东汉华佗《食经》中"苦茶久食，益意思"记录了茶的医学价值。西汉将茶的产地县命名为"茶陵"，即湖南的茶陵。到三国魏代《广雅》中已最早记载了饼茶的制法和饮用：荆巴间采叶作饼，叶老者饼成，以米膏出之。茶以物质形式出现并渗透至其他人文科学而形成茶文化。

（二）晋代、南北朝茶文化的萌芽

随着文人饮茶之兴起，有关茶的诗词歌赋日渐问世，茶已经脱离一般形态的饮食而走入文化圈，具有一定的影响。

（三）唐代茶文化的形成

中唐时，陆羽《茶经》的问世使茶文化发展到一个空前的高度，标志着唐代茶文化的形成（图1-6）。《茶经》概括了茶的自然和人文科学双重内容，探讨了饮茶艺术，把儒、道、佛三教融入饮茶中，首创中国茶道精神。其后又出现大量茶书、茶诗，如《茶述》《煎茶水记》《采茶记》《十六汤品》等。唐代茶文化的形成与禅教的兴起有关，因为茶有提神益思、生津止渴的功效，所以很多寺庙崇尚饮茶以更好地参禅，很多寺院周围种植了茶树，制定茶礼、设茶堂、选茶头，专呈茶事活动。在唐代形成的中国茶道分为宫廷茶道、寺院茶礼、文人茶道。《茶经》是我国茶文化的里程碑。千百年来，我国茶人对茶文化的各个方面进行了无数次的尝试和探索，但直至《茶经》诞生后才有了系统的梳理，茶方大行其道，因此《茶经》的出现具有划时代的意义。

图1-6　唐代茶文化的形成

（四）宋代茶文化的兴盛

宋代茶业已有很大发展，推动了茶叶文化的发展，在文人中出现了专业品茶社团，有官员组成的“汤社”、佛教徒组成的“千人社”等 。宋太祖赵匡胤是位嗜茶之士，他在宫廷中设立茶事机关，宫廷用茶已分等级。茶仪在宋朝成为了一种高雅的礼制，赐茶已成皇帝笼络大臣、眷怀亲族的重要手段，皇帝还将茶赐给国外使节。至于下层社会，茶文化更是生机活泼，有人迁徙，邻里要“献茶”；有客来，要敬“元宝茶”；订婚时要“下茶”，结婚时要“定茶”，同房时要“合茶”。民间斗茶风起，带来了采制烹点的一系列变化。

（五）明、清茶文化的普及

明代，朱元璋改饼茶为散茶，此时才出现蒸青、炒青、烘青等各茶类，茶的饮用方式已经由团茶改成“撮泡法”，明代不少文人雅士留有传世之作，如唐伯虎的《烹茶画卷》《品茶图》，文徵明的《惠山茶会记》《陆羽烹茶图》《品茶图》等。茶类的增多，泡茶的技艺有别，茶具的款式、质地、花纹千姿百态。晚明时期，文士们对品饮之境又有了新的突破，讲究“至精至美”之境。

在那些文人墨客看来，事物至精至美的极至最后之境就是“道”，“道”就存在于天地的所有事物之中。关于“茶道”一词，张源在所著《茶录》一书中提出了自己的“茶道”之说：“造时精，藏时燥，泡时洁。精、燥、洁茶道尽矣。"他认为茶中有"内蕴之神"，即"元神"，发抒于外者叫作"元体"，两者互依互存，互为表里，不可分割。元神是茶的精气，元体是精粹外观的色、香、味。只要在事茶的过程中，做到淳朴自然，质朴求真，玄微适度，中正冲和，便能求得茶之真谛。张源的茶道追求茶汤之美、茶味之真，力求进入目视茶色、口尝茶味、鼻闻茶香、耳听茶涛、手摩茶器的完美之境。

张大复在此基础上更进一层，他说："世人品茶而不味其性，爱山水而不会其情，读书而不得其意，学佛而不破其宗。"品茶不必斤斤于其水其味之表象，而要求得其真谛，即通过饮茶达到一种精神上的愉快，一种清心悦神、超凡脱俗的心境，以此达到超然物外、情致高洁的仙境，一种天、地、人融通一体的境界。这可以说是明人对中国茶道精神的发展与超越。到清代时，茶叶出口已成一种正规行业，茶书、茶事、茶诗不计其数。

"茶馆"在明清时期茶文化的传播中起到了非常重要的作用。相对于以前茶肆多出现于史料典籍，明清时期的茶馆则堂而皇之地成为众多文学故事的载体，成为多方文学圣手的描绘对象。茶馆的真正鼎盛时期是在清朝。"康乾盛世"期间，清代茶馆呈现出集前代之大成的景观，不仅数量多，种类、功能皆蔚为大观（图1-7）。当时杭州城已有大小茶馆800多家。乡镇茶馆中，太仓的璜泾镇，全镇居民只有数千户，而茶馆就有数百家。足矣可见茶馆的鼎盛和茶文化的普及。

图1-7　清代的茶馆

（六）现代茶文化的发展

中华人民共和国成立后，我国茶叶从1949年的年产7500吨发展到1998年的60余万吨，茶物质财富的大量增加为我国茶文化的发展提供了坚实的基础。1982年杭州成立了第一个以弘扬茶文化为宗旨的社会团体——"茶人之家"，1983年湖北成立"陆羽茶文化研究会"，1990年"中国茶人联谊会"在北京成立，1993年"中国国际茶文化研究会"在湖州成立，1991年中国茶叶博物馆在杭州西湖乡正式开放，1998年中国国际和平茶文化交流馆建成。随着茶文化的兴起，各地茶艺馆越办越多。各省市及主产茶县纷纷主办"茶叶节"，如福建武夷市的岩茶节，云南的普洱茶节，浙江新昌、泰顺和湖北英山及河南信阳的茶叶节不胜枚举，都以茶为载体，促进全面的经济贸易发展。

第二节
茶的传播与发展

中国是茶树的发源地，同时，让中国成为“茶的故乡”的更多原因在于中国在“茶”业上对人类的巨大贡献，中国是最早发现、种植、利用茶树，并将其发展成为具有特色的茶文化，传播至全世界。中国的茶文化最初自巴蜀开始，随后逐渐向中原地区传播，后于唐代漂洋过海，传播至日本和朝鲜，明代中期被葡萄牙人引入欧洲，并最终形成了遍布世界的、灿烂独特的茶文化。

一、茶在国内的传播和发展

在茶叶历史上，茶叶文化由内地向边疆各族的传播，主要是由于两个特定的茶政内容而发生的，这就是“榷（què）茶”和“茶马互市”（也称茶马交易）。

“榷茶”的意思就是茶叶专卖，这是一项政府对茶叶买卖的专控制度。“榷茶”最早起于唐代。

到了宋初，由于国用欠丰，亟需增加茶税收入，同时也为革除唐代以来茶叶自由经营收取税制的积弊，便开始逐步推出了榷茶制度和边茶的茶马互市两项重要的国策。

1. 茶马交易

茶马交易，最初见于唐代，但未成定制。在宋代初年，内地向边疆少数民族购买马匹，主要还是用铜钱。但是这些地区的牧民渐渐将卖马的铜钱用来铸造兵器。因此，宋朝政府从国家安全和货币尊严考虑，在太平兴国八年，专门设立了茶马司，茶马司的职责是“掌榷茶之利，以佐邦用；凡市马于四夷，率以茶易之。”（《宋史·职官志》）

2. 茶入吐蕃

茶入吐蕃的最早记载是在唐代。唐代对吐蕃影响汉族政权的因素一直非常重视，唐代的文成公主进藏，就是出于安边的目的，与此同时，也将当时先进的物质文明带到了那片苍古的高原。据文献记载，文成公主随带物品中就有茶叶和茶种，吐蕃的饮茶习俗也因此得到推广和发展。到了中唐的时候，朝廷使节到吐蕃时，看到当地首领家中已有不少诸如寿州、舒州、顾渚等地的名茶。中唐以后，茶马交易使吐蕃与中原的关系更为密切。

3. 茶入回纥

回纥是唐代西北地区的一个游牧少数民族，唐代时，回纥的商业活动能力很强，长期在长安的就有上千人，回纥与唐的关系较为平和，唐宪宗把女儿太和公主嫁到回纥，玄宗又封裴罗为怀仁可汗。《新唐书·陆羽传》中载：“羽嗜茶，著经三篇，言茶之源、之法、之具尤备，天下益知饮茶矣……其后尚茶成风，时回纥入朝始驱马市茶。”回纥将马匹换来的茶叶等，除了饮用外，还用一部分茶叶与土耳其等阿拉伯国家进行交易，从中获取可观的利润。

4. 茶入西夏和辽

1038年，西夏元昊称帝，不久便发动了对宋战争，双方损失巨大，不得已而重新修和。但宋王朝的政策软弱，有妥协之意。元昊虽向宋称臣，但宋送给夏的岁币茶叶等，则大大增加，赠茶由原来的数千斤，上涨到数万斤乃至数十万斤之多。

5. 茶入金

金朝以武力不断胁迫宋朝的同时，也不断地从宋人那里取得饮茶之法，而且饮茶之风日甚一日。金朝虽然在战场上节节胜利，但是对炽烈的饮茶之风却十分担忧。因为所饮之茶都是来自宋人的岁贡和商贸，而且数量很大。当时，金朝“上下竟啜，农民尤甚，市井茶肆相属”，而文人们饮茶与饮酒已是等量齐观。茶叶消耗量的大增，对金朝的经济利益乃至国防都是不利的。于是，金朝不断地下令禁茶。禁令虽严，但茶风已开，茶饮深入民间。茶饮地位不断提高，如《松漠记闻》载，女真人婚嫁时，酒宴之后，“富者遍建茗，留上客数人啜之，或以粗者煮乳酪”。同时，汉族饮茶文化在金朝文人中的影响也很深，如党怀英所作的《青玉案》词中，对茶文化的内蕴有很准确的把握。孔明领兵到云南南糯山，士兵多害眼疾，他让士兵喝煮茶叶水，眼疾除，故称茶叶树为孔明树。

二、茶在国外的传播和发展

中国茶叶、茶树、饮茶风俗及制茶技术，是随着中外文化交流和商业贸易的开展而传向全世界的。最早传入日本、朝鲜，其后由南方海路传至印尼、印度、斯里兰卡等国家，16世纪至欧洲各国并进而传到美洲大陆，又由北方传入波斯、俄国。唐代中叶，中国茶籽被带到日本种植，茶树开始向世界传播。据文献记载，公元805年，日本高僧最澄，从天台山国清寺师满回国时，带去茶种，种植于日本近江。这是中国茶种向外传播的最早记载。印度是红碎茶生产和出口最多的国家，其茶种源于中国。西方各国语言中“茶”一字，大多源于当时海上贸易港口福建厦门及广东方言中“茶”的读音。可以说，中国给了世界茶的名字、茶的知识、茶的栽培加工技术，世界各国的茶叶，直接或间接，与我国茶叶有千丝万缕的联系。

茶叶南传中南半岛，是以明朝郑和下西洋为肇始，向非洲、欧洲、美洲传播，而向东则传播至朝鲜和日本。茶叶向中南半岛的传播由来已久。

1. 茶入欧洲

自永乐三年（1405年）至宣德八年（1433年）的28年间，明朝郑和七下西洋，途经东南亚、阿拉伯半岛，直达非洲东岸，增强了与这些国家、地区间的经济贸易联系，使茶叶的输出量增加。在此期间，西欧各国的商人先后东来，从这些地区转运中国茶叶，并在本国上层社会推广饮茶。明神宗万历三十五年（1607年），荷兰海船自爪哇来我国澳门贩茶转运欧洲，这是我国茶叶直接销往欧洲的最早记录。以后，茶叶成为荷兰人最时髦的饮料。由于荷兰人的宣传与影响，饮茶之风迅速波及英、法等国。1631年，英国一个名叫威忒的船长专程率船队东行，首次从中国直接运去大量茶叶。清代之后，饮茶之风逐渐波及欧洲一些国家，当茶叶最初传到欧洲时，价格昂贵，荷兰人和英国人都将其视为“贡品”和奢侈品。后来，随着茶叶输入量的不断增加，价格逐渐降下来，成为民间的日常饮料。此后，英国人成了世界上最大的茶客。

2. 茶入东亚

据传6世纪中叶，朝鲜半岛已有植茶，其茶种是由华严宗智异禅师在朝鲜建华严寺时传入。至7世纪初，饮茶之风已遍及全朝鲜。公元805—806年，日本最澄、海空禅师来我国留学，归国时携回茶籽试种，公元815年，日本嵯峨天皇到滋贺县梵释寺，当僧人献上茶水后，天皇饮后非常喜欢，从此大力推广饮茶。随即茶叶在日本得到大量种植。宋代，日本荣西禅师来我国学习佛经，回国时不仅带了茶籽播种，并根据我国的寺院茶道定制了新的饮茶仪式，他晚年所著的《吃茶养生记》被誉为日本第一部茶书，书中称茶是“圣药”“万灵长寿剂”，这对日本的饮茶风尚起到了决定性的作用。朝鲜与日本的茶文化见图1-8。日本茶业继承我国古代蒸青原理制作的碧绿溢翠的茶——“抹茶”，别具一番风味。

“抹茶”(Matcha)是用天然石磨碾磨成超微粉状的、覆盖的、蒸青的绿茶。抹茶原本产生于中国，后来兴盛于日本。现今的日本，抹茶产业已发展得非常庞大。抹茶无添加剂、无防腐剂、无人工色素，除了直饮外，还作为一种营养强化剂和天然色素添加剂，被广泛用于食品、保健品和化妆品等诸多行业，衍生了品种繁多的抹茶甜食。

a）朝鲜　　b）日本

图1-8　朝鲜和日本的茶文化

3. 茶入东南亚

印度是红碎茶生产和出口最多的国家，其茶种源于中国。印度虽也有野生茶树，但是印度人不知种茶和饮茶，直到1780年，英国和荷兰人才开始从中国引入茶籽在印度种茶。现今，最有名的红碎茶产地阿萨姆，即是1835年由中国引进茶种开始种茶的。中国专家曾前往指导种茶制茶方法，其中包括小种红茶的生产技术。后发明了切茶机，红碎茶才开始出现，成了全球性的大宗饮料。印度茶叶委员会采用三种鉴别性标志（图1-9）标明大吉岭红茶、尼尔吉里红茶和阿萨姆红茶。

图1-9　印度红茶鉴别性标志

1780年，印度由英属东印度公司从我国引入茶籽种植，至19世纪后叶已是“印度茶之名，充噪于世”。今日的印度是世界上茶的生产、出口、消费大国。

17世纪开始，斯里兰卡从我国引入茶籽试种，复于1780年试种，1824年以后又多次引入中国、印度茶种扩种并聘请技术人员。其所产红茶质量优异，为世界茶叶创汇大国之一。

我国的茶叶是通过广东和福建两省传播于世界的。广东的“CHA”经陆地传到东欧；而福建的“TE”是经海路传到西欧的。目前，我国茶叶已行销世界上百个国家和地区，世界上有50多个国家引种了中国的茶籽、茶树，茶园面积247多万公顷，有160多个国家和地区的人民有饮茶习俗，饮茶人口20多亿。中国近年来的茶叶年产量达286多万吨，其中1/3以上用于出口。

第三节 中国茶区的分布

目前我国茶园种植面积达到201.3万公顷，为世界第一大国。我国有21个省市、967个县市种植茶树，茶区的分布为东自东经122度的台湾阿里山，西至东经94度的西藏米林，南自北纬18度的海南岛榆林，北至北纬39度的河北太行山南麓。主要分为华南、西南、江南、江北四大茶区。

一、华南茶区

地理位置：位于欧亚大陆东南缘，是我国最南部茶区，主要包括广东、广西、台湾、闽南等地区，为我国最适宜茶树生长的区域。

气候：南部属亚热带季风气候，北部为南亚热带季风气候。年平均气温20℃以上，年降雨量1500毫米以上。

土壤：大多为砖红壤、赤红壤，部分为黄壤。

茶树品种：多为大叶种。

适宜生产茶品：红茶、乌龙茶、花茶等。

二、西南茶区

地理位置：位于我国西南部，包括贵州、四川、重庆、云南中北部和西藏东南部，是我国最古老的茶区，为茶树原产地的中心区域。

气候：大部分属亚热带季风气候。冬暖夏凉，年平均气温14～18℃，全年降雨量在1000毫米以上，雾日多。

地形：大多为盆地、高原。

茶树品种：灌木型、小乔木型、乔木型一应俱全。

适宜生产茶品：红茶、绿茶、紧压茶、普洱茶等，是我国发展大叶种红碎茶的主要基地之一。

三、江南茶区

地理位置：位于长江以南，主要包括粤北、桂北、闽中北、浙、赣、湘、苏南、皖南、鄂南等地，产茶量占全国总量的2/3，是我国产茶量最大的茶区。

气候：年平均气温15～18℃，年平均降雨量1000～1400毫米，有伏旱或秋旱。

地形：分布于丘陵地带，一年四季分明。

茶树品种：以灌木型为主，少数为小乔木型。

适宜生产茶品：红、绿茶为主，砖茶、乌龙茶为辅。

四、江北茶区

地理位置：长江中下游以北，包括甘南、陕南、鄂北、豫南、皖北、苏北、鲁东南等地，是我国最北的茶区。

气候：昼夜温差大，气温偏寒冷。年平均气温为15℃，年降雨量不足1000毫米且分布不均，冬季会使茶树受寒、旱危害。

土壤：多为棕黄壤。

茶树品种：灌木型中小叶种茶树。

适宜生产茶品：以绿茶为主。

茶的小故事

一、陆路茶路

《汉藏文书》中记载：吐蕃王都松芒波杰重病求医未果，某日他在院中晒太阳，忽然从远方飞来一只衔着绿色枝叶的小鸟，小鸟把枝叶扔在院中就走了，都松芒波杰发现这是一种从未见过的树叶，于是摘下叶子放入口中咀嚼，顿觉满口生津，病情也顿减，于是他派使者到处寻找宝树，使者在汉地的山里找到能治病的宝树，于是将宝树驼回了西藏。

从这个故事我们不难看出，茶最早入藏是以药的形式存在的，随后，茶才慢慢成为人们生活的必需品。茶叶自从传入西藏就深受藏区人民的喜爱，达到“旦夕不可暂缺”，甚至“依为生命”的程度，《滴露浸露》中称：“以其腥死之食，非茶不消；青稞之热，非茶不解。”可见饮茶是藏区人民不可或缺的需求。

二、最大的的野生茶树群

千家寨5000亩野生古茶园距镇沅县城93公里，距九甲18公里，位于哀牢山海拔2100～2500米范围内、方圆240平方公里的原始森林里。这里古茶树与奇花异草、楠木、杉木、红椿、云南七叶树、山茶、墨兰、寒兰、油松等1000多种高等植物共同生长。古茶一号树龄2700年，高25.6米，树径22米×20米，树基1.12米；古茶二号树龄为2500年，高19.16米，树径16.5米×18米，树基1.02米。千家寨野生古茶园是迄今为止发现面积最大、年龄最老、保存最完整的野生古茶树群落。

三、锡兰红茶

斯里兰卡旧称锡兰，位于印度东南方，自19世纪开始栽种茶树，发展百余年后，“锡兰红茶”已成为高品质红茶的代名词。锡兰境内有很多知名茶区，其中以乌吧（Uva）、努瓦拉埃利亚（Nuwara Eliya）、顶普拉（Dimbula）较为著名。乌巴茶的特征是具有强烈的芳香气味，适合冲泡成奶茶。努瓦拉埃利亚则是茶色明亮、味道十足，以纯红茶饮用芳香宜人。顶普拉红茶口感温和，冷热皆宜，可以享受不同的调和方式。

思考与练习

1. 为什么说中国是世界上最早发现和利用茶叶的国家?
2. 茶艺的定义及学习茶艺的意义是什么?
3. 简述中国的四大产茶区及其特点。
4. 简述中国茶叶向国外的传播与发展过程。

第二章　茶的基础知识

第一节　茶叶加工基本原理

一、制茶工艺的发展历史

（一）晒干或烘干散茶

图2-1　晒干散茶

茶之用，最初从咀嚼茶树的鲜叶开始，后来发展到生煮羹饮，都是直接取用茶树鲜叶。唐代以前，茶叶的加工比较简单，采来的鲜叶，晒干或烘干，然后收藏起来，这是晒青茶工艺的萌芽（图2-1）。

（二）从晒青散茶到晒青饼茶

在古代交通不便、运输工具简单的条件下，散茶不便储藏和运输，于是将茶叶和以米膏而制成茶饼，是乃晒青饼茶，其产生及流行的时间约在两晋南北朝至初唐。

（三）从晒青饼茶到蒸青饼茶

初步加工的晒青饼茶仍有很浓的青草味，经反复实践，发明了蒸青制茶。即将茶的鲜叶蒸后捣碎，制饼穿孔，贯串烘干。蒸青饼茶工艺在中唐已经完善，陆羽《茶经·三之造》记述："晴，采之。蒸之，捣之，拍之，焙之，穿之，封之，茶之干矣。"

图2-2　龙凤团茶

蒸青饼茶虽去青气，但仍具苦涩味，于是又通过洗涤鲜叶，压榨去汁以制饼，使茶叶苦涩味降低，这是宋代龙凤团茶（图2-2）的加工技术。

龙凤团茶的制造工艺，据宋代赵汝励《北苑别录》记述，有6道工序：蒸茶、榨茶、研茶、造茶、过黄、烘茶。茶芽采回后，先浸泡水中，挑选匀整芽叶进行蒸青，蒸后冷水清洗，然后小榨去水，大榨去茶汁，去汁后置瓦盆内兑水研细，再入龙凤模压饼、烘干。

龙凤团茶的工序中，冷水快冲可保持绿色，提高了茶叶质量，而压榨去汁的做法，却夺走茶的真味，使茶的味香受到损失，且整个制作过程耗时费工，这些均促使了蒸青散茶的出现。

（四）从蒸青饼茶到蒸青散茶

在蒸青饼茶的生产中，为了改善苦味难除、香味不正的缺点，逐渐采取蒸后不揉不压、直接烘干的做法，将蒸青团茶改造为蒸青散茶，保持茶的香味。这种改革出现在宋代，《宋史·食货志》载："茶有两类，曰片茶，曰散茶"，片茶即饼茶。

由宋至元，饼茶和散茶同时并存。到了明代初期，由于明太祖朱元璋于1391年下诏，废龙团贡茶而改贡散茶，使得蒸青散茶在明代初大为流行。

图2-3　炒茶

（五）从蒸青到炒青

相比于饼茶，茶叶的香气在蒸青散茶中得到了更好的保留。然而，使用蒸青方法，依然存在香气不够浓郁的缺点，于是出现了利用干热发挥茶叶香气的炒青技术（图2-3）。明代，炒青制茶法日趋完善，其制法大体为：高温杀青、揉捻、复炒、烘焙至干，这种工艺与现代炒青绿茶制法非常相似。

（六）从绿茶发展至其他茶类

在制茶的过程中，通过不同的制造工艺，制成各类色、香、味、形品质特征不同的6大茶类，即绿茶、黄茶、黑茶、白茶、红茶、青茶。

1. 黄茶的产生

绿茶的基本工艺是杀青、揉捻、干燥，当绿茶炒制工艺掌握不当，如或杀青后未及时摊凉、揉捻，或揉捻后未及时烘干炒干，堆积过久，会使叶子变黄，产生黄叶黄汤，类似后来出现的黄茶。因此，黄茶的产生是从绿茶制法不当演变而来。明代许次纾《茶疏》（1597年）记载了这种演变历史。

2. 黑茶的产生

绿茶杀青时叶量过多、火温低，使叶色变为近似黑色的深褐绿色，或以绿毛茶堆积后发酵，渥成黑色，这是产生黑茶的过程。黑茶的制造始于明代中叶。

3. 白茶的产生

宋时所谓的白茶，是指偶然发现的白叶茶树采摘而成的茶，与后来发展起来的不炒不揉而成的白茶不同。到了明代，出现了类似现在的白茶。田艺蘅《煮泉小品》记载："茶者，以火作者为次，生晒者为上，亦近自然……清翠鲜明，尤为可爱。"

白茶最初是指干茶表面密布白色茸毫、色泽银白的"白毫银针"，后来经发展又产生了白牡丹、贡眉、寿眉等其他种类。

4. 红茶的产生和发展

红茶起源于16世纪的明代。在茶叶制造过程中，发现用日晒代替杀青，揉捻后叶色红变而产生了红茶。最早的红茶生产从福建崇安的小种红茶开始。自星村小种红茶出现后，逐渐演变产生了工夫红茶。20世纪20年代，印度将茶叶切碎加工而成红碎茶，我国于20世纪50年代也开始试制红碎茶。

5. 青茶的起源

青茶介于绿茶、红茶之间，先是红茶制法，再按绿茶制法，从而形成了青茶制法。青茶起源于明朝末年至清朝初年，最早在福建武夷山创制。现福建武夷岩茶的制法仍保留了这种传统工艺的特点。

（七）从素茶到花茶

茶加香料或香花的做法已有很久的历史。北宋蔡襄《茶录》提到加香料茶“茶有真香，而入贡者微以龙脑和膏，欲助其香”。南宋已有茉莉花焙茶的记载。

到了明代，窨花制茶技术日益完善，且可用于制茶的花品种繁多，据《茶谱》记载，有桂花、茉莉、玫瑰、蔷薇、兰蕙、橘花、栀子、木香、梅花9种之多。现代窨制花茶，除了上述花种外，还有白兰花、代代花、珠兰花等。

二、影响茶叶品质的主要因素

茶叶品质是茶叶中的众多化合物，特别是能溶于茶汤的物质对人体感官刺激的综合效应。因素包括色、香、味、形等，在具体评价时主要从外形、香气、汤色、滋味和叶底5方面进行评分。而这些因素的形成基础是茶叶的化学成分含量及其比例关系。对绿茶茶叶样品的化学分析和茶汤色差鉴定结果表明，茶叶品质与茶叶水浸出物含量、咖啡因、氨基酸、茶多酚、儿茶素等存在显著相关关系。

现代植物学家认为，外形和色泽只是茶叶品质的相关因子，不是内在品质的构成，香气和滋味是茶叶中的内含物对人体嗅觉和味觉的综合效应，因而才是茶叶品质的核心因子。茶叶的香气、滋味是多种成分综合影响形成的，茶叶中独有的茶多酚、儿茶素、氨基酸、咖啡碱和可溶性糖对茶叶品质起决定性作用，见图2-4。氨基酸与茶叶香气、滋味和营养价值密切相关；咖啡碱对茶叶滋味的形成、鲜度、爽度的提高有积极作用；茶多酚影响茶汤滋味和颜色。通常一级绿茶的游离氨基酸大于3%（以干重计），茶多酚占20%～33%，咖啡碱占3%～5%，儿茶素占80%左右。茶叶的这些品质成分含量受不同肥料施用、茶树品种、土壤养分以及加工工艺等因素的影响。

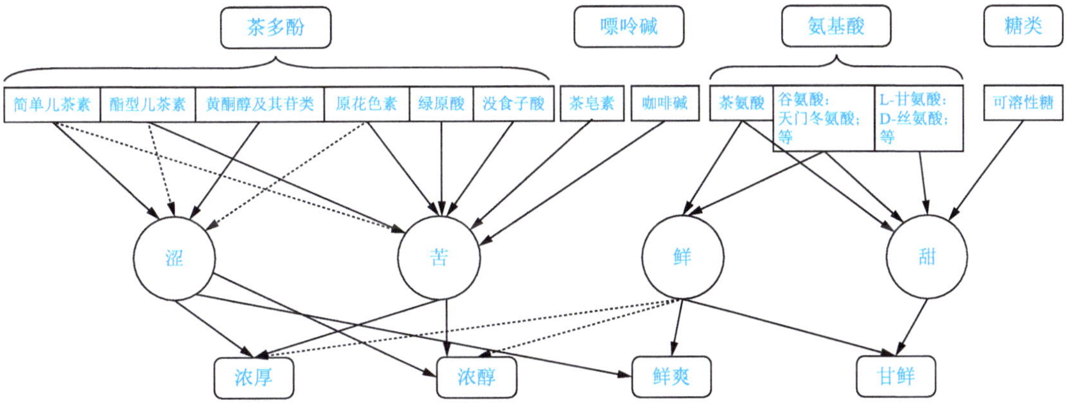

图2-4 茶叶成分对品质的影响

（一）氨基酸

氨基酸是茶叶重要的化学成分，对茶叶品质有重要影响，尤其对名优绿茶品质的形成更显重要。氨基酸是一种鲜味的物质，是提高茶叶鲜爽度的重要物质。特别是氨基酸与多酚类化合物，咖啡碱协调配合，增强茶叶香味的浓强、鲜爽。氨基酸与糖互相作用，生成具有糖香物质，对茶叶香气、滋味有一定影响。因此，长期以来设法提高茶叶氨基酸含量来优化绿茶品质一直是广大茶叶工作者共同追求的目标。

不同季节，氨基酸含量不同。一般来说，春茶比夏茶含量高。对于不同鲜叶嫩度氨基酸含量变化趋势，资料分析不尽相同。但嫩梗氨基酸含量比芽、叶多，这是共同的分析结果。其中茶氨酸，嫩梗的含量比茶叶高 1 ～ 3 倍，很值得重视。绿茶品质中嫩梗具有香高、味醇的特点，与氨基酸含量较多有直接的关系。

（二）茶多酚

茶多酚类是形成茶叶品质的重要成分之一，是一类存在于茶树中的多羟基酚性化合物的混合物，简称茶多酚，俗名茶单宁、茶鞣质。其主要组成为儿茶素类、黄酮、黄酮醇类、花青素类、花白素类和酚酸及缩酚酸类。它对茶叶色、香、味的形成影响很大，对人体生理也有重要作用。在多酚类化合物中，除极少部分（例如花青素）对茶叶品质起消极作用外，绝大部分都起积极作用。事实上茶多酚对茶叶品质的影响是复杂的，由于其含量较高，是决定茶汤浓度的主要物质，在一定范围内它对品质必然有积极作用；同时也是茶叶苦涩味道形成的主要物质，且它与氨基酸之间表现为负相关，故当超过一定限度后，便会对品质带来消极影响。

儿茶素类是鲜叶中多酚类化合物含量最丰富的一类，占多酚类化合物总量的 70% ～ 80%。儿茶素类是形成不同茶类色香味的主要物质，对制茶品质影响很大。复杂的儿茶素具有强烈收敛性，苦涩味较重；而简单儿茶素收敛性较弱，味醇和不苦涩。

鲜叶中茶多酚的含量，随着茶树品种、生长地区、采摘季节，以及鲜叶老嫩等不同而有很大变化，不仅总量差异很大，而且各类化合物的组成比例也有明显变化。不同品种的茶树，茶多酚尤其是儿茶素的含量和组成比例都不同，一般大叶种含量较多，适于制红茶，小叶种含量较少，适于制绿茶。同一品种在不同地区生长，含量也不同，有时差距还较大。同一品种，同一地区，不同季节，茶多酚含量也不同，一般夏茶含量最多，秋茶次之春茶最少；如兼产红绿茶，则以春茶加工绿茶，夏秋茶加工红茶为宜。一般情况下，不论什么季节都是嫩叶含量多，随着叶龄的增长而逐渐减少。

（三）咖啡碱

茶叶中咖啡碱含量在鲜叶中含量一般为 2% ～ 5%。咖啡碱为茶叶的特征物质。咖啡碱是含氮物质，在新梢中分布与蛋白质一样，芽叶含量高。随着茶叶发育，含量逐渐下降。嫩叶比老叶多，春茶比夏、秋茶多。遮光茶园比露天茶园多，大叶种比小叶种多。咖啡碱的化学性质比较稳定，是一种无色针状结晶体，热至 120℃升华。在制茶过程中，由于不发生氧化作用，因此含量变化不大，只有在干燥过程中，若温度过高，咖啡碱因升华而损失一部分。因此它是茶汤滋味的主要物质之一。

咖啡碱含量多少与茶叶品质的关系比较密切。咖啡碱在茶树芽叶中与某些酚类物质结合成为酸性咖啡碱复合物，也有与有机酸类结合成有机酸咖啡碱盐共存，它能抑制蛋白质凝固，有利于茶汤滋味的形成，可提高茶叶滋味的鲜爽度。咖啡碱含量虽不多，但它是一种兴奋剂，能刺激中枢神经系统，特别是刺激支配高级神经活动的大脑，从而促进人的感觉灵敏，增进肌肉的伸缩能力，具有迅速恢复疲劳、加强心脏活动、改善血液循环等生理功能。茶叶中的生物碱有茶叶碱、咖啡碱、可可碱，以咖啡碱为主。由于生物碱对人体生理起综合作用，对生理功能影响有多方面。因而茶叶作为一种日常的饮料，深受饮者欢迎。

（四）水浸出物

水浸出物是茶叶中水溶性生化成分混合物的总和，水浸出物含量在一定程度上反映了茶汤内含成分的多寡。其是绿茶优良品质形成的必要条件，而不是充分条件。单从水浸出物含量尚未充分反映出绿茶品质是否优良。

三、茶叶的制作

（一）茶叶制作过程

茶叶的制作工艺较为复杂，在加工过程中一般遵循去水、酶的抑制与促进、叶组织细胞破碎三个主要环节。经过初制加工的茶叶称之为毛茶，精制加工的茶叶称之为精茶。

制茶过程：采青→萎凋→发酵→杀青→揉捻→干燥→（初制茶）→精制 → 加工→包装→（成品），见图2-5。

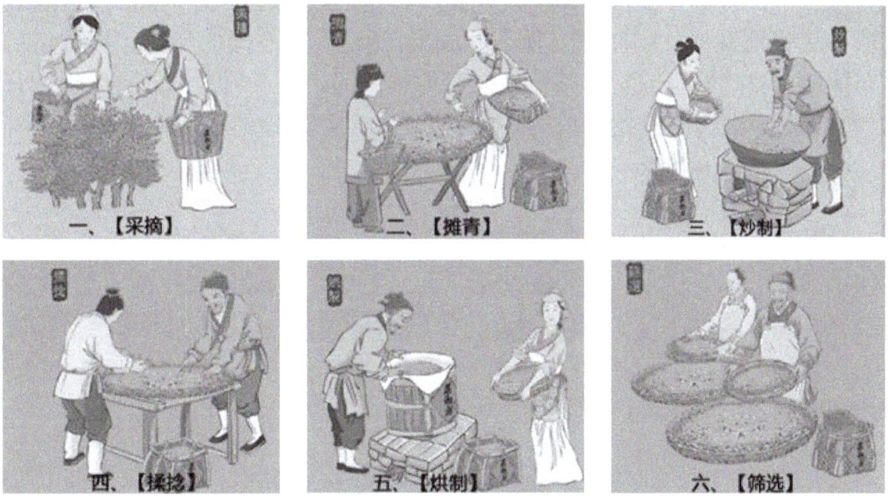

图2-5　茶叶的制作流程

1. 采青

茶只能采摘嫩叶，老叶无法用，这些细嫩的部分，采下来后称为茶青。

2. 萎凋

茶青采下来后，首先要放在空气中，让它消失一部分的水分，这个过程称为萎凋。萎凋分为在室外进行的为室外萎凋,在室内进行的为室内萎凋。萎凋的过程中,水分的消失必须透过叶脉有秩序地从叶子边缘或气孔蒸发出来。每部分的细胞都必须消失一部分的水分,只有这样,才能产生发酵作用 。萎凋就是“静置”与“浪青”交替进行。静置就是放置不动,让水分补给到边缘的地方,当然也让已经可以发酵的部分慢慢发酵。浪青就是搅拌,先是促使水分平均消失,然后借叶子的互相摩擦,促进氧化。在这个过程中,如果水分丢失得太多,会造成“失水”,使叶子晒干、晒死,造成味薄。而如果没有搅拌而造成叶面“积水”,又会造成茶叶的味道苦涩。

3. 发酵

发酵多是指生物体对于有机物的某种分解过程。茶叶加工过程中发酵的目的是为了增强酶的活性,促进多酚类物质的适度氧化,使叶子变红。发酵使茶发生了不同的变化。

(1)香变:香气是发芽、开花、结果的变化。几乎没有发酵的属于绿茶,喝起来是股菜香;轻度发酵就会转化成花香,发酵变重后会转化成果香,以上两者多为乌龙茶;充分发酵的茶叶多为红茶,就会变成麦芽糖香。

(2)色变:香气的变化与颜色的转变是同步进行的。菜香的阶段是绿色;花香的阶段是金黄色;果香的阶段是橘黄色;糖香的阶段是朱红色。

(3)味变:发酵越小,越接近植物本身的味道。发酵越多,离自然越远,加工的味道越重。

4. 杀青

杀青是指用高温杀死叶细胞,停止发酵的过程。通常就是将茶叶下锅翻炒,也可为滚筒式,炒的茶味道香浓,市场上的大部分茶都炒制的。 另一种杀青方法是“蒸青”,即用蒸气把茶青蒸熟,采用蒸的手段得到的茶叶颜色比较翠绿,而且容易保留植物原来的细胞纤维。

5. 揉捻

在杀青过后,要将茶叶像揉面一样的揉捻。揉捻的作用在于揉破叶细胞,以利于冲泡时茶叶的色、香更快地发挥。同时也方便茶叶成形,塑造茶叶不同的特性。揉捻包括手揉捻、机揉捻、布揉捻,揉捻的次数越多,茶性就会变得越低沉。将茶叶揉捻的力度进行分类,轻揉捻可制成的茶成条形状,中揉捻制成的茶成半球状,重揉捻制成的茶成全球状,见图2-6。

a)条形状　　b)半球状　　c)全球状

图2-6　揉捻成形的茶叶

6. 干燥

揉捻后,茶叶加工基本上初步完成,这时需要把水分蒸发掉,这个过程称为干燥。干燥方法可分为火炉上烘干、手摇式干燥机、自走式干燥机。

7. 初制茶

干燥过的茶就可以拿来冲泡饮用,可是这种茶外形不好看,品质也还不稳定,一般称为初制茶。

8. 精制茶

销售之前，最好再经过一番精制，它包括：

(1)筛分：将茶筛分成粗细不同等位。

(2)剪切：需要较细的条形时，可用切碎机将它切碎。

(3)拔梗：将部分散离的茶质分离出来。

(4)覆火：干燥不够时，再干燥一次，也称补火。

(5)风选：将精制过的茶用风来吹，碎末和细片就会分离出来。

经过这些程序完成的茶，就是可以上市的精制茶。

9. 加工

为了使茶更加多样化，可以进行各种加工，加工包括：

(1)薰花：把新鲜的花和茶拌在一起，经过约8小时后，茶吸收了花香，便成了花茶，用什么花薰什么茶并没有什么规定，只是要考虑它俩是否合得来，如茉莉花与桂花，一个年轻一个成熟，所以茉莉常用在轻揉捻的茶上；桂花常用在中、重揉捻的茶上，如冻顶或铁观音。

(2)焙火：就是把制成的茶用火来烘焙。通过炭焙或者电焙的手段，改变茶的风味。焙火越重就越成熟，颜色也越深。

(3)掺和：把花和茶掺在一起，也就是所谓的调味茶，如洛神红茶是把洛神和红茶掺在一起。

要分辨调味茶的好坏，就要看它掺和的东西。

(二)各类茶的加工工艺

1. 绿茶

制程：鲜叶→杀青→揉捻→干燥。

绿茶为不发酵茶，是我国产量最多的一类茶叶，全国19个产茶省(区)都生产绿茶。绿茶的特点是绿汤绿叶，在整个制作过程中，尽量少发生发酵或氧化作用。杀青是绿茶加工制作中关键的步骤，目的在于迅速破坏茶鲜叶中酵素酶的活性，停止茶叶的发酵。杀青后的茶叶，经揉捻使茶叶表面与内部细胞组织破坏，组织液体附着于茶青表面，利于冲泡时增加香气口感，以及让内涵物质均匀释出。我国绿茶花色品种达数百种，外形千姿百态，有卷曲形、直条形、圆珠形、螺形、针形、单芽形、片形、舒展形、扁平形、颗粒形、花形等。代表性茶品，如：西湖龙井、碧螺春、太平猴魁等。

2. 红茶

制程：鲜叶→萎凋→揉捻→发酵→干燥。

红茶属全发酵茶，特点是红汤红叶，揉捻后发酵使叶子变红是工艺关键。红茶发酵，主要依靠儿茶素的氧化作用，在低温高湿的环境才能有优质茶品，发酵温度过高、速度过快，会导致茶叶酸变或产生腐败酸臭的滋味。依季节、环境、设备、茶青嫩度等不同状况，发酵时间也有差异，时间为90～150分钟。由于红茶制作不经杀青工序，保持酵素酶的高度活性，才能令叶片完全变红。代表性茶品，如：云南滇红、安徽祁门红茶(简称：祁红)等。

3. 乌龙茶

制程：晒青→凉青→做青(摇青)→杀青→揉捻→烘干。

乌龙茶是介于绿茶(不发酵茶)和红茶(全发酵茶)之间的一类半发酵茶。乌龙茶有条形茶与半球形茶两类,半球形茶需经包揉。制作关键在于静置搅拌的工序,俗称"做青";"做青"是将适度日光萎凋的茶叶放在竹筛盘中,来回摇动,茶叶在反复相互挤压碰撞之后,叶的边缘因碰撞破裂,因而促进茶叶边缘的氧化,形成绿叶红镶边的状态。静置搅拌后,立即入锅炒杀青、揉捻、干燥。代表性茶品,如:冻顶乌龙茶、台湾北埔膨风乌龙茶(东方美人)、武夷岩茶、安溪铁观音、凤凰单枞等。

4. 白茶

制程:鲜叶→萎凋→烘青→干燥。

世界的白茶在中国,中国的白茶在福鼎。白茶的特点是叶嫩白毫多、汤色浅黄、嫩毫香味重。制作时不炒、不揉。萎凋时间长,再文火烘焙(或日晒干燥),足干后便告完成。在鲜叶萎凋的过程中,有菌类参与氧化,故萎凋后叶脉呈咖啡红,因而有红装素裹之称。代表性茶品,如:福建的福鼎大白、政和白牡丹、白毫银针、贡眉、寿眉等。

5. 黄茶

制程:杀青→揉捻→闷黄→干燥。

黄茶的特点是叶黄汤黄,制作基本上与绿茶类似,闷黄是黄茶制作的关键工艺。闷黄,是鲜叶杀青、揉捻后将茶叶盖布,保持茶叶在较高的温度和湿度下,产生菌类催化茶叶氧化,因而使茶叶变黄。代表性茶品,如:湖南君山银针、安徽黄大茶、霍山黄茶等。

6. 黑茶

制程:杀青→初揉→渥堆→复揉→烘焙。

黑茶的鲜叶原料多数比较粗老,揉捻后经过渥堆发酵,或制成绿茶后再经后发酵而使叶色变黑,汤色深浓。1973年以后,黑茶包含现代的渥堆普洱熟茶,但是目前云南茶学界都认为,渥堆普洱熟茶有别于黑茶制程,应该独立一类。在此,黑茶的说明将不涵盖普洱茶在内。

黑茶的特点,叶色黑褐油润,渥堆是黑茶制作的关键工艺。渥堆方法是杀青、揉捻后,将茶叶控制在湿度和温度适合的环境下,进行增温,产生适当的菌类进行发酵,一般需渥堆5～6天,有时还需要更长的时间。黑茶主要供边区少数民族饮用,因此多制成不同形状的紧压茶。代表性茶品,如:广西六堡茶、湖南安化茯砖、黑砖等。

图2-7　砖茶

7. 紧压茶

紧压茶为再加工茶类。紧压茶是以绿茶或红茶或黑茶作原料,经过蒸软压模制成不同形状的茶叶,有砖形、饼形、碗形、柱形、方块形等。中国生产的紧压茶主要有沱茶、普洱方茶、竹筒茶、米砖茶、湘尖、黑砖茶、花砖茶、茯砖茶、青砖茶、康砖茶、金尖茶、方包茶、六堡茶、紧茶、圆茶、饼茶、固形茶等。图2-7所示为砖茶。

8. 花茶

制程:茶坯处理→鲜花维护→拌和窨花→通花散热→收堆续窨→出花分离→湿坯复火干燥→再窨或提花。

花茶是将绿茶或红茶用鲜花拌和,使茶叶吸收花香后而制成,属再加工茶类。

第二节 茶叶的储藏

茶叶很容易吸湿及吸收异味，因此应特别注意包装储存是否妥当，在包装上除要求美观、方便、卫生及保护产品外，尚需要讲求储存期间的防潮、防晒、防异味，以确保茶叶品质。引起茶叶劣变的主要因素有7种：光线、温度、茶叶水分含量、大气湿度、氧气、微生物、异味污染。其中微生物引起的劣变受温度、水分、氧气等因子的限制，而异味污染则与储存环境有关。因此要防止茶叶劣变必须对光线、温度、水分及氧气加以控制。

一、影响茶叶品质变化的环境因素

茶叶变质陈化是茶叶中各种化学成分氧化、降解、转化的结果，对它影响最大的环境因素主要是光线和湿度，其次是温度、空气以及它们之间的相互作用。

（一）光线

光能促进植物色素或脂类物质的氧化，特别是叶绿素易受光的照射而褐变，其中紫外线又显得更为明显。茶叶中含有少量的类胡萝卜素，这是一类黄色素，成分复杂，是光合作用的辅助成分，具有吸收光能的性质，在强烈光线的作用下易被氧化。氧化后的类胡萝卜素储藏后产生的气味，使茶汤味道变质，或称“日晒味”。试验研究表明，如果把茶叶放在日光下晒一天，则茶叶的色香味都会发生比较显著的变化，从而失去其原有的风味和鲜度。光线促使茶叶品质变化的作用不亚于水分因素，特别是绿茶。所以作为茶叶的包装材料必须绝对避光，日常包装材料也要选用能遮光的材料。

（二）湿度

茶叶在加工过程中需要去水，成品茶含水率一般为5%～10%，所以干茶具有很强的吸湿性。如果把干燥的茶叶放在室内，且直接接触空气，只需1天的工夫，其含水率便可达到7%左右；放置5～6天后，便可上升到15%以上。如果在阴雨潮湿的天气里，每露置一小时，其含水率就可增加1%。在温度较高、微生物活动频繁的月份，一旦茶叶含水率超过10%，茶叶便会发霉，色香味俱失，不再适宜饮用。要保持茶叶的含水率在6%左右，外界的相对湿度要控制在40%以下，在大空间内要达到这种条件是相当困难的，甚至是不可能的，只能在小空间内维持这种低湿条件。因此除了茶叶仓库内尽量保持低湿外，茶叶商品绝对不应该散装储藏。必须包装完好再入库，并要求包装材料防潮性良好，以免茶叶吸收外界空气中的水分。不可将受潮茶叶放在阳光下直接曝晒，而应把受潮的茶叶放在干净的铁锅或烘箱中用微火低温烘烤，同时要不停地翻动茶叶，直至茶叶干燥散发出香味。

（三）温度

温度能加快茶叶的自动氧化，使得茶叶的香气、汤色、滋味等发生很大的变化；温度越高，变质越快，茶叶外观色泽越容易变深变暗。特别是在茶叶含水率较高情况下，高温不但使茶叶的质变加速，同时也为霉菌的着生繁殖创造了适宜的条件。尤其是在南方，一到夏季，气温便会升到40℃以上，即使茶叶已经放在阴凉干燥处保存了，也会很快变质，使得绿茶不绿，红茶不鲜，花茶不香。因此要维持或延长茶叶的保质期，应采用低温冷藏。

低温不仅会抑制微生物的繁殖，还能减慢茶叶的后熟作用，延迟陈化作用的到来，延长保持品质的时间。各种试验表明，温度每升高10℃，茶叶色泽褐变的速度要增加3～5倍。若茶叶在10℃以下条件储藏，可以较好地抑制茶叶褐变进程。而在-20℃条件中冷冻储藏，几乎能完全防止陈化变质。

（四）空气

空气中含21%左右的氧气。一般认为茶叶储存过程中的质变，有外界氧气的参与，若断绝供氧条件，质变就会受到抑制。根据这种设想，国内外茶叶科学工作者做了茶叶抽气、脱氧充氧等实验，其结果不尽相同，但一般实验结果都表明除去氧可以使茶叶氧化作用明显减弱。另外，空气中含有一定量的水分，茶叶易吸收而提高含水率，促使茶叶变质；空气中若含有异味物质，茶叶会吸收而带有异味发生劣变；茶叶香气物质会不断向空中挥发，在空气流通的情况下会造成茶香损失，茶叶品质“失风”或“走味”；空气中含大量的各种微生物菌种和灰尘，会滞留在茶叶中，污染茶叶商品。

二、茶叶储藏的方法

根据茶叶的特性和造成茶叶陈化变质的原因，从理论上讲，茶叶的储藏以干燥（含水率在6%以下，最好是3%～4%）冷藏（最好是零摄氏度）无氧（抽成真空或充氮）和避光保存为最理想。但由于各种客观条件的限制，以上这些条件往往不可能兼备而有之。因此，在具体操作过程中，可抓住茶叶干燥这个必需的要求，根据各自现有条件设法延缓茶叶的陈化过程，再采取一些其他措施，见图2-8。茶馆茶叶的储藏方法不妨可借鉴家庭的储藏方法。

a）食品袋储存

b）铁罐储存

图2-8　各类储存方法

（一）锡罐储藏法

锡罐是公认的存储茶叶最好的容器，原因是锡罐具有避光、密闭性强、抗氧化、无异味的特点。

（二）热水瓶储藏法

选用保暖性良好的热水瓶作盛具。将干燥的茶叶装入瓶内，装实装足，尽量减少空气存留量，瓶口用软木塞盖紧，塞缘涂白蜡封口，再裹以胶布。由于瓶内空气少，温度稳定，这种方法保持效果较好，且简便易行。

（三）陶瓷坛储存法

选用干燥无异味、密闭的陶瓷坛，用牛皮纸把茶叶包好，分置于坛的四周，中间嵌放石灰袋一只，上面再放茶叶包，装满坛后，用棉花包紧。石灰隔1～2个月更换一次。这种方法利用生石灰的吸湿性能，使茶叶不受潮，效果较好，能在较长时间内保持茶叶品质，特别是龙井、大红袍等一些名贵茶叶，采用此法尤为适宜。

（四）食品袋储藏法

先用洁净无异味白纸包好茶叶，再包上一张牛皮纸，然后装入一只无孔隙的塑料食品袋内，轻轻挤压，将袋内空气挤出，随即用细软绳子扎紧袋口，再取一只塑料食品袋，反套在第一只袋外面，同样轻轻挤压，将袋内空气挤压出去，再用绳子扎紧口袋，最后把它放进干燥无味的密闭的铁桶内。

（五）低温储藏法

将茶叶储存的环境温度保持在5℃以下，也就是使用冷藏库或冷冻库保存茶叶，使用此法应注意：储存期6个月以内者，冷藏温度以维持0～5℃最经济有效；储藏期超过半年者，以冷冻（-10～-18℃）较佳。储存以专用冷藏（冷冻）库最好，如必须与其他食物共冷藏（冻），则茶叶应妥善包装，完全密封以免吸附异味。一次购买多量茶叶时，应先予小包（罐）分装，再放入冷藏（冻）库中，每次取出所需冲泡量，不宜将同一包茶反复冷冻、解冻。由冷藏（冷冻）库内取出茶叶时，应先让茶罐内茶叶温度回升至室温相近，才可取出茶叶，否则茶叶容易凝结水气增加含水率，使未泡完之茶叶加速劣变。

（六）木炭密封储藏法

利用木炭极能吸潮的特性来储藏茶叶。先将木炭烧燃，立即用火盆或铁锅覆盖，使其熄灭，待晾后用干净布将木炭包裹起来，放于盛茶叶的瓦缸中间。缸内木炭要根据潮解情况，及时更换。

上述6种储藏茶叶的方法比较适用于家庭，但是它的科学原理对于茶馆储藏茶叶是有参考价值的。茶馆储藏茶叶，一般都有专门的储藏室，为了降低储藏室的温度可采用如下两种方法：

一是干燥法。即在储藏室内的空处，放上成有石灰或木炭的容器，每隔一段时间检查石灰是否潮解，如石灰潮解应立即换掉，这样就保持储藏室内的干燥。

二是采用吸湿机除湿。此法对储藏红茶更适宜。茶叶储藏室平时少开门窗，如要换气，应选择晴天中午，开窗半小时，以利通气。茶叶进入储藏室时，要检查是否夹杂霉变茶叶，入仓后要勤查，发现霉变茶叶后要及时清除，同时要找到霉变原因，并排除不良因素。吸湿机除湿，只有在储藏室封闭的情况下，才能发挥作用，因此平时进出都要及时关闭门窗。

三、各类茶叶的储存

茶叶储存前要先分类：

（1）高山茶、乌龙茶、包种茶、龙井茶、碧螺春、白针银毫、东方美人、绿茶类等轻焙火茶类。挑密封度好的茶叶罐、铝箔袋、脱氧真空包装，可以选择PC塑胶真空罐、马口铁罐、不锈钢或锡材质制的茶叶罐，避免阳光直射、效果较佳，可防潮、避免茶叶变质走味。一般轻焙火、香气重的茶叶因还有轻微水分会产生发酵，建议尽速泡完，短时间喝不完，可将茶叶密封，存放于冰箱中冷藏低温保鲜储藏。

（2）武夷岩茶、铁观音、陈年老茶……等重焙火或普洱各种茶类。重焙火茶储存时要先把茶叶的水分烘焙干一点，利于茶叶久放不变质，如要让茶叶回稳消其火味，用瓷罐或陶罐都是很好的选择。普洱各种茶类如用陶罐、瓷罐储存，切记不要盖盖子，口用布盖上，让其通风，因为普洱各种茶类属于后发酵，需借由空气中氧气进行发酵，自然陈化，放得越久普洱茶的滋味就会变得越柔和，汤色鲜红明亮、入口滑顺、生津回甘。茶叶罐应放在阴凉通风、保持干燥、避免阳光直射的地方，不要储放在有异味的储存柜或是跟有气味的东西一起储放，避免吸入异味。

四、茶叶的保质期

茶叶本质上就是一种农产品。所有农产品都有保质期，过期变质是不能食用或饮用的，茶叶当然也不例外。茶叶也有保质期，许多消费者不知道，茶商也不愿意承认，所以许多茶叶的包装上，不注明保质期。

目前我国的各茶厂大多是靠品茶专家通过现场鉴定来敲定一批茶到底属于哪个级别、价值多少的，制订的保质期也未必非常准确。所以“保质期”就成了一个不确定的话题，有的说是一年，有的说是半年，有的干脆不在包装上标明保质期，直放到“茶味尽失”为止。

实际上，国家以食品卫生标准为依据制订了茶叶标准，对保质期也作出了限定。但国家对普洱茶没有制定标准，因为它是后发酵产品，比较难制定保质期标准。其他茶叶应该严格按照国家标准来操作，否则过了保质期，茶叶就失去了自身的品质和韵味，若受潮发霉会对人体有害。

当然茶叶的保质期与茶叶的品质有关，不同茶的保质期也不一样。像普洱茶、黑茶，陈化后的反而好一些，保质期可达10～20年；又如武夷岩茶，隔年陈茶反而香气馥郁、滋味醇厚；再如湖南的黑茶、湖北的茯砖茶、广西的六堡茶等，只要存放得当，不仅不会变质，反而能提高茶叶品质。

正因为这些特性，前些年，有人炒作老茶，一块陈年普洱茶甚至被炒至上百万元。炒作是商人的游戏，茶毕竟是给人喝的，老茶保存不当，变了质，也是劣品，不能喝。比如普洱茶，一般要求有专门的储藏室，温度保持在25℃左右，另外室内要通风，不与有异味物品一起摆放，每隔3个月还要翻动茶叶一次。这些条件，一般茶叶爱好者、收藏者都很难做到。

通常，密封包装的茶叶保质期是12～24个月不等。散装茶叶保质期就更短，因为散装摆放在外的过程会吸潮、吸异味，这样不仅使茶叶丧失原茶风味，也更容易变质。如绿茶，一般还是新鲜的比较好，保质期在常温下一般为一年左右。

判断茶叶是否过期，主要有以下几个方面：一是看是否发霉或出现陈味；二是看茶汤颜色，比如绿茶是否变红，汤色是否变褐、变暗；三是品滋味，主要看茶汤的浓度、收敛性和鲜爽度。

第三节 茶的分类

茶叶按其制造方法不同可分为6大基本茶类：绿茶、青茶（乌龙茶）、红茶、黄茶、白茶、黑茶。而花茶、紧压茶、速溶茶等，则属于再加工茶类，是以6大茶叶为原料，经再加工而成。而所谓的“非茶之类”则指的是枸杞茶、苦丁茶等保健茶。

根据茶叶制作时发酵程度不同分为：

（1）不发酵的茶：绿茶、黄茶；

（2）微发酵的茶（发酵度为10%～20%）：白茶；

（3）轻发酵的茶（发酵度为20%～30%）：青茶；

（4）全发酵的茶（发酵度为80%～90%）：红茶；

（5）后发酵的茶（发酵度为100%）：普洱茶。

一、基本茶的分类

1. 绿茶

属不发酵茶类，是我国产区最广、产量最多的茶类，其干茶色泽和冲泡后的茶汤、叶底以绿色为主故而得名。按初制加工过程的杀青和干燥方式不同，分为以下几类：

（1）炒青绿茶：由于在干燥过程中受到机械或手工操力的作用不同，成茶形成了长炒青（如珍眉、雨茶、针眉、秀眉等）、圆炒青、扁炒青（如龙井、旗枪、大方）。

（2）烘青绿茶：用烘笼进行烘干。以其外形可分为：条形茶、尖形茶、片形茶、针形茶（如黄山毛峰、太平猴魁、六安瓜片，见图2-9）等。

a）恩施玉露　　b）六安瓜片　　c）太平猴魁

图2-9　常见的绿茶

（3）晒青绿茶：用日光进行晒干。主要分布在湖南、湖北、广东、广西、四川、云南等。如滇青、黔青、桂青、鄂青、川青，但品质最好的是云南大叶种的“滇青”。

（4）蒸青绿茶：以蒸汽杀青是我国古代的杀青方法，是利用蒸汽量来破坏鲜叶中酶的活性，形成干茶色泽深绿、茶汤浅绿、茶底青绿的“三绿”品质特征。 如湖北的恩施玉露，福建、浙江、安徽的煎茶。

2. 青茶（乌龙茶）

介于红茶和绿茶之间的半发酵茶类。既有红茶的浓鲜味，又有绿茶的清芬香，有“绿叶红镶边”之美誉，属半发酵茶类（图2-10）。 可分为以下几类：

（1）闽北乌龙：产于福建的武夷山，如武夷岩茶当中的四大名枞：大红袍、白鸡冠、铁罗汉、水金龟。

（2）闽南乌龙：产于福建安溪，如铁观音、黄金桂、梅占等品种。

（3）广东乌龙：如凤凰单枞、凤凰水仙、饶平乌龙等。

（4）台湾乌龙：可分为台湾包种和台湾乌龙两大类，如文山包种、冻顶乌龙、阿里山、人参乌龙、杉林溪、梨山、金萱等等。

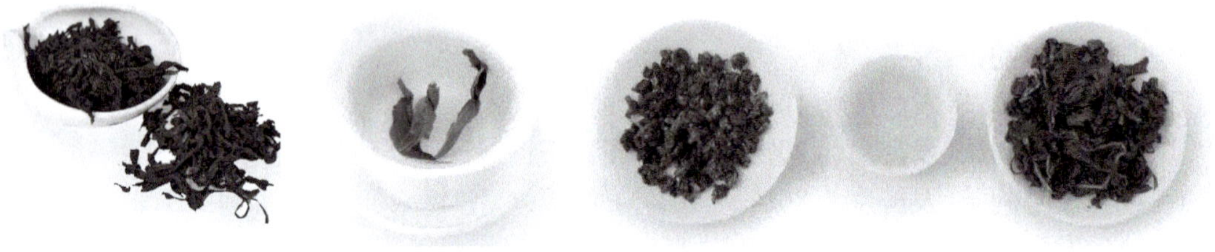

a）大红袍　b）凤凰单枞　c）金萱乌龙

图2-10　常见的青茶

3. 红茶

以茶树新芽叶为原料，其干茶色泽和冲泡的茶汤以红色为主调。属全发酵茶，是国际贸易量最多的茶叶。 可分为以下几类：

（1）工夫红茶：因其制造工艺讲究而得名，强调发酵时一定要到绿叶变成铜红色才能烘干，且要烘出甜香浓郁时才算火候恰到好处，是我国传统的出口商品。如祁红、滇红、闽红、川红、宁红、宜红、湖红、越红等。按品种又可分为：①大叶工夫茶，以乔木或半乔木茶树鲜叶制成；②小叶工夫茶，以灌木型小叶种茶树鲜叶为原料制成。

（2） 小种红茶：起源于16世纪，最早出现在武夷山。加工工艺为萎调、揉捻、转色、过红锅、复揉、熏焙、复火7道工序。分类为：①正山小种，产于崇安县星村乡桐木关一带，又称“桐木关小种”或“星村”小种；②外山小种，产于政和、坦洋、屏南、古田、沙县及江西铅山等，又称“人工小种”。 加工工艺：鲜叶不经杀青而先经萎调，令其失去部分水分和青草气，接着揉捻，将茶叶搓成条形或颗粒状，后再进行发酵、干燥。

（3）红碎茶：茶叶揉捻时，用机器将完整的条形切碎成颗粒形碎片，后经发酵烘干而成。制法可分为：①传统红碎茶，以传统揉捻机自然产生的红碎茶，滋味浓，但产量较低；②非传统红碎茶，转子红碎茶 、C.T.C红碎茶、L.T.P（劳瑞制茶机）红碎茶。红碎茶，适合于一次性冲泡，茶汁一次性渗出率高达90%。

4. 黄茶

人们从炒青绿茶中发现，由于杀青、揉捻后干燥不足或不及时，叶色即变黄，于是产生了新的品类——黄茶。黄茶的品质特点是“黄叶黄汤”。这种黄色是制茶过程中进行闷堆渥黄的结果。黄茶分为黄芽茶、黄小茶和黄大茶三类。

（1）黄芽茶：原料细嫩，采摘单芽或一芽一叶加工而成，主要包括湖南岳阳洞庭湖君山的“君山银针”，四川雅安的“蒙顶黄芽”和安徽霍山的“霍山黄芽”。

（2）黄小茶：采摘细嫩芽叶加工而成，主要包括湖南岳阳的“北港毛尖”，湖南宁乡的“沩山毛尖”，湖北远安的“远安鹿苑”和浙江温州、平阳一带的“平阳黄汤”。

（3）黄大茶：采摘一芽二、三叶甚至一芽四、五叶为原料制作而成，主要包括安徽霍山的“霍山黄大茶”和广东韶关、肇庆、湛江等地的“广东大叶青”。

5. 白茶

白茶为福建特产，主要产区在福鼎、政和、松溪、建阳等地。基本工艺包括萎凋、烘焙（或阴干）、拣剔、复火等工序。萎凋是形成白茶品质的关键工序。白茶具有外形芽毫完整，满身披毫，毫香清鲜，汤色黄绿清澈，滋味清淡回甘的品质特点。属轻微发酵茶，是我国茶类中的特殊珍品。因其成品茶多为芽头，满披白毫，如银似雪而得名。此外，中国浙江的安吉白茶和贵州正安白茶因自然变异整片茶叶呈白色，不同于带有白色绒毛的一般白茶，此二者均属于绿茶。主要品种为：白毫银针、白牡丹、寿眉、贡眉。

6. 黑茶

依据成品茶的外观呈黑色，故名黑茶，属后发酵茶，主产区为四川、云南、湖北、湖南、陕西等地。黑茶采用的原料较粗老，是压制紧压茶的主要原料。制茶工艺一般包括杀青、揉捻、渥堆和干燥4道工序。黑茶按地域分布，主要分类为湖南黑茶（茯茶）、四川藏茶（边茶）、云南黑茶（普洱茶）、广西六堡茶、湖北老黑茶及陕西黑茶（茯茶）（俗称黑五类）。

各类茶品的代表品种见表2-1。

茶的分类　　表2-1

分类	代表品种
绿茶	—炒青—长炒青（特珍，珍眉，凤眉，贡熙） 　　—圆炒青（珠茶，雨茶） 　　—细嫩炒青（龙井，大方，碧螺春，松针） —烘青—普通烘青（闽、浙、微、苏烘青） 　　—细嫩烘青（黄山毛峰，太平猴魁，华顶云雾，高桥银峰） —晒青（滇青、川青、陕青） —蒸青（煎茶，玉露）
白茶	—白芽茶（白毫银针） —白叶茶（白牡丹，贡眉）
黄茶	—黄芽茶（君山银针，蒙顶黄芽） —黄小茶（北港毛尖，沩山毛尖，温州黄汤） —黄大茶（霍山黄大茶，广东大叶青）
乌龙茶	—闽北乌龙（武夷岩茶，水仙，） —闽南乌龙（铁观音，奇兰，水仙，本山，毛蟹，黄金桂） —广东乌龙（凤凰单枞，凤凰水仙，岭头单枞） —台湾乌龙（冻顶乌龙，文山包种，白毫乌龙）

续上表

分　　类	代　　表　　品　　种
黑茶	—湖南黑茶（安化黑茶） —湖北老青茶（蒲圻老青茶） —四川边茶（南路边茶，北路边茶） —滇桂黑茶（普洱茶，茯砖，方茶，饼茶）
红茶	—小种红茶（正山小种，烟小种） —工夫红茶（滇、祁、川、闽红） —红碎茶（叶、片、碎、末茶）
再加工茶类	—花茶（茉莉花茶，珠兰花茶，玫瑰花茶，桂花茶） —紧压茶（黑砖，茯砖，方茶，饼茶） —萃取茶（速溶茶，浓缩茶） —果味茶（荔枝红茶，柠檬红茶） —药用保健茶（减肥茶，杜仲茶，菊花茶）另还有茶饮料等

二、再加工茶类

所谓再加工茶类，顾名思义，就是指在6大基本茶类的基础上，采用一定的方法进行再次加工而成的茶叶。主要包括花茶、紧压茶、工艺茶、非茶之茶。

（一）花茶

又名窨（念yìn，意思是“地下室”，或“藏”的意思。但是也可以念xūn，同熏。窨茶叶：把茉莉花等放在茶叶中，使茶叶染上花的香味。）花茶、香片茶等。因茶使用花的种类不同，可分为茉莉花茶、珠兰花茶、玉兰花茶、玫瑰花茶等。目前市场上都以茉莉花为主窨制。

1. 茉莉花茶

茉莉花茶是花茶的大宗产品，产区辽阔，产量最大，品种丰富，销路最广。

茉莉花茶既是香味芬芳的饮料，又是高雅的艺术品。茉莉鲜花洁白高贵，香气清幽，近暑吐蕾，入夜放香，花开香尽。茶能饱吸花香，以增茶味。只要泡上一杯茉莉花茶，便可领略茉莉的芬芳。

茉莉花茶是用经加工干燥的茶叶，与含苞待放的茉莉鲜花混合窨制而成的再加工茶，其色、香、味、形与茶坯的种类、质量及鲜花的品质有密切关系。大宗茉莉花茶以烘青绿茶为主要原料，统称茉莉烘青。共同的特点是：外形条索紧细匀整，色泽黑褐油润，香气鲜灵持久，滋味醇厚鲜爽，汤色黄绿明亮，叶底嫩匀柔软。

花茶窨制原理：花茶窨制（熏制）是将鲜花与茶叶拌和，在静止状态下茶叶缓慢吸收花香，然后除去花朵，将茶叶烘干而成为花茶。花茶加工是利用鲜花吐香和茶叶吸香两个特性，一吐一吸，茶味花香水乳交融，这是窨制工艺的基本原理。

2. 玫瑰花茶

世界上的花卉大多有色无香，或有香无色。唯有玫瑰、月季、红梅等，既美丽又芳香，除富有观赏的价值外，还是窨茶和提取芳香油的好原料。

玫瑰（Rosa Rouges）原名徘徊花，原产于我国、朝鲜及日本，是蔷薇科的落叶灌木，其品种繁多，连同月季可谓花中最大家族。因玫瑰花中富含香茅醇、橙花醇、香叶醇、苯乙醇及苄醇等多种挥发性香气成分，故具有甜美的香气，是食品、化妆品香气主要添加剂，也是红茶窨花主要原料。我国广东、上海、福建人嗜饮玫瑰红茶，著名的有广东玫瑰红茶、杭州九曲红玫瑰茶等。

（二）紧压茶种类

古代就有紧压茶的生产，唐代的蒸青团饼茶、宋代的龙团凤饼，都是采摘茶树鲜叶经蒸青、磨碎、压模成型而后烘干制成的紧压茶。现代紧压茶与古代制法不同，大都是以已制成的红茶、绿茶、黑茶的毛茶为原料，经过再加工、蒸压成型而制成，因此紧压茶属再加工茶类，如云南沱茶、湖南砖茶等。

（三）萃取茶

以成品茶或半成品茶为原料，用热水萃取茶叶中的可溶物，过滤去茶渣取得的茶汁，有的经浓缩、干燥，制备成固态或液态茶，统称为萃取茶。萃取茶主要有罐装饮料茶、浓缩茶、速溶茶以及茶膏。

（四）果味茶

顾名思义就是有果味的茶，现在市场上的果味茶有：含茶果味茶、不含茶果味茶和花果茶。含果味的茶，喝起来有种清新自然的感受，是利用红、绿茶提取液和果汁为主要原料，再加糖和天然香料经科学方法调制而成的一种新型口味饮料。这类茶既有茶味，又有果味香，风味独特。其滋味酸甜可口，回味甘凉，是一种提神解渴、老少皆宜的饮料，如荔枝红茶、柠檬红茶、猕猴桃茶、鲜橘汁茶、椰子茶、山楂茶等。

（五）药用保健茶及茶饮料

“非茶之茶”与真正的Camellia Simooms是完全不同的植物种属，可以说没有一点亲缘关系。它们虽不是茶，但又不能称为假茶，其真正的含义是把这些植物叶或茎叶加工后当茶泡饮。因此，这些非茶制品在广义上便成了茶家族中的“成员”。它们可分为两大类：一类是具有保健作用的，故称为“保健茶”，也叫“药茶”，是以某些植物茎叶或花作主体，再以少量的茶叶或其他食物作调料配制而成，例如绞股蓝茶；另一类是当零食消闲用的“点心茶”，例如青豆茶、锅巴茶等。

1. 绞股蓝茶

绞股蓝又名七叶胆，为葫芦科绞股蓝屑植物。在民间，将绞股蓝用于治疗咳嗽、痰喘、慢性气管炎、传染性肝炎等疾病。国内外的研究一致表明，绞股蓝具有抑制肿瘤细胞繁殖、抗疲劳、保肝、抗胃溃疡、调节脂质代谢等药理作用。它素有“南方人参”之称，故有的产品命名为“南参茶”。据有关资料报道，绞股蓝确实具有滋补、安神的作用，对某些慢性病有辅助疗效，常服无副作用，也不会成瘾，是值得推荐的一味保健饮料。

2. 人参茶

人参茶是用人工栽培的人参鲜叶，按制绿茶的方法，经过杀青、揉捻、烘干等工序而制成的烘青型保健茶。

人参茶非常适合于中老年人饮用，是价廉物美的一种保健饮料。其香味与生晒参很相似，初入口微带苦，尔后回味甘醇。初饮人参茶，如口味嫌其不合，泡饮时加入少量蜜糖，能调和滋味的可口程度。

3. 菊花茶

菊花为宿根草本植物，每年霜降后，花谢、地上部枯萎；地下部待翌年开春又发出新芽。菊花品种很多，用于当茶泡饮的菊花，叫“杭白菊”，产于浙江桐乡县与湖州市。

杭白菊具有健胃、通气、利尿解毒、明目的作用。热饮后，全身发汗，感到轻松，是医治感冒的良药，也是老少皆宜的保健饮料。泡饮时每杯放4～5朵干花，香气芬芳浓郁，滋味爽口，回味甘醇，喜爱饮用的人甚多，尤其是东南亚一带的华侨更喜欢品饮。

4. 丹参茶

丹参为唇形科的多年生草本植物，根圆柱形，棕红色，含丹参醌、皂甙元、维生素E等成分。它具有扩张冠状动脉、镇静、降压、降低血糖的作用。每次6克，切片后用开水冲泡代茶饮，喝至滋味清淡为止。每日1～2次，适用于冠心病的预防和治疗，是性状平和的一味保健饮料。

5. 胖大海茶

干果棕褐色，形似橄榄，吸水膨胀后，体积成倍增加，有似海绵。它含有胖大海素，服用后能改善黏膜炎症，适用于慢性咽、喉炎。每次3～4个，先用温水洗净，再加白糖少量，沸水冲泡代茶饮。

第四节 世界名茶介绍

一、中国名茶

中国茶叶历史悠久，各种各样的茶类品种，万紫千红，竞相争艳，犹如春天的百花园，使万里山河分外妖娆。中国名茶是浩如烟海诸多茶叶品种中的珍品。同时，中国名茶在国际上享有很高的声誉。名茶，有传统名茶和历史名茶之分。

对于中国“十大名茶”，自始以来各家见解不同，最早的是1915年“巴拿马万国博览会”对中国名茶评比结果：西湖龙井、碧螺春、信阳毛尖、君山银针、黄山毛峰、武夷岩茶、祁门红茶、都匀毛尖、铁观音、六安瓜片。1959年全国“十大名茶”评比会评选结果，包括西湖龙井、洞庭碧螺春、黄山毛峰、庐山云雾茶、六安瓜片、君山银针、信阳毛尖、武夷岩茶、安溪铁观音、祁门红茶。《解放日报》1999年1月16日刊登：江苏碧螺春，西湖龙井，安徽毛峰，安徽瓜片，恩施玉露，福建铁观音，福建银针，云南普洱茶，福建云茶，江西云雾茶是我国十大名茶。而美联社和《纽约日报》2001年3月26日同时公布：西湖龙井，黄山毛峰，洞庭碧螺春，安徽瓜片，蒙顶甘露，庐山云雾，信阳毛尖，都匀毛尖，安溪铁观音，苏州茉莉花茶是中国的十大名茶。《香港文汇报》在2002年1月18日公布：西湖龙井，江苏碧螺春，安徽毛峰，安徽瓜片，福建银针，安徽祁门红茶，都匀毛尖，武夷岩茶，福建铁观音，信阳毛尖是中国的十大名茶。

因此，我们综合挑选了10款大众认知度较高的茶类进行介绍。

（一）西湖龙井

西湖龙井（图2-11），居中国名茶之冠。产于浙江省杭州市西湖周围的群山之中。多少年来，杭州不仅以美丽的西湖闻名于世界，也以西湖龙井茶誉满全球。相传，乾隆皇帝巡视杭州时，曾在龙井茶区的天竺作诗一首，诗名为《观采茶作歌》，并钦点18个龙井茶树为御用茶树。西湖龙井茶向以"狮（峰）、龙（井）、云（栖）、虎（跑）、梅（家坞）"排列品第，以西湖龙井茶为最。龙井茶外形挺直削尖、扁平俊秀、光滑匀齐、色泽绿中显黄。冲泡后，香气清高持久，香馥若兰；汤色杏绿，清澈明亮；叶底嫩绿，匀齐成朵；芽芽直立，栩栩如生。品饮茶汤，沁人心脾，齿间流芳，回味无穷。

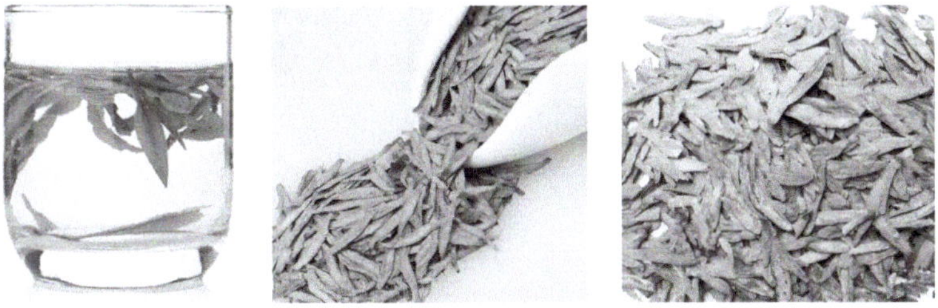

图2-11　西湖龙井

（二）黄山毛峰

黄山毛峰茶（图2-12）产于安徽省太平县以南，歙县以北的黄山。黄山毛峰茶园就分布在云谷寺、松谷庵、吊桥庵、慈光阁以及海拔1200米的半山寺周围，茶树天天沉浸在云蒸霞蔚之中，因此茶芽格外肥壮，柔软细嫩，叶片肥厚，经久耐泡，香气馥郁，滋味醇甜，成为茶中的上品。黄山茶的采制相当精细，清明到立夏为采摘期，采回来的芽头和鲜叶还要进行选剔，剔去其中较老的叶、茎，使芽匀齐一致。在制作方面，要根据芽叶质量，控制杀青温度，不致产生红梗、红叶和杀青不匀不透的现象；火温要先高后低，逐渐下降，叶片着温均匀，理化变化一致。每当制茶季节，临近茶厂就闻到阵阵清香。黄山毛峰的品质特征是：外形细扁稍卷曲，状如雀舌披银毫，汤色清澈带杏黄，香气持久似白兰。

图2-12　黄山毛峰

（三）洞庭碧螺春

中国著名绿茶之一。洞庭碧螺春茶（图2-13）产于江苏省吴县（现为吴中区）太湖洞庭山。碧螺春茶条索纤细，卷曲成螺，满披茸毛，色泽碧绿。冲泡后，味鲜生津，清香芬芳，汤绿水澈，叶底细匀嫩。尤其是高级碧螺春，可以先冲水后放茶，茶叶依然徐徐下沉，展叶放香，这是茶叶芽头壮实的表现，也是其他茶所不能比拟的。因此，民间有这样的说法：碧螺春是“铜丝条，螺旋形，浑身毛，一嫩（指芽叶）三鲜（指色、香、味）自古少”。目前大多仍采用手工方法炒制，其工艺过程是：杀青—炒揉—搓团焙干。三个工序在同一锅内一气呵成。炒制特点是炒揉并举，关键在提毫，即搓团焙干工序。

图2-13 洞庭碧螺春

（四）安溪铁观音

铁观音属青茶类，是我国著名乌龙茶之一。安溪铁观音茶（图2-14）产于福建省安溪县。安溪铁观音茶历史悠久，素有茶王之称。据载，安溪铁观音茶起源于清雍正年间（1725—1735年）。安溪县境内多山，气候温暖，雨量充足，茶树生长茂盛，茶树品种繁多，姹紫嫣红，冠绝全国。安溪铁观音茶，一年可采四期茶，分春茶、夏茶、暑茶、秋茶。制茶品质以春茶为最佳。铁观音的制作工序与一般乌龙茶的制法基本相同，但摇青转数较多，凉青时间较短。一般在傍晚前晒青，通宵摇青、凉青，次日晨完成发酵，再经炒揉烘焙，历时一昼夜。其制作工序分为晒青、摇青、凉青、杀青、切揉、初烘、包揉、复烘、烘干9道工序。品质优异的安溪铁观音茶条索肥壮紧结，质重如铁，芙蓉沙绿明显，青蒂绿，红点明，甜花香高，甜醇厚鲜爽，具有独特的品味，回味香甜浓郁，冲泡7次仍有余香；汤色金黄，叶底肥厚柔软，艳亮均匀，叶缘红点，青心红镶边。

图2-14 安溪铁观音

（五）君山银针

我国著名黄茶之一。君山茶（图2-15），始于唐代，清代纳入贡茶。君山，为湖南岳阳县洞庭湖中岛屿。清代，君山茶分为“尖茶”“茸茶”两种。“尖茶”如茶剑，白毛茸然，纳为贡茶，素称“贡尖”。君山银针茶香气清高，味醇甘爽，汤黄澄高，芽壮多毫，条真匀齐，着淡黄色茸毫。冲泡后，芽竖悬汤中冲升水面，徐徐下沉，再升再沉，三起三落，蔚成趣观。君山银针茶于清明前三四天开采，以春茶首轮嫩芽制作，且须选肥壮、多毫、长25～30毫米的嫩芽，经拣选后，以大小匀齐的壮芽制作银针。制作工序分杀青、摊凉、初烘、复摊凉、初包、复烘、再包、焙干8道工序。

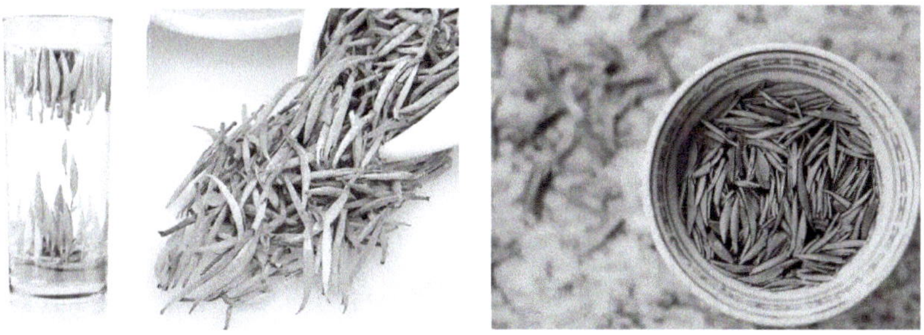

图2-15　君山银针

（六）云南普洱茶

普洱茶（图2-16）是在云南大叶茶基础上培育出的一个新茶种。普洱茶亦称滇青茶，原运销集散地在普洱县，故此而得名，距今已有1700多年的历史。它是用攸乐、萍登、倚帮等11个县的茶叶，在普洱县加工。茶树分为乔木或乔木形态的高大茶树，芽叶极其肥壮而茸毫茂密，具有良好的持嫩性，芽叶品质优异。其制作方法为亚发酵青茶制法，经杀青、初揉、初堆发酵、复揉、再堆发酵、初干、再揉、烘干8道工序。在古代，普洱茶是作为药用的。其品质特点是：香气高锐持久，带有云南大叶茶种特性的独特香型，滋味浓强富于刺激性；耐泡，经5～6次冲泡仍持有香味，汤橙黄浓厚，芽壮叶厚，叶色黄绿间有红斑红茎叶，条形粗壮结实，白毫密布。普洱茶有生茶、熟茶之分。

图2-16　云南普洱茶

（七）庐山云雾

中国著名绿茶之一，产于江西省。据载，庐山种茶始于晋代，宋代时，庐山茶被列为“贡茶”。庐山云雾茶（图2-17）色泽翠绿，香如幽兰，味浓醇鲜爽，芽叶肥嫩显白亮。庐山云雾茶不仅具有理想的生长环境以及优良的茶树品种，还具有精湛的采制技术。采回茶片后，薄摊于阴凉通风处，保持鲜叶纯净。然后，经过杀青、抖散、揉捻等9道工序才制成成品。

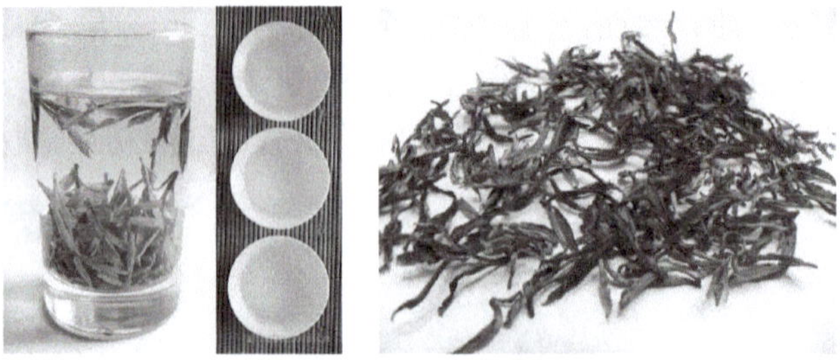

图2-17　庐山云雾

（八）冻顶乌龙

冻顶茶（图2-18），被誉为台湾茶中之圣。产于台湾省南投县鹿谷乡的冻顶山上。它的鲜叶，采自青心乌龙品种的茶树上，故又名冻顶乌龙。冻顶为山名，乌龙为品种名。但按其发酵程度，属于轻度半发酵茶，制法则与包种茶相似，应归属于包种茶类。文山包种和冻顶乌龙，系为姊妹茶。冻顶茶品质优异，在台湾茶市场上居于领先地位。其上选品外观色泽呈墨绿鲜艳，并带有青蛙皮般的灰白点，条索紧结弯曲，干茶具有强烈的芳香；冲泡后，汤色略呈柳橙黄色，有明显清香，近似桂花香，汤味醇厚甘润，喉韵回甘强。叶底边缘有红边，叶中部呈淡绿色。

图2-18　冻顶乌龙

（九）武夷大红袍

武夷山大红袍（图2-19），是中国茗苑中的奇葩，素有"茶中状元"之美誉，乃岩茶之王，堪称国宝，产于福建省武夷山。成品茶香气浓郁，滋味醇厚，有明显"岩韵"特征，饮后齿颊留香，被誉为"武夷茶王"。大红袍茶树为灌木型，为千年古树，目前九龙窠陡峭绝壁上仅存4株，产量稀少，被视为稀世之珍。

图2-19　武夷大红袍

大红袍，外形条索紧结，色泽绿褐鲜润，冲泡后汤色橙黄明亮，叶片红绿相间，典型的叶片有绿叶红镶边之美感。大红袍品质最突出之处是香气馥郁有兰花香，香高而持久，“岩韵”明显。大红袍很耐冲泡，冲泡7～8次仍有香味。品饮“大红袍”茶，必须按“工夫茶”小壶小杯细品慢饮的程式，才能真正品尝到岩茶之巅的韵味。

（十）茉莉花茶

苏州茉莉花茶（图2-20），约于清代雍正年间已开始发展，距今已有250年的产销历史。据史料记载，苏州在宋代时已栽种茉莉花，并以它作为制茶的原料。1860年时，苏州茉莉花茶已盛销于东北、华北一带。苏州茉莉花茶以所用茶胚、配花量、窨次、产花季节的不同而有浓淡之分，其香气依花期有别，头花所窨者香气较淡，“优花”窨者香气最浓。苏州茉莉花茶主要茶胚为烘青，也有杀茶、尖茶、大方，特高者还有以龙井、碧螺春、毛峰窨制的高级花茶。与同类花茶相比属清香类型，香气清芬鲜灵，茶味醇和含香，汤色黄绿澄明。

图2-20 茉莉花茶

二、世界十大名茶

世界十大名茶分别是印度奶茶、玄米茶、伯爵茶、抹茶、铁观音、普洱茶、洋甘菊茶、如意茶、正山小种、白茶10种。其中抹茶、铁观音、正山小种、白茶、普洱茶这5个名茶都来自中国，而铁观音、正山小种、白茶这3种又都产于福建，足见中国作为世界产茶大国的影响力之大，而福建作为中国的茶叶大省也自然有其魅力所在。

（一）印度奶茶

印度奶茶（图2-21），印地语叫Chai，发音源自广东话的茶，是印度著名饮料。

印度奶茶又名焦糖奶茶，属发酵型的红茶。印度人喝奶茶的习惯据说是从西藏传来，因为当地人的口味较重，所以直接将鲜奶与茶叶同煮，甚至加入生姜、豆蔻、肉桂、槟榔等，让奶茶更香烈且有益健康。所加香料品种和数量的多少，决定了每家人家茶的独特味道，喝的多了，第一口就能尝出是谁的手艺。香料的独特功效在《本草纲目》中就有记载，例如豆蔻能健脾暖胃、肉桂能疏通血脉、丁香可以壮阳降火、茴香利尿瘦身、胡椒去寒消痰等。

图2-21 印度奶茶

煮这道茶火候的掌握十分重要，由于茶煮久会产生较重的涩味，所以掺入奶油予以缓减涩味，并且让奶茶更具有浓滑的口感。

（二）玄米茶

玄米茶（图2-22），英文名Brown Rice Green Tea或Genmaicha，日文名げんまいちゃ。玄

米茶是一种日韩风味绿茶饮品，它以糙米为原料，经浸泡、蒸熟、滚炒等工艺制成的玄米与日式煎茶拼配而成。外观匀整，黄绿相间，汤色黄绿明亮，既保持有茶叶的自然香气，又增添了炒米的芳香，滋味鲜醇、适口，使茶叶中的苦涩大大降低，而且茶汤更香浓，不伤肠胃。其深受年轻人士的欢迎。

图2-22　玄米茶

玄米茶是极具特色的一种茶叶，与其他任何茶类都无任何相似之处。茶米的香气有机交融，无论是滋味、香气，还是营养价值都极大地超越了传统绿茶饮料。它既有日本传统绿茶淡淡的幽香，又蕴含特制的烘炒米香。恬静而淡雅，温馨又醇和。而对于品茶而言，喝茶只是其中一个组成部分，但并不是全部，看和闻也是品茶的重要步骤。正因此，在高速运行的现代生活中，玄米茶在日本和韩国极受上班族的青睐。

（三）伯爵茶

伯爵茶（图2-23）是以中国茶为基茶，加入佛手柑调制而成。香气特殊，风行于欧洲的上流社会。经典的配方，优质印度红茶和意大利压榨香柠檬油的黄金组合，含咖啡因，是一种加入佛手柑香气的红茶。格雷伯爵茶是当今世界最流行的红茶调味茶，也是“英式下午茶”的最经典饮品（除了格雷伯爵茶之外，还有大吉岭、锡兰、火药绿茶等）。

图2-23　伯爵茶

主要成分：红茶、香柠檬油、金盏花、红花。

（1）红茶：采用中国滇红作为主要红茶原料，拼配进印度的阿萨姆红茶，以使其口感达到最佳。当然红茶所具有的消炎杀菌、生津清热、解毒等功效也毫不逊色。

（2）香柠檬油：加入香柠檬油则是芳香疗法中治疗忧郁症的其中一种成分。

（3）金盏花：印度人尊奉为神圣之花的金盏花具有发汗、利尿、清湿热的功效，此外，还能促进血液循环，缓和酒精中毒，故也有益补肝的功效。

（4）红花：红花中富含亚油酸和维生素E，其主要的功效为活血通经、散瘀止痛。

（四）抹茶

抹茶（图2-24）是用天然石磨碾磨成微粉状的、覆盖的、蒸青的绿茶。抹茶源于中国隋朝，兴起于唐朝，鼎盛于宋朝，至今已有1000多年的历史。“碧云引风吹不断，白花浮光凝碗面”是唐代诗人卢仝对抹茶的赞美，诗句中对抹茶泡沫的形状、颜色做了描述和赞美。

图2-24　抹茶

当前快节奏的社会中，去用茶筅点茶喝的人已经很少了，抹茶更多地被用来制作各种精美的食品，绿色的抹茶食品成为餐桌上绿色的鲜花，受到人们的追捧和享用。

近几十年来，人们对茶叶的认知已经大大加深，对茶叶功能性的物质本质也有了深刻的了解。在抗生素、生长激素的毒副作用日益遭到质疑的今天，茶多酚以其独特的生物学功能和“绿色”本质越来越深入到人们的饮食生活中。

普通茶虽然含有极高的营养成分，但是茶叶里真正溶于水的部分仅仅为35%，大量的不溶于水的有效成分都被人们当做茶渣扔掉。实验证明，吃茶比之喝茶能够汲取更多的营养，一碗抹茶里的营养成分超过30杯普通绿茶，所以日本茶道的老师们几乎无一不长寿天年。变吃茶为喝茶不仅是一个饮食习惯的改革，同时也是适应快节奏现代化生活的需要。

（五）铁观音

铁观音茶，产于福建省泉州市安溪县，发现于1725—1735年，属于乌龙茶类，是中国十大名茶之一乌龙茶类的代表。介于绿茶和红茶之间，属于半发酵茶类，铁观音独具“观音韵”，清香雅韵，“七泡余香溪月露 满心喜乐岭云涛 ”。除具有一般茶叶的保健功能外，还具有抗衰老、抗癌症、抗动脉硬化、防治糖尿病、减肥健美、防治龋齿、清热降火、敌烟醒酒等功效。

（六）普洱茶

普洱茶，属于黑茶，因产地旧属云南普洱府（今普洱市），故得名。现在泛指普洱茶区生产的茶，是以公认普洱茶区的云南大叶种晒青毛茶为原料，经过后发酵加工成的散茶和紧压茶。外形色泽褐红，内质汤色红浓明亮，香气独特陈香，滋味醇厚回甘，叶底褐红。有生茶和熟茶之分，生茶自然发酵，熟茶人工催熟。“越陈越香”被公认为是普洱茶区别其他茶类的最大特点，“香陈九畹芳兰气，品尽千年普洱情。”普洱茶是“可入口的古董”，不同于别的茶贵在新，普洱茶贵在“陈”，往往会随着时间逐渐升值。

（七）洋甘菊茶

花名：洋甘菊，学名：Matricaria Recutita，英文名：Camomile，洋甘菊属于菊科，原产于罗马，菊科植物，早在公元前人们就已经认识到了德国洋甘菊的作用。洋甘菊茶是一种有着悠久历史的饮料，具有消炎去火的作用，另外还有解痉挛、抗腹胀和舒缓的作用，也可缓解肌肉酸痛及偏头痛，且对胃及腹部神经有所助益。将干燥的洋甘菊约两茶匙，以开水冲泡，焖约30分钟，酌加蜂蜜，非常甜美可口。洋甘菊（图2-25）是一种充满关爱的花草茶，最柔软也最有力量。

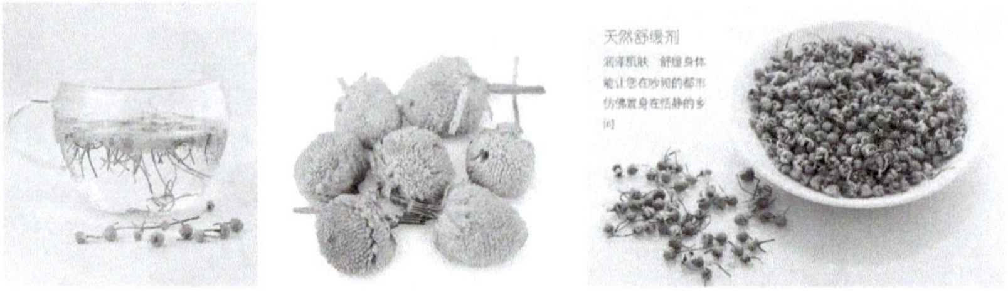

图2-25　洋甘菊茶

洋甘菊味微苦、甘香，明目、退肝火，治疗失眠，降低血压，可增强活力、提神；增强记忆力、降低胆固醇；止咳，祛痰，可缓解支气管炎及气喘，可舒缓头痛、偏头痛或感冒引起的肌肉痛，对胃酸、神经有帮助。洋甘菊茶热饮对感冒亦有不错的功效，当漱口水可缓解牙痛；加入洗发精内可为头发增加亮丽光泽；放松不安的身心，在失眠或常发噩梦的晚上饮用，可有意想不到的帮助。它还可以舒解眼睛疲劳，将冲泡过的冷茶包敷眼睛，更可以帮助去除黑眼圈。

（八）如意茶

如意茶（博士茶）在南非的公用荷兰语中是“红色灌木”的意思，这是一类南非的豆荚类植物，针状的叶子成亮绿色，在加工过程中将会变成红色。如意茶是一种叫作 Aspalathus linearis de 的植物，它的生长范围非常的有限，只是在南非西南好望角附近的 Cedarberg 山地。这种茶树是和普通山茶树完全不相同的植物。 如意茶（图2-26）含有比普通茶叶含量更高的抗氧化剂和酚类化合物。

图2-26　如意茶

如意茶天然，无咖啡因，有很多抗氧化的功能，并能抵抗自由基。如意茶含有丰富的矿物质元素，如铜、铁、镁、钙、锌和钾，有益于健康的骨骼和坚固的牙齿。如意茶对帮助解决消化系统的问题，如恶心、便秘、心悸等都有好处。肾结石患者也可以畅饮如意茶，不需担心其中含有导致结石的成分。 研究还发现：怀孕和哺乳的妈妈们也可以喝如意茶，并帮助有吐奶或胃不舒服的婴幼儿缓解症状。 如意茶还能敷在皮肤表层来缓解湿疹、晒伤或尿布疹。如意茶具有很强的助眠安神功效，睡前饮用很好，通常可加蜂蜜一起喝，热饮或冰饮都别有风味。

（九）正山小种红茶

正山小种红茶（图2-27），是世界红茶的鼻祖。又称拉普山小种，是中国生产的一种红茶，茶叶是用松针或松柴熏制而成，有着非常浓烈的香味。正山小种产地在福建省武夷山市。因为熏制的原因，茶叶呈黑色，但茶汤为深红色。正山小种红茶是最古老的一种红茶，非常适合于咖喱和肉的菜肴搭配。后来在正山小种的基础上发展了工夫红茶。其色泽乌润，泡水后汤色红浓，香气高长带松烟香，滋味醇厚，带有桂圆汤味，加入牛奶茶香味不减，形成糖浆状奶茶，液色更为绚丽，成品茶外形紧结匀整，色泽铁青带褐，较油润，有天然花香，香不强烈，细而含蓄，味醇厚甘爽，喉韵明显，汤色橙黄清明，叶底欠匀净，与其他茶拼配，能提高味感。

图2-27　正山小种红茶

（十）白茶

世界的白茶在中国，中国的白茶在福鼎。福鼎白茶产自太姥山，是我国六大茶类之一，具有地域唯一、工艺天然、功效独特等特性，是最古老、最自然、最健康的茶类，素有茶中珍品之称。白茶（图2-28）性清凉，消热降火，消暑解毒，据治病之功效，“三年是药，七年为宝”。

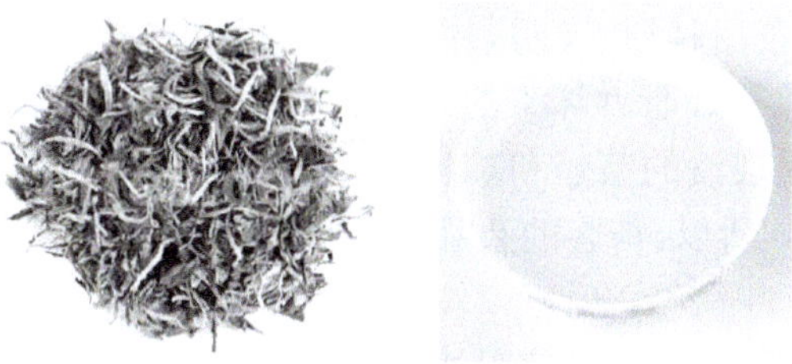

图2-28　白茶

思考与练习

1. 茶叶加工的基本原理是什么？
2. 绿茶加工的关键工序是什么？应该如何掌握？
3. 乌龙茶加工的关键工序是什么？应该如何掌握？
4. 茶叶储藏过程中应该注意什么？
5. 简述中国茶叶加工工艺的发展。

第三章 各地茶俗

第一节 国内各地茶俗

中国是茶的故乡，有上千年的饮茶历史，客来敬茶、以茶代酒是中国的饮茶之道。我国多民族的特点也造就了异彩纷呈的饮茶习俗，呈现出别样风情。

一、中原茶俗

中原人朴实厚道，热情诚恳，民间素来有喝茶的习惯，客来敬茶自然是待客之礼，喝茶名目繁多，礼仪也讲究。招待客人的第一件事，就是为客人执杯沏茶。

中原大地的饮茶习俗别具一格，独具风采。中原人们把茶分为细茶和粗茶。细茶，即从茶树上采摘的鲜叶，经过加工制成的茶叶。细茶之中，尤以绿茶和红茶最受欢迎。粗茶，则是采集各种树木的叶子、如竹叶、柳叶、枣叶、梨叶等，经过加工后当茶喝，人们称它为粗茶。为客人沏茶时，即使是干净茶杯，也要用清水再冲洗一下。而在中国南方茶壶内的茶渍是不清洗的，茶渍积成茶垢，茶垢越厚，表明茶壶“有年头了”，茶壶也就越珍贵；洗茶渍是不懂事的表现，广东潮州就把那些好心办坏事的人称为“洗茶渍的”。 中原地区恰恰相反，如果客人来家做客，主人用积满茶渍的茶壶和茶杯为客人倒水，是一种极不礼貌的行为，会被客人视为不卫生而引起反感。所以，待客的茶具必须洗涮得干干净净。

1. 河南地区

河南人平时饮用的绿茶，最多是信阳的毛尖茶，也就是人们通常所说的细茶。信阳毛尖常被列入全国十大名茶之一，它色彩碧绿，香气馥郁，味道醇厚。唐代时信阳已把茶作为贡品进献给皇帝。宋代词人苏东坡曾说“淮南茶，信阳第一”，对信阳茶给予了高度的评价。此茶一年采摘三季，在春、夏、秋三季进行。春茶碧绿，先苦后甜。夏茶味涩，颜色发黑。秋茶风味别具一格，产量低，特别珍贵，故而有“秋茶好喝舍不得摘”的说法。民谣有“早茶留着送朋友，晚茶留着敬爹娘”，表现了茶乡人对朋友的诚挚和对爹娘的孝敬。在信阳茶乡，如果客人来到，以茶待客是必不可少的礼节。客人用的茶杯应是透明玻璃杯，这样做的用意是让客人在喝茶时，透过茶杯，可以鉴别茶叶的好坏，体会主人待客的诚意。民间用一芽两叶的茶叶做成菊花形状，俗称“菊花茶”。 开水冲泡后，膨胀的茶叶似盛开的菊花，形态优美，味道芬芳。但“菊花茶”用料考究，制作工艺复杂，只有贵客临门，主人才大显身手，故而当地有“不是贵客不制花”的说法。 在农村，农民饮用的大多是自制的树叶粗茶。常用的树叶有柳叶、竹叶、柿叶、枣叶、苹果叶、梨叶等。人们把这些叶子采摘收集，用开水焯熟，置阴凉处晾干，称它为“粗茶叶”，一年四季用它来泡水饮用。人们喜喝粗茶的原因，一是受经济条件制约，农民无力购买价格昂贵的细茶。二是喝粗茶可以强体健身，如柳叶、竹叶茶可败火去毒，枣叶、苹果叶茶可养肝安神、敛汗化瘀等。槐豆也是人们常喝的一种茶。每到秋季，槐树叶子发黄落去，树枝上只剩下一团团一簇簇的槐豆荚。人们把它采摘下来，上笼蒸熟，然后晒干，用它当茶叶喝，可以养血止血。

2. 陕西茶俗

陕南人历来有在茶馆调解民事纠纷的习俗，争执的双方邀请明白事理、德高望重的人作调解人，共同进入茶馆，一边饮茶，一边述说事实经过，并讲清各自的道理，由调解人评理，调解人作出仲裁后，茶钱全由输理的一方支付，这叫“吃讲茶”。在旧社会里，人们认为“天下衙门朝南开，有理无钱莫进来”，有了纠纷不愿到法院告状，请人到茶馆调解者甚多。今天的人民法院秉公执法。但有些人怕起诉麻烦，仍有愿到茶馆去调解纠纷的。陕南秦岭山中有几个县，对“罐罐茶”特感兴趣，所谓“罐罐茶”，就是煮茶不用壶、锅，专用陶瓷罐在火塘边煨制，这种茶唯陕南独有。由于各地群众经济条件和生活习惯各异，“罐罐茶”的用料、做法和风味也各不相同，大致有以下几种：“糊油茶”，是山区人普遍爱喝的一种。其制作方法是把茶叶装进陶瓷罐内（罐高约7寸，直径3寸，两端小，肚子大），煨在火上，加进各种调味品，再把炒熟的白面或苞谷面搅成糊状倒进去，烧开后倒在碗里，加上炒花生仁、炒核桃仁及干脆酥香的油炸馓子或油酥干果，这种茶经济简便，香味浓郁，有和胃利肠之功。“油炒茶”是宁强、略阳及南郑部分山区人爱喝的一种。这种茶的罐罐只有鹅蛋大小，喝茶用盅子，每次只能喝一两盅，不能多喝，其制作方法是先把罐罐煨在火中，烧至发红时投进猪油或菜籽油，待油烧沸冒出白烟，再投进适量茶叶，用筷子不停地翻炒，有茶香味时，即倒进清水，加食盐或白糖烧沸即可。这种茶消暑解渴，养胃生津，提神解乏，每人只要早上喝两盅，上山耕耘，一天内不觉干渴。“蒸油茶”多为春冬季节饮用。制法是先将猪板油切成石榴大小的粒状，同桂圆肉、枸杞、大枣、核桃仁、冰糖等一起装在盆里，放在笼里蒸至板油融化为止。吃时每次舀一、二调羹，倒入小罐内，加进适量茶水，置火中煨沸即可。这种“蒸油茶”香甜味醇，滋阴补阳，益脾润肺，但花钱太多，过去穷苦百姓饮不起，现在山区人逐渐富了，许多人家也喝上了“蒸油茶”。

3. 浙江长兴茶俗

浙江长兴的茶俗很有名，很有趣味，但多半是与女子有关的，主要形式有：亲家婆茶，女儿出嫁后的第三天，父母亲要去看看女儿，称谓“看朝”。看朝时，父母亲要随身带着一两左右的“谷雨”前茶、半斤烘青豆、二两橙子皮拌野芝麻，这种茶称为“亲家婆茶”。“看朝”之后，婆婆要到新娘子的外家请亲家的亲属好友和长辈们到新娘子家来喝“新娘子茶”。新娘子家的亲戚、好友和客气的老邻居，都要在新娘子出嫁当年请新娘子喝茶。如系远亲，也可在一年的正月里。新娘子回外家做头趟时补请。年轻的嫂嫂、年长的婆婆每年在本地村坊里，要相互请喝茶3～5次。当地人称“打茶会”。一般，事先约好到哪家，主人在约好的那天下午，就劈好柴，洗净茶碗和专煮茶水的茶罐，在家等候着姐妹们的到来。客人一到，主人就拿出她在家中石灰缸、甏、罐的细嫩芽茶，撮上一撮放在茶碗里，并加进各色佐料，再冲进沸水，双手一碗碗地端到客人眼前桌上。花花绿绿的茶汤，边品茶边拉家常。她们之中，有的拖儿带女，有的手拉孙儿孙女，有的边做针线边品茶叶，谈笑风生，热闹非凡。还未出阁的大姑娘家里，来串门做客的小伙子特别多。因此，还要备上好茶，招待来客中的“未来女婿”。春节期间做客，女主人先给客人端上一碗甜茶（糖汤），然后送上一碗烘青豆加胡萝卜丝的咸茶，最后泡上一碗细嫩的香绿茶。

二、少数民族地区

1. 藏族的酥油茶

由于西藏的地理位置和气候特点，当地的百姓常年以奶、肉、糌粑为主食，茶就成为当地人们补充营养的主要来源，喝酥油茶变得如同吃饭一样重要。同时还有“其腥肉之食，非茶不消青稞之热，非茶不解”的说法。酥油茶是一种在茶汤中加入酥油和炒熟、捣碎的核桃仁、花生米、芝麻粉、松子仁等佐料，然后经特殊方法加工而成的茶汤。茶叶一般选用的是紧压茶中的普洱茶或茶砖。由于酥油茶是一种以茶为主料，并加有多种食料经混合而成的液体饮料，所以滋味多样，喝起来咸里透香，甘中有甜，既可暖身御寒，又能补充营养。若有客来访，也会拿出这种特别的酥油茶来款待宾客。

2. 蒙古族的咸奶茶

喝咸奶茶是蒙古族人民的传统饮茶习俗。在牧区，他们习惯于“一日三餐茶”，每日清晨，主妇第一件事就是先煮一锅咸奶茶，供全家整天享用。蒙古族人民喜欢喝热茶，早上，他们一边喝茶，一边吃炒米。将剩余的茶放在微火上暖着，随时取饮。蒙古族喝的咸奶茶，用的多为青砖茶或黑砖茶，煮茶的器具是铁锅。制作时，先把砖茶打碎，将洗净的铁锅置于火上，倒入清水，烧至刚沸腾时，加入打碎的砖茶。当水再次沸腾5分钟后，掺入奶，用量为水的1/5左右。搅拌后再加入适量盐巴。等到整锅咸奶茶开始沸腾时，就算煮好了。 煮咸奶茶的技术性很强，茶汤滋味的好坏，营养成分的多少，与用茶、加水、掺奶，以及加料次序的先后都有很大的关系。只有器、茶、奶、盐、火候五者互相协调，才能制成咸香可宜、美味可口的咸奶茶来。

3. 纳西族的“龙虎斗”

纳西族人民主要居住在风景秀丽的云南省丽江地区，这是一个喜爱喝茶的民族。他们平日爱喝一种具有独特风味的“龙虎斗”茶。纳西族人喝的“龙虎斗”，制作方法很奇特。先用一只小陶罐，放入适量茶，连罐带茶烘烤。不断转动陶罐，使茶叶受热均匀。待茶叶发出焦香时，向罐内冲入开水，再烧煮3～5分钟。同时，准备茶盅，倒入半盅白酒，然后将煮好的茶水冲进盛有白酒的茶盅内。这时，茶盅内会发出“啪啪”的响声，纳西族同胞将此看作是吉祥的征兆。声音越响，在场者就越高兴。“龙虎斗”要趁热喝下，香高味酽、提神解渴，还是治疗感冒的良药。

4. 白族三道茶

三道茶是云南白族招待贵宾时的一种饮茶方式，属茶文化范畴。驰名中外的白族三道茶，以其独特的“头苦、二甜、三回味”的茶道早在明代时就已成了白家待客交友的一种礼仪。“三道茶”第一道为“苦茶”，制作时，先将水烧开，由司茶者将一只小砂罐置于文火上烘烤。待罐烤热后，即取适量茶叶放入罐内，并不停地转动砂罐，使茶叶受热均匀，待罐内茶叶转黄，茶香喷鼻，即注入已经烧沸的开水。少顷，主人将沸腾的茶水倾入茶盅，再用双手举盅献给客人。因此茶经烘烤、煮沸而成，看上去色如琥珀，闻起来焦香扑鼻，喝下去滋味苦涩，通常只有半杯，一饮而尽。第二道茶，称之为“甜茶”。当客人喝完第一道茶后，主人重新用小砂罐置茶、烤茶、煮茶，并在茶盅里放入少许红糖、乳扇、桂皮等，这样沏成的茶，香甜可口。第三道茶是“回味茶”，其煮茶方法相同，只是茶盅中放的原料已换成适量蜂蜜、少许炒米花、若干粒花椒、一撮核桃仁，茶容量通常为六七分满。这杯茶，喝起来甜、酸、苦、辣，各味俱全，回味无穷。

除此之外还有土家族的擂茶，侗族、瑶族的打油茶，维吾尔族的香茶，苗族的八宝油茶汤，壮族的咸油茶，傣族的竹筒香茶等，风俗奇特，带有浓重的地域民族色彩。

第二节 国外各地茶俗

茶叶起源于中国，发展于中国。中国是世界上最早种茶、制茶的国家。而在世界各国有许许多多的具有本国特色的茶风茶俗，颇有趣味。

一、亚洲

1. 日本

公元805年，中国茶种传入日本。第二年，中国的制茶工具及茶叶蒸、捣、烘、焙技术也传入日本，至今还保留着唐代传入日本的珍贵茶树。日本是受中国文化传统影响最深刻的国家。中国茶传入日本的同时，中国的茶文化也传入了日本。饮茶成了日本上下皆崇尚的风俗，是人们日常生活中的必需饮品。他们在继承中国茶风茶俗的基础上，又发展了中国的茶文化，将中国的饮茶礼节发展为“茶道”，并专门设立了茶的节日——茶碗节，以及其他节日的茶文化习俗。

日本的茶道，有一整套完整的饮茶礼仪，是一种高度发展的饮食文明，是日本文化的一个组成部分。日本人把茶道视为一种修身养性、提高文化素养和进行社交的手段。举行茶道的时间有朝茶（上午7时），饭后（上午8时），消昼（正午12时）和夜话（下午6时）。茶室的入门处一般只装1米高的格子门，弯腰才能进去，表达了饮茶之人对于茶的敬意。日本人认为茶道可以培养优雅文静的举止和宽舒的胸怀。

2. 韩国

韩国的民族史有5000多年，从新罗时代开始就有茶文化，成为韩国传统文化的一部分。韩国茶礼以“和、敬、俭、美”为基本精神，体现了心地善良、以礼待人、俭朴廉政和以诚相待的含义。韩国茶文化历史悠久，每年定于5月25日为茶日，年年举行茶文化祝祭。其主要内容有韩国茶道协会的传统茶礼表演、韩国茶人联合会的成人茶礼和高丽五行茶礼以及流行的新罗茶礼等。

3. 朝鲜

公元828年即唐大和二年，新罗（即今朝鲜）使官由中国带回茶种，朝鲜也开始种茶、饮茶。朝鲜人很爱喝茶，除了人们常饮的茶外，还喜欢用人参茶、生姜茶、麦芽茶。

4. 印度

印度人喜欢喝茶和奶茶。忌用左手敬茶，认为左手是低下的、不洁的，必须用右手敬茶。印度人喜欢喝红茶。印度教徒习惯分食，如果是别人用过的茶杯，也必须洗干净以后再用。

5. 斯里兰卡

斯里兰卡的居民酷爱喝浓茶，茶叶又苦又涩，他们却觉得津津有味。该国红茶畅销世界各地，在首都科伦坡有经销茶叶的大商行，设有试茶部，由专家凭舌试味，再核等级和价格。

斯里兰卡4～5月月圆日是维莎迦节，即世界佛陀日，这天机关、团体和善男善女在街头建起斋棚进行施舍。他们相信施舍可以得福。而施舍的食物中，奶茶是主要的一种。斯里兰卡僧伽罗人特别爱喝红茶，1日3次，喝时要加糖块，有的还加入牛奶。糖和茶是他们必不可少的食物。据统计，每年每人平均用茶叶量为1.5千克。

6. 越南

越南现在拥有600家茶叶生产和贸易公司，其中包括234家出口企业。由于越南茶叶缺乏长久性贸易伙伴，因此易受国际市场的价格波动影响，所引起的贸易变更也较多，最近一些进口国(商)例如印度制定的新管理条例，对茶叶进口施加了严格的限制性条例，就使越南茶叶出口受限。

7. 泰国

泰国人喜爱在茶水里加冰，一下子就冷却了，甚至冰冻了，这就是冰茶。在泰国，当地茶客不饮热茶，要饮热茶的通常是外来的客人。

8. 蒙古

蒙古人喜爱吃砖茶(图3-1)。他们把砖茶放在木臼中捣成粉末，加水放在锅中煮开，然后加上一些佐料如桂皮、花椒等，还可以加入牛奶和羊奶。

9. 不丹

12月17日是不丹国庆节。在具有民族风格的传统庆祝活动中，有一项是国王请客吃饭，参加大会的人列队入座临时搭起的帐篷时，国王要亲自执壶给大家斟茶。陪同国王一起斟茶的还有国王的亲眷和高级官员。当人们喝完掺有奶油加盐的茶以后，才开始用餐，因为他们认为这是一种最高级的礼节。

10. 土耳其

土耳其人大都喜喝加白糖的红茶(图3-2)。不少人一起床，首先就煮一壶茶喝，然后才刷牙、洗脸、吃早饭。

图3-1　蒙古砖茶

图3-2　土耳其红茶

11. 新加坡

饮茶是新加坡人的普遍爱好。每当家中来客，首先以茶水款待。新春佳节，主人与客人往往共饮"元宝茶"，寓有"财运亨通"之意。

12. 也门

也门人吃咖特，也叫阿拉伯茶。采咖特树上的嫩叶，放在嘴里嚼，因为热性，嚼时要喝冷水或其他冷制饮料。

13. 巴基斯坦

巴基斯坦人的主要饮料是奶茶，多以红茶为原料。方法是先煮茶，然后取出叶子，再加进鲜奶和糖。早起喝奶茶一人一杯，加几块点心。机关工作人员和工厂工人，每天上下午还有法定的喝奶茶时间，有茶房专备煮好的茶，供职工饮用。

14. 阿富汗

阿富汗人也喜欢喝茶，有奶茶、砖茶等。请人喝茶往往要连喝3杯，第一杯止渴，第二杯表示友谊，第三杯是礼节性的，如果确实不想再喝，可用双手在杯子上盖一下，以示谢绝。有时到商店去，老板也会请顾客喝茶。

二、欧洲

16 世纪，中国茶开始传入西方，茶俗也随之传入。西方人的茶会是一种吃喝聊天的小聚会。几个人在一起谈话饮茶，主要以交谈为目的。举行茶会的时间一般在下午4 时左右，也有上午10 时举行的。茶盘中常备有茶壶、滤茶器、茶叶缸、牛奶壶、糖缸和热水壶等。每位茶客有一只茶杯和茶托、茶匙。喝茶时，可以根据各人的爱好，自己加牛奶或方糖，或加一小片柠檬等。然后用茶匙轻轻搅拌后将茶匙放在小碟内；喝时右手端杯直接饮用，不能用匙舀着喝；有的是茶叶留在杯里喝，有的则先用滤茶器滤去茶叶，只将茶水倒入杯子再喝。举行茶会不用发请柬，只需口头或电话邀请。茶会后也不必写信或打电话向主人致谢。

1. 英国

在西欧各民族中，英国人最喜欢喝茶。早晨起来一杯浓红茶，午后3时左右喝"午茶"，而且他们大多喝的是加味茶。如把红茶叶子揉碎，浸泡后过滤倒出茶叶，再掺入橘子、玫瑰、糖、薄荷、柠檬、鲜奶等。英国民间有为婴儿命名并洗礼的传统庆礼，经过一系列程序后，孩子的父母必须举行一次茶会招待观礼的亲友与施洗的牧师，以表示感谢。英国人碰上开会，中间也要暂时休会饮茶。

英国的下午茶（图3-3），也是正统的英国红茶文化，一般为每天下午4时以后，是一种文化的、时尚的交流方式。通常分为享用美味点心、欣赏精致的茶器、品茶三个步骤，同时还要搭配相应的礼仪。点心：通常三层塔的第一层是放置咸味的各式三明治，第二层和第三层则摆着甜点，一般而言，第二层多放有草莓塔，这是英式下午茶必备的，第三层的甜点一般为蛋糕及水果塔，食用时要按照由下向上的顺序。下午茶中茶具、桌布等用品都十分的精美，就连音乐也是主人精心挑选的。专用下午茶分为大吉岭、伯爵茶、锡兰茶等几种。一般都是直接冲泡茶叶，再用茶漏过滤掉茶渣才能倒入杯中，

图3-3　英国下午茶

同时加入牛奶饮用，红茶与牛奶的组合仿佛是优雅的贵族邂逅了名流绅士。

2. 荷兰

时至今日，荷兰尚茶之风犹存。大部分荷兰人仍保留着午后饮茶的习惯，尤其在上等家庭，还会辟出专门的空间作为茶室，而且他们的茶具从茶叶盒到茶壶、茶杯、茶碟，都十分精美。荷兰人很喜欢以茶会友，如果有朋友来访，主人就一定要让客人自己挑选心爱的茶叶来冲泡，通常一人一壶，泡好后倒入精致的茶杯中饮用。

图3-4　俄罗斯茶文化

3. 俄罗斯

红茶是俄罗斯人常用的饮料。而在红茶里加入果酱是他们独有的饮茶风俗。他们也在茶中加入牛奶、牛油、甜酒，制成奶茶、油茶、酒茶等。2月末至3月初，是俄罗斯的送冬节，节日的传统习俗中就有村里人把桌子搬到街上，摆上茶水和点心，款待所有人的习俗，见图3-4。

三、美洲

1. 美国

图3-5　美国的冰茶

美国人饮茶的习惯是由欧洲移民带去的，但美国人饮茶没有欧洲人多，饮茶方法也与欧洲大体相仿。美国饮茶属清饮与调饮两种，大多喜欢在茶内加入柠檬、糖及冰块等添加物。不过，美国毕竟是个相当年轻的国家，所以饮茶没有欧洲那么讲究。加之美国人生活节奏很快，喜欢方便快捷的饮茶方式，故以冰茶（图3-5）、速溶茶、灌装饮品为主。美国人很喜欢中国茶，中美之间茶的贸易几乎是伴随着美国这个国家的诞生而同步开始的。美国每年从中国进口茶叶占茶叶进口总量的20%以上，以红碎茶和中、低档绿茶为主。其饮茶品种多为袋泡红茶、冰茶、添香茶和草药茶。近年来，随着绿茶保健功能逐步揭示，美国又掀起“中国绿茶热”。美国国家卫生部和有关团体还专门召开“茶与健康”的国际学术会议，举办中国茶文化周和中国茶文化研讨会，在纽约还成立了全美国际茶文化基金会，从事茶文化的宣传与中美茶业交流的协调与组织工作。许多著名大学都举办中国茶专题讲座，有的还投入巨资进行茶叶保健作用的基础理论研究。

图3-6　南美的马黛茶

2. 加拿大

加拿大人泡茶方法较特别，先将陶壶烫热，放一茶匙茶叶，然后以沸水注于其上，浸7～8分钟，再将茶叶倾入另一热壶供饮。通常加入乳酪与糖。

3. 拉丁美洲

南美的乌拉圭、巴拉圭、古巴、玻利维亚和阿根廷等国，普遍爱喝“马黛茶”（图3-6）。这种茶是用当地的马黛树的叶片制作而成的，它有提神和助消化的作用。人们用当地的马黛树的叶子制成茶，用一种特殊的小型瓢箪盛装。饮茶时，不是直接用口去喝，而是用一种金属吸管去吸。马黛是冬青科大叶冬青近似的一种多年生木本植物，学名是Ilex paraguaynensis，马黛茶是非茶之茶，原产于巴西，其叶子采收后晒干，经热水冲泡即成，有的还佐以糖、橘汁、蜂蜜、牛奶等。

四、非洲

1. 马里

马里人喜爱饭后喝茶。他们把茶叶和水放入茶壶里，然后炖在泥炉上煮开。茶煮沸后加上糖，每人斟一杯。他们的煮茶方法不同一般：每天起床，就以锡罐烧水，投入茶叶；任其煎煮，直到同时煮的腌肉烧熟，再同时吃肉喝茶。

2. 埃及

埃及的甜茶。埃及人待客，常端上一杯热茶，里面放许多白糖，只喝二三杯这种甜茶，嘴里就会感到黏糊糊的，连饭也不想吃了。

3. 北非

北非的薄荷茶。北非人喝茶，喜欢在绿茶里放几片新鲜薄荷叶和一些冰糖，饮时清凉可口。有客来访，客人得将主人向他敬的三杯茶喝完，才算有礼貌。非洲饮茶文化见图3-7。

图3-7　非洲的饮茶文化

五、大洋洲

1. 新西兰

新西兰人把喝茶作为人生最大的享受之一。许多机关、学校、厂矿等还特别订出饮茶时间。各乡镇茶叶店和茶馆比比皆是。

2. 澳大利亚

澳大利亚人饮茶深受英国风气影响，习惯强调一次性冲泡，饮用时还须滤去茶渣，并喜欢以糖、牛奶、柠檬或其他果汁调味，他们还特别钟爱茶味浓厚、刺激性强、汤色鲜艳的红碎茶，尤其讲究红茶的质量。

在澳大利亚，并没有如同东方文化一样的茶艺，但却沿袭了英国的下午茶文化，澳大利亚保留了一些英式的饮茶传统。以前澳大利亚每个政府部门、工作单位都有“茶伺”(tealady)，这是一个很重要的职位，召集、备茶是他们全部的工作内容。每天早上10：30和下午3：30左右，茶伺就会推着装有点心、茶、咖啡的推车，召集大家聚在一起，喝茶聊天。但是现在，这样的茶聚机会变得很少了，十几年前，下午茶在澳大利亚就基本消失了。

图3-8　澳大利亚土著茶——比利茶

在澳大利亚的偏僻农村，迄今还流行着一种奇特的“茶壶舞”。当茶壶中的水烧沸时，就放入茶叶，然后将茶壶提起，并绕着身子舞动，停止舞动时壶中的茶叶和沸水已充分搅匀，茶汤滋味已香浓，主人便开始向宾客顺序敬茶。图3-8所示为澳大利亚土著茶——比利茶。

茶的小故事

要想健康饮茶，还要注意"十二忌"：

1.忌空腹饮茶，茶入肺腑会冷脾胃。

2.忌饮烫茶，最好56℃以下。

3.忌饮冷茶，冷茶寒滞、聚痰。

4.忌冲泡过久，防止氧化、受细菌污染。

5.忌冲泡次数多，茶中有害微量元素会在最后泡出。

6.忌饭前饮，茶水会冲淡胃酸。

7.忌饭后马上饮茶，茶中的鞣酸会影响消化。

8.忌用茶水服药，茶中鞣酸会影响药效。

9.忌饮隔夜茶，茶水时间久会变质。

10.忌酒后饮茶，酒后饮茶伤肾，并会兴奋中枢神经。

11.忌饮浓茶，咖啡因使人上瘾中毒。

12.不宜饮用的茶叶有：焦味茶、霉变茶、串味茶。

思考与练习

1.概述中国的中原饮茶习俗。

2.如何制作藏族的酥油茶?

3.如何制作蒙古族的咸奶茶?

4.简述英国的下午茶文化。

第四章　茶艺服务

第一节 茶艺技艺介绍

一、茶艺知识

中国茶文化融合了中国佛、儒、道诸派思想，独成一体，是中国文化中的一朵奇葩。茶文化是茶与文化的有机融合，是茶艺与精神的结合，同时以茶为载体传播各种茶道精神。主要包括：茶叶品评技法、艺术操作手段的鉴赏、品茗美好环境的领略等整个品茶过程的美好意境。

茶道，形而上谓之道。通过品茶活动来表现一定的礼节、人品、意境、美学观点和精神思想的一种行为艺术。它是茶艺与精神的结合，并通过茶艺表现精神。

茶艺，茶艺是茶道的基础和载体，是茶道的必要条件。包括：选茗、择水、烹茶技术、茶具艺术、环境的选择创造等内容。讲求茶美、器美、境美、人美。

（一）茶道法则

茶道要遵循一定的法则。唐代为克服九难，即造、别、器、火、水、炙、末、煮、饮。宋代为三点与三不点品茶，“三点”为新茶、甘泉、洁器为一，天色好为一，风骚儒雅、气息相投的佳客为一；反之，是为“三不点”。明代为十三宜与七禁忌。“十三宜”为一无事、二佳客、三独坐、四咏诗、五挥翰、六徜徉、七睡起、八宿醒、九清供、十精舍、十一会心、十二鉴赏、十三文僮；“七禁忌”为一不如法、二恶具、三主客不韵、四冠裳苛礼、五荤肴杂味、六忙冗、七壁间案头多恶趣。

（二）表现形式

煎茶。把茶末投入壶中和水一块煎煮。唐代的煎茶，是茶的最早艺术品尝形式。

斗茶。古代文人雅士各自携带茶与水，通过比茶面汤花和品尝鉴赏茶汤以定优劣的一种品茶艺术。斗茶又称为茗战，兴于唐代末，盛于宋代。最先流行于福建建州一带。斗茶是古代品茶艺术的最高表现形式。其终极目的是品尝，特别是要吸掉茶面上的汤花，最后斗茶者还要品茶汤，做到色、香、味三者俱佳，才算斗茶的最后胜利。

工夫茶。清代至今某些地区流行的工夫茶是唐、宋以来品茶艺术的流风余韵。清代工夫茶流行于福建的汀州、漳州、泉州和广东的潮州。工夫茶讲究品饮工夫。饮工夫茶，有自煎自品和待客两种，特别是待客，更为讲究。

（三）茶道的历史

尽管“茶道”这个词从唐代至今已使用了1000多年，但至今在《新华辞典》《辞海》《词源》等工具书中均无此词条。

茶道属于东方文化。东方文化与西方文化的不同，在于东方文化往往没有一个科学的、正确的定义，而要靠个人凭借自己的悟性去贴近它、理解它。早在我国唐代就有了“茶道”这个词，例如，《封氏闻见记》中：“又因鸿渐之论，广润色之，于是茶道大行。”唐代刘贞亮在《饮茶十德》中也明确提出：“以茶可行道，以茶可雅志。”

二、好水与美器

（一）水助茶香

好茶还需好水沏。水之于茶的重要性，古人就有独到的见解，明代许次纾在《茶疏》中就有“精茗芸香，借水而发，无水不可论茶也”的说法。明代张大复在《梅花草堂笔谈》中也有精到论述，他说：“茶性必发于水，八分之茶，遇十分之水，茶亦十分矣；八分之水，试十分之茶，茶只八分耳。”

我国的茶文化不但研究好水，还讲究好器，正所谓“水为茶之母，器为茶之父”，不同的茶，茶具的运用是不同的，只有茶与壶两者相宜才能更好地领略到其中风韵。

1. 好水的标准

水之于茶，犹如水之于鱼一样，“鱼得水活跃，茶得水更有其香、有其色、有其味”，所以自古以来，茶人对煮茶之水津津乐道，爱水入迷。唐代陆羽在《茶经》中指出：“其水，用山水上，江水中，井水下。”一般认为，满足“清、轻、甘、冽、活” 5个标准的水，才称得上好水。

清：水质要清。水清则无杂、无色、透明、无沉着物，最能显出茶的本色。

轻：水体要轻。水的密度越大，说明溶解的矿物质越多。有实验结果表明，当水中的低价铁过多时，茶汤发暗，滋味变淡；铝含量过多时，茶汤便有明显的苦涩味；钙离子过多时，茶汤带涩，所以水以轻为美。

甘：水味要甘。所谓水甘，即一入口，舌尖顷刻便会有甜滋滋的美妙感觉。咽下去后，喉中也有甜爽的回味，用这样的水泡茶自然会增添茶之美味。

冽：冽即寒冷之意，因为寒冽的水多出自地层深处的泉脉之中，所受污染少，泡出的茶汤滋味醇正。

活：水源要活。“流水不腐”，现代科学证明，在流动的活水中细菌不易繁殖，同时活水经过自然净化，氧气和二氧化碳等气体的含量较高，泡出的茶汤特别鲜爽可口。

2. 好水的种类

“扬子江心水，蒙顶山上茶”，一联古诗千古流传，见证了茶与水的亲密程度。对于现代人来说，好的泡茶用水无外乎以下几种。

山泉水：地下水源中以天然泉水为上选，是最佳的沏茶之水。泉水时刻处于流动状态，经过砂岩层的渗透，相当于多层过滤，干净、无杂质，水质软，而且清澈甘甜，非常适合煮茶。我国的名泉有镇江中泠泉、无锡惠山泉、苏州观音泉等。

井水：一般来说，深层地下水有耐水层的保护，污染少，水质洁净，而浅层地下水容易被地面污染物污染，水质较差，所以深井比浅井好。此外，农村井水受污染较少，水质好，适合饮用。

纯净水：纯净水是典型的软水，无色无味，能最大限度地衬托出茶的本性，且没有水碱，利于茶壶的保养。在现代快节奏的生活中，纯净水是比较好的选择。

矿泉水：矿泉水中含的矿物质比较多，容易影响茶性的发挥，但是呈弱碱性的矿泉水就非常适合泡茶，不仅有助于茶性的发挥，对身体也有益。

自来水：自来水一般都是经过人工净化、消毒处理过的江河水或湖水，也可以用来煮茶。如果自来水有较重的氯气味，可以接到干净的容器中静置一昼夜待其自然挥发，再来泡茶。

3. 泡茶对水温的要求

泡茶水温的掌握，主要看泡饮什么类型的茶品。高级绿茶，特别是各种芽叶细嫩的茶，不能用100℃的沸水冲泡，一般水沸后冷却到水温80～85℃为宜。泡饮各种花茶、红茶和中高档绿茶则要用水温90～95℃的沸水。泡饮乌龙茶、普洱茶和沱茶，必须要用100℃的三沸开水冲泡。普洱茶和沱茶甚至可以用来煮着喝，味道更好更醇。一般情况下：

低温（70～80℃）：用以冲泡龙井、碧螺春等带嫩芽的绿茶类与黄茶类。

中温（80～90℃）：用以冲泡白毫乌龙等嫩采的乌龙茶，瓜片等采开面叶的绿茶，以及虽带嫩芽，但重萎凋的白茶（如白毫银针）与红茶（金骏眉、银骏眉）。

高温（90～100℃）：用以冲泡采开面叶为主的乌龙茶，如大红袍、包种、冻顶、铁观音、水仙、武夷岩茶等，以及后发酵的普洱茶。这两类偏嫩采者，水温要低，偏成熟叶者，水温要高。上述乌龙茶之焙火高者，水温要高，焙火轻者，水温要低。

如绿茶用太高温的水冲泡，茶汤有如婴儿般活的感觉会降低；白毫乌龙如用太高温的水冲泡，茶汤有如女性般娇艳、阴柔的感觉会消失；大红袍、铁观音、水仙如用太低温的水冲泡，香气不扬，阳刚的风格也表现不出来。

（二）如何准备器具

好茶是妙器与真水的组合，茶与茶具之间相得益彰，才能更好地彰显茶的特点。一般选择茶具时主要考虑3个要素：功能、质地、色泽。如沏泡绿茶选择玻璃杯，因为玻璃杯无色、无花、无盖，能彰显绿茶清新之美，更能欣赏高档绿茶的茶舞。

一般茶具分为7类：陶土类、瓷器类、玻璃类、金属类、漆器类、竹木类、石器类。其中陶土类中以紫砂最为出名，紫砂器具具有保温性能好、密闭性能好、散热慢的优势，盛传紫砂沏茶盛暑不馊，但紫砂器具清洗、保养都比较困难；瓷器类主要包括青瓷茶具、白瓷茶具、黑瓷茶具和彩瓷具，瓷器有造型、图案、色彩精美的特点；玻璃类具有易观察、易清洗、价格低廉等特点，但隔热性较差；金属类古代多用于皇室成员；漆器类主产在中国的福建福州，俗称“双福”；竹木类加工起来有一定的难度，但有很好的隔热性能；石器类一般包括玛瑙、玉石材质，多用于收藏、展示。

1. 茶壶

用途：用于泡茶的用具（图4-1）。茶壶几乎适用于所有茶类，并且容量相对较大，适合家庭待客。

种类：茶壶常见的有瓷壶、玻璃壶、紫砂壶等。

选购：

（1）出水流畅：茶壶嘴出水应急、长、圆，不淋滚茶汁，不溅水花。

（2）三山齐：就是指壶嘴、壶钮、壶柄在一条直线上。

（3）密合度：壶盖与壶身的密合度越高越好，否则容易使茶香散漫，检测时可以一手持壶，一手转动壶盖，如果感受到一定的阻力则说明密合度好。

（4）无异味：选购新壶时，应嗅一嗅壶中的味道，一般带有火烧味或者其他杂味，如油味或者人工着色味就不要购买了。

使用：

（1）泡茶时，茶壶大小要依饮茶人数多少而定。

（2）在泡茶过程中，壶嘴不能对着客人，要朝向自己。

（3）持壶时，手指不要挡住壶钮上的气孔，以免烫伤。

（4）倒茶时，一定要手指扶住壶盖，以免其 滑落，见图4-2。

图4-1　茶壶

图4-2　倒茶

2. 茶盘

茶盘（图4-3）看似作用不大，甚至很容易被人忽略，但是壶、杯等茶具只有借助它才能闪亮登场。正是因为有了它，泡茶的过程才能妙趣横生。

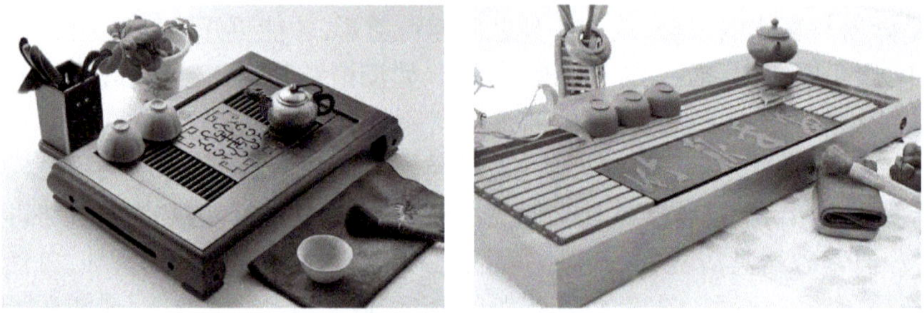

图4-3　不同种类的茶盘（单层和双层）

用途：主要用来放置茶壶、茶杯等茶具。双层茶盘还可以用来承接溢出的茶汤或者废水。

种类：茶盘形状、大小各式各样，从功用上来说，有单层、双层之分；茶盘材质有竹制、木质、瓷质、紫砂或金属茶盘等，其中竹制茶盘给人以清新淡雅之感，而金属茶盘最耐用。

选购：

（1）要遵循宽、平的原则，即盘面要宽、盘底要平。

（2）最好选用竹制或木质茶盘，不仅经济实惠，而且也十分环保。

(3)单层茶盘需要导水管处理废水，一般选择双层的盛水型茶盘即可，方便易用，而且不占用空间。

(4)茶盘应与茶壶的造型、色彩、风格相一致，以达到和谐的效果。

使用：

(1)用茶盘盛放茶具时，茶具要摆放整齐。

(2)当用茶盘盛接凉茶汤或废水时，要及时清理、倒掉，并随时用茶巾将水擦干。

3. 品茗杯

用途：品饮茶汤、赏茶之用。

种类：品茗杯种类很多，一般以质地区分为主，有玻璃、瓷、紫砂质地，一般瓷质品茗杯使用较为广泛，杯口有圆形、花瓣形、多角形、不规则形等，如图4-4所示。

选购：

(1)选择品茗杯要遵循"小、浅、白、薄"的原则："小"指杯子不宜过大，以三小口的容量为最佳；"浅"即水不留底；色白能彰显茶汤的颜色；质薄则茶叶起香快。

(2)选择瓷、陶质或紫砂质品茗杯时，要选择杯底较浅、杯口较广、透光性比较好的。

使用：

(1)拿品茗杯时用拇指和食指捏住杯身，中指托住杯底，无名指和小指收好，持杯品茗，这个姿势也叫"三龙护鼎"(图4-5)。女士握时无名指和小指可微微翘起，呈兰花状，姿态非常优美，男士使用时手须收拢，以示大权在握。

(2)"品"字三个口，一杯茶一般分三口慢慢品饮，这样才能体味茶汤的鲜醇甘爽。

图4-4　东道汝窑梅瓣品茗

图4-5　三龙护鼎

4. 闻香杯

用途：专门用于闻杯底留香的器皿，常与品茗杯配套使用，见图4-6。

种类：形状多为圆柱体，比较小巧；材质多为瓷器材质，也有内施白釉的紫砂，还有陶质的。

选购：闻香杯一般瓷的比较好，可以直接观察到茶汤的颜色，而紫砂质地的闻香杯容易使香气吸附在紫砂里面。但是从冲饮的品质上讲，紫砂的比较好。因此在选择紫砂质的闻香杯时，要选择内部有白色釉面的。

使用：闻香杯通常与品茗杯配合使用，具体的闻香动作分为以下4步(图4-7)：

(1)闻香杯一般与品茗杯一起使用，把茶汁倒入闻香杯，将品茗杯倒扣在闻香杯上。

(2)右手食指中指夹住闻香杯，拇指扣于品茗杯上，将其托起，利用手臂的力量迅速将闻香杯朝鼻子内侧翻转，使闻香杯倒扣在品茗杯上。

(3)将闻香杯轻轻提起。

(4)双手掌心向内夹住闻香杯使之靠近鼻端，吸闻茶香，可边闻边搓动闻香杯，这样可使闻香杯中茶的香气慢慢散发。这种方法被称为“倒转乾坤”。

图4-6　品茗杯及闻香杯

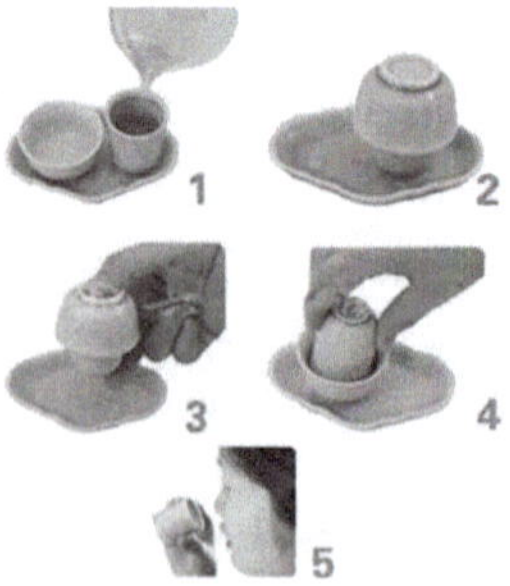

图4-7　倒转乾坤闻香

注：一般在泡第二道茶时，才开始使用闻香杯。闻香讲究的是气韵悠长、连绵不绝，因此闻余香最好。

5. 公道杯

公道杯（图4-8）的主要特点在“公道”二字上，它主要用来盛放泡好的茶，并将茶水均匀地分到每个饮茶人的杯子里，从而使每个茶杯中的茶汤浓度和口味相同，表明人人平等之意，因此谓之“公道杯”。

图4-8　公道杯

用途：将茶均匀地分给每个人，使茶汤上下浓度一样。

种类：有瓷质、紫砂和玻璃材质等，最常用的是瓷质和玻璃公道杯。

选购：

（1）公道杯的容积要与所使用的茶壶、茶杯相匹配，通常是要大于搭配使用的壶和盖碗。

（2）为了操作的方便，尽量购买带柄的公道杯。

（3）最好选用玻璃质地的公道杯，因为玻璃透明便于观察茶汤颜色。

使用：

（1）及时。泡茶时，为了避免茶叶冲泡时间过长会导致茶汤过浓过苦，应该及时把冲泡好的茶汤倒入公道杯内随时分饮。

（2）顺序。茶汤倒入公道杯后，按照从左到右的顺序分到茶杯中，同时可以保证茶汤的浓度基本一致。

（3）七分。用公道杯给品茗杯分茶的时候，七分满即可。

6. 盖碗

盖碗是一种上有盖、下有托、中有碗的茶具，盖、碗、托分别象征着“天、地、人”三才，因此盖碗又称“三才碗”“三才杯”，见图4-9。

图4-9　盖碗

用途：用来冲泡茶叶之用，也可以当品茗杯来使用。因此说它既有壶的功能，又有碗的用处，既能保持茶温，又可以通过开闭盖来调节茶叶的溶解度。

材质：有紫砂、陶瓷、玻璃等，以各色花色的陶瓷质地盖碗为主。

选购：

（1）大小——尽量选大点的盖碗，既有利于茶叶舒展，又避免烫手。

（2）外形——选外形周正圆润的盖碗，注意碗、盖边沿是否光滑平整。

（3）厚薄——太厚的盖碗容易积热，挑薄瓷的为好。

（4）碗盖——转几下碗盖，看是否与碗壁契合。

使用：

（1）水不宜加得太满。

（2）盖子保持前低后高放置，低位为出水口，水线可保持在最低位置。

（3）抓盖碗的边缘，接触面积越小越好，出茶汤时注意保持盖子的倾斜状态，这样边缘就不会烫手了。

7. 赏茶荷

用途：置茶。承装茶叶后，供人欣赏茶叶的色泽和形状，并据此评估冲泡方法及茶叶量多寡，之后才将茶叶倒入壶中。此外，也有人会在赏茶荷中将茶叶略为压碎，以增加茶汤浓度。

材质：以陶瓷、紫砂、竹制、木质、石质的较为常见，见图4-10。

使用：在用赏茶荷盛放茶叶时，泡茶者的手不能碰到茶荷的缺口部位，意为茶叶洁净卫生。用手拿赏茶荷时，将其放在虎口处，拇指和其余四指捏住茶荷两侧。另一只手托住茶荷和底部。没有赏茶荷时可用质地较硬的厚纸板折成茶荷形状使用。

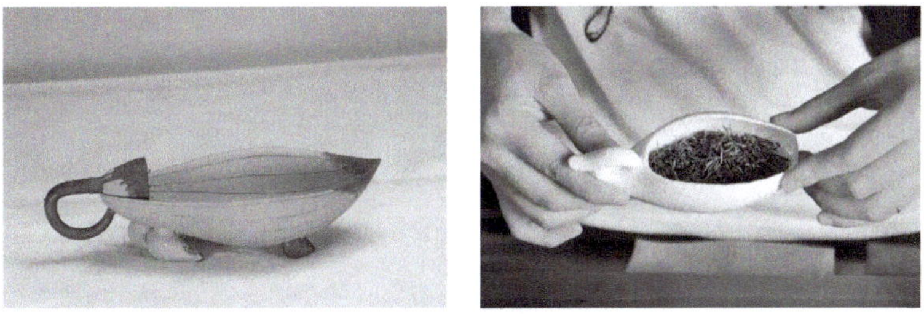

图4-10　不同质地的茶荷

8. 过滤网和滤网架

在茶具中，过滤网和滤网架是一对好搭档，它们总是成对儿出现。

用途：过滤网是用来过滤茶渣的，滤网架是用来放置过滤网的。

材质：过滤网按照外柄的材质分，有不锈钢、陶瓷、竹、木质以及葫芦瓢等。按照网面的材质分，有铝制和布面的，一般布面的过滤得比较干净。滤网架的材质多为瓷、不锈钢和铁质的，但是形状多样，有动物形状的、手形等，具有装饰效果，见图4-11。

使用：使用时将过滤网放在公道杯口上，去除茶渣，使茶汤更为清澈透明。不用时将过滤网放在滤网架上即可。

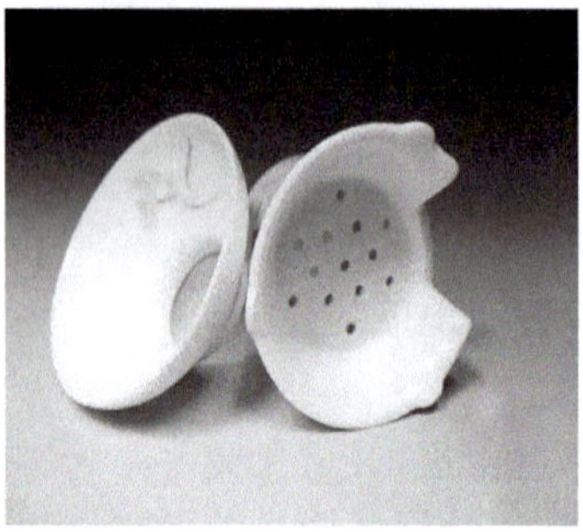

图4-11　不同材质的过滤网和滤网架

9. 茶巾

用途：茶巾又称为“茶布”（图4-12），用麻、棉等纤维制造，茶巾的主要功用是干壶，于酌茶之前将茶壶或茶海底部衔留的杂水擦干，亦可擦拭滴落桌面之上的茶水。

材质：纯棉和麻布，也有印花和素色之分。

选购：关键在于吸水性。

使用：茶巾只能擦拭茶具外部及茶盘上的废水，不能擦拭茶桌上的水和污渍等。使用茶巾擦拭茶具时，一只手拿茶具，另一只手拇指在上，其余四指在下托起茶巾擦拭。

折叠茶巾：

（1）长方形（八层式）：用于杯（盖碗）泡法时，以此法折叠茶巾呈长方形放茶巾盘内。以横折为例，将正方形的茶巾平铺桌面，将茶巾上下对应横折至中心线处，接着将左右两端竖折至中心线，最后将茶巾竖着对折即可。将折好的茶巾放在茶盘内，折口朝内。

（2）正方形（九层式）：用于壶泡法时，不用茶巾盘。以横折法为例，将正方形的茶巾平铺桌面，将下端向上平折至茶巾2/3处，接着将茶巾对折，然后将茶巾右端向左竖折至2/3处，最后对折即成正方形。将折好的茶巾放茶盘中，折口朝内。

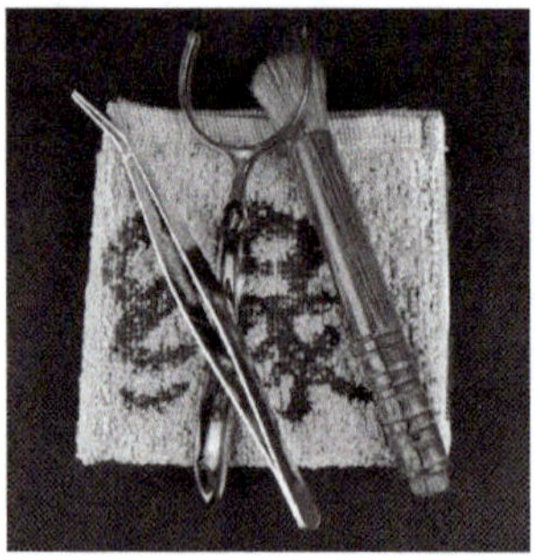

图4-12　不同样式的茶巾

10. 壶承和盖置

用途：壶承是用来放置茶壶的器具；盖置是泡茶过程中，专门用来放置壶盖的器具，见图4-13。

种类：壶承和盖置的材质和造型都有很多种。按照形状分，壶承有碗形、花形等；按照质地分，壶承有紫砂、陶土、木质等。盖置有木桩形的也有小莲花台形的，材质主要有紫砂、瓷质、竹木质地的。

选购：盖置最好选择木质地的，可避免和壶盖发生碰撞而导致壶盖破损。选购壶承时可根据茶壶的形状、颜色来挑选。

图4-13　壶承和盖置

11. 杯垫

用途：用来放置闻香杯和品茗杯，见图4-14。

材质：以木质、竹制、塑料质地较多，也有布质地杯垫。

使用：使用后的杯垫要及时清洗，使用木质和竹制杯垫要及时风干。

图4-14　杯垫

12. 水盂

用途：盛放废水、茶渣的器具，见图4-15。

材质：主要有瓷质和陶质。

使用：水盂有盛接凉茶汤和废水的功能，相当于废水桶。水盂容积小，倒水时应尽量轻、慢，以免废水溢溅到茶桌上，并要及时处理废水。

图4-15　盛放废水的水盂

13. 养壶笔

用途：用于保养紫砂壶及某些高档茶具，见图4-16。

图4-16　养壶笔

材质：笔头为动物毛，笔杆为牛角、木、竹等。

使用：用养壶笔将茶汤均匀地刷在壶的外壁，每个角落都刷到，让壶的外壁油润、光亮。用完后要及时清洗养壶笔，把笔头控干。也可以用养壶笔来养茶玩。

14. 茶道六君子

茶道六君子（茶艺六用）指的是茶筒、茶匙、茶漏、茶则、茶夹、茶针，也称为茶道组，见图4-17。

用途：

（1）茶筒：盛放茶艺用品的器皿。

（2）茶夹：又称茶铲，常用来挟着茶杯洗杯，防烫又卫生。也可用其将茶渣从壶中夹出。

（3）茶则：又称茶勺，用于从茶罐中取出茶叶。

（4）茶匙：又称茶扒，形状像汤匙所以称茶匙，其主要用途是挖取泡过的茶，茶叶冲泡过后，往往会紧紧塞满茶壶，加上一般茶壶的口都不大，用手挖出茶叶既不方便也不卫生，故皆使用茶匙。也可用其将茶则中的茶叶拨入茶壶中。

（5）茶针（茶通）：茶针的功用是疏通茶壶的内网（蜂巢），以保持水流畅通。当壶嘴被茶叶堵住时用来疏浚，或放入茶叶后把茶叶拨匀，碎茶在底，整茶在上。

（6）茶漏：置茶时将茶漏放在壶口上，以导茶入壶，防止茶叶掉落壶外。

种类：多以竹制、木质为材料，个别茶针用牛角和木相配。

使用：取放茶道六君子时，不可手持或碰触到茶具接触茶叶的部位。茶道六君子是为了使泡茶更加方便，不必每次都用上。

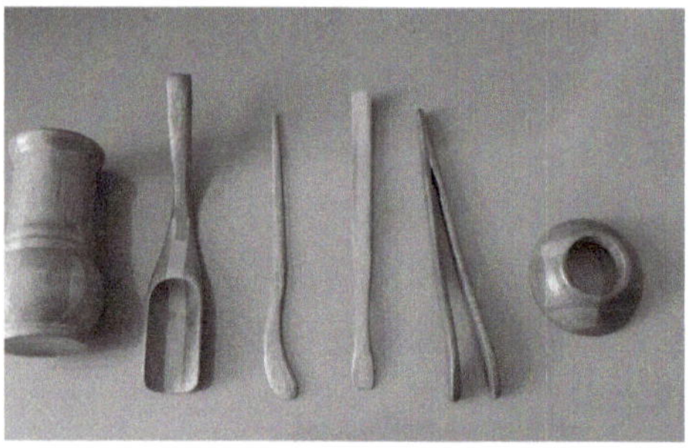

图4-17　茶道六君子

15. 普洱茶针

用途：普洱茶针（图4-18）是用来分割普洱茶的，因为普洱茶都是压紧的（古时候便于存放与运输，传统一直保存至今），为了方便取用及保存茶叶的完好性，故而有了茶针、茶刀。

材质：红木、檀木、鸡翅木、不锈钢等。

使用方法：从茶饼或者茶砖的侧边插入，向里或者往外撬，茶饼和茶砖都是一层层压制的，茶针的作用是“解开”茶饼，通俗而且形象的说法是剥茶，把茶剥下来，不是砍，不是切，更不是剁，用茶针最大的一个好处就是，剥茶可以最大限度地减少“解茶饼”过程中形成碎茶。

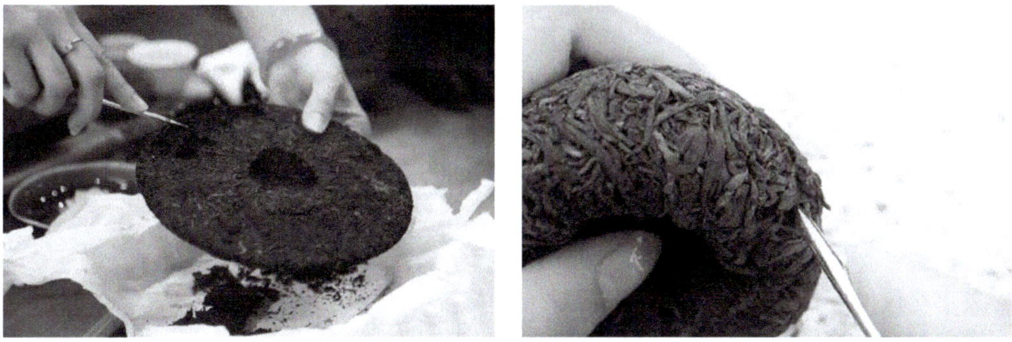

图4-18　普洱茶针

16. 茶玩（茶宠）

“茶宠”顾名思义就是茶水滋养的宠物，多是用紫砂或澄泥烧制的陶质工艺品，喝茶时用茶蘸茶汤涂抹或剩茶水直接淋漓，天长日久，茶宠就会温润可人，茶香四溢。常见茶宠如金蟾、貔貅、辟邪、小动物、人物等，寓意招财进宝、吉祥如意，见图4-19。一些茶宠制作工艺精湛，具有极高的收藏价值。还有些茶宠利用中空结构，浇上热水后会产生吐泡、喷水的有趣现象。 但其有一个共同的特点，那就是只有嘴，没有肛门。这决定了它吃东西只能进不能出，人们以这种方式来表达中华传统“财源广进，滴水不漏”的生财理念。

材质：主要是采用紫砂、树脂，或者陶土制作而成。

使用：

（1）茶宠物并不是只有普洱茶才能养，其他茶品也可以，只是普洱茶的茶质养茶宠更容易出效果。

（2）一般选择形制适中的，不要太大，因为还要考虑让它身体的大部分起到蓄水存水的功能。

（3）养的过程中，只需用茶水浇灌，不要用白水。这样才会摸上去有温润顺滑的手感。

（4）砂质也分好坏，但不是问题，日常维护中每天必须用刷子清扫，定期用茶布摩挲，使之保持一定程度的亮泽。宠物吐泡、睁眼的状况很容易出现。

（5）茶宠物和紫砂壶一样，时间长了也会升值。

（6）可以采用人工“发酵”和自然“发酵”两种方式开养：人工发酵即把新养宠物丢在茶桶里，根据自己喜好焖泡上2～4天再拿出来，自然可以达到迅速吃水的状态。自然发酵只能假以时日，慢慢形成效果。

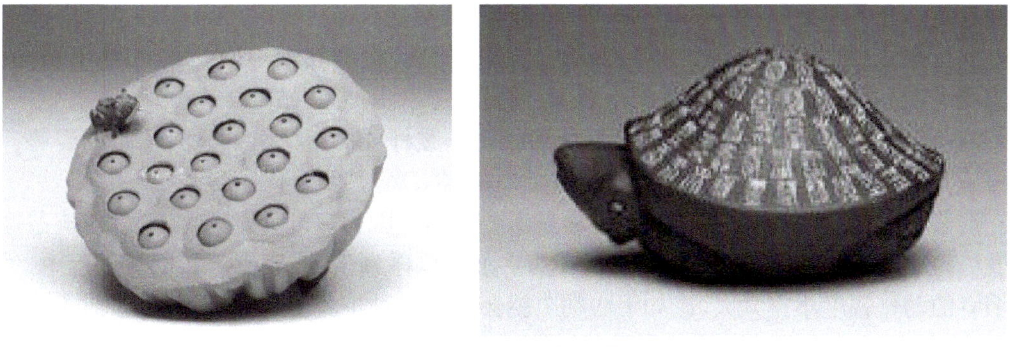

图4-19　各类不同的茶宠（茶玩）

第二节 飞机客舱内茶艺服务特殊要求

一、泡茶的必要礼仪

茶事礼仪主要包括以下几方面的原则：

遵守与自律的原则：自我要求、自我约束。

敬人与宽容的原则：不可失敬于人、严于律己、宽以待人。

平等与从俗的原则：人人平等、入乡随俗。

真诚与适度的原则：言行一致、表里如一；把握分寸、认真得体、不卑不亢。

1. 泡茶前的礼仪

以茶待客是中国人的优良传统。从人际关系沟通上来说，这也是一种沟通艺术。因而，了解一些基本的茶文化礼仪也是非常必要的。

泡茶前，泡茶者的头发一定要梳紧，勿使其散落到前面。女士的长发应当盘起，男士的短发以不挡住视线为准。因为若有头发挨着茶具或落到操作台上，会使客人感觉很不卫生；如果泡茶者不自觉地用手去梳拢头发，也会破坏整个泡茶流程的完整性。

泡茶过程中，泡茶者的双手就是主角。因此，泡茶前一定要将双手清洗干净，不可有异味，洗过手后不要摸脸或其他物体，以免沾上化妆品的味道或其他异味而影响茶叶的原味。还有，指甲一定要修理干净，不可留过长的指甲，不可涂鲜艳的指甲油。

泡茶者应该上淡妆或者不上妆，切忌浓妆艳抹、涂抹香水或者用气味太重的化妆品。泡茶者着装的基本原则是简约整洁、和谐得体，符合整个茶宴和谐、优雅的气氛。着装不要太过鲜艳。避免袖口过宽，以免沾到茶具上而给人一种不卫生的感觉。

女士泡茶者不宜戴过多首饰，尤其是不能佩戴容易将茶具绊倒的手链或手表，最多可以戴一款玉手镯，以给整个泡茶过程增添雅致。

2. 泡茶过程中的礼仪

行茶礼的标准姿势如下：

坐行茶礼：坐板凳的1/3，上身挺直，双肩放松，下额收敛，眼睛可以平视或略垂视，面部表情自然。右手在上，双手虎口交握，置于面前的桌沿处。

立行茶礼：身体挺直，头上抬，下额微收，双眼平视，挺胸收腹，双肩放松自然下垂，女性则应右手在上，双手虎口交握，贴于小腹部，双脚呈丁字步，立正站好。

泡茶时，茶艺表演者或泡茶者的身体要坐正。腰杆要挺直，保持美丽、优雅的姿势。两臂与肩膀不要因为持壶、倒茶、冲水而不自觉地抬得太高，甚至身体倾斜。

泡茶过程中，茶艺表演者或泡茶者尽量不要说话。因为口气会影响到茶气，影响茶性的挥发。泡茶过程中，茶艺表演者或泡茶者的手不可以碰到茶叶、壶嘴等。倒茶过程中，茶艺表演者的动作幅度不宜太大，比如手心朝上就会给人一种不雅的感觉，因此倒茶时不宜手心朝上。

3. 品茶的礼仪

（1）品茶讲究三品，就是品盖碗或瓷碗茶时，要三口品完，切忌一口饮完。

（2）品茶时宜用右手端杯子，切忌用两手端茶杯，那寓意茶不够热。

（3）如果茶杯有盖，需用左手按住茶杯取下盖，等茶盖上的水珠都滴到茶杯中后，再将杯盖反面朝上，放在右侧。

（4）给客人斟茶时，不要等客人喝到快露杯底时再加开水，而要勤斟少加。

（5）端茶给客人，切忌用手抓提杯边缘或握住杯身，正确做法是恭敬地用左手托住杯底，最好下垫托盘，右手拇指、食指和中指扶住杯身。

（6）请别人喝茶时，不要把泡好的茶递进别人的手中，只需放在他面前的桌子上，靠近他的地方就可以了。

（7）别人给你倒茶时，你可以用中指或食指轻触一下茶碗表示感谢，不必用双手把茶碗捧起来。

（8）在与客人共同品茶时，客人的品茗杯中斟茶通常只斟七分满，留下的三分是情谊——这是中国茶文化的特殊含义。

二、泡茶的八大程序

泡茶的程序分为三个阶段，第一阶段是准备，第二阶段是操作，第三阶段是结束。

茶的冲泡方法有简有繁，要根据具体情况，结合茶性而定。另各地由于饮茶嗜好、风俗不同，冲泡方法和程序会有一些差异。但不论泡茶技艺如何变化，要冲泡任何一种茶，除了备茶、选水、烧水、配具之外，都共同遵守这样的泡茶程序：

（1）温杯（温杯洁具）：用热水冲淋茶壶，包括壶嘴、壶盖，同时烫淋茶杯。随即将茶壶、茶杯沥干。其目的是提高茶具温度可以更好地发挥茶叶的香气，清洗茶具表示对客人的尊重。

（2）赏茶（鉴赏佳茗）：用茶则从茶仓中取出茶叶放入赏茶荷中，双手持赏茶荷请客人观赏茶叶的外形及颜色。

（3）置茶（佳茗入宫）：用茶匙将赏茶荷中的茶叶拨入茶壶中。置茶量一般为3g左右。

（4）洗茶（清洗鲜颜）：一般情况下，泡茶之前要先洗茶，用以去除茶叶在加工过程中产生的灰尘及杂质，同时也可以更好地温润茶香。所以第一泡茶不宜饮用，应直接倒掉。

（5）泡茶（再注甘露）：将水再次冲入茶壶中。泡茶所用水温、时间依茶品的不同而不同。

冲水时，除乌龙茶冲水须溢出壶口、壶嘴外，通常以冲水八分满为宜。如果使用玻璃杯或白瓷杯冲泡注重欣赏的细嫩名茶，冲水也以七八分满为度。冲水时，常用“凤凰三点头”之法，即将水壶下倾上提三次，其意一是表示主人向客人点头，欢迎致意；二是可使茶叶和茶水上下翻动，使茶汤浓度一致。

（6）出汤（茶香四溢）：出汤，将茶壶中的茶汤倒入公道杯中，要将茶汤沥干净。

（7）奉茶（敬奉香茗）：用“凤凰三点头”的手法将公道杯中的茶汤均匀地倒入品茗杯中，将品茗杯放入茶盘中向客人敬茶。如果直接用茶杯奉茶，放置客人处，手指并拢伸出，以示敬意。从客人侧面奉茶，若左侧奉茶，则用左手端杯，右手做请茶用茶姿势；若右侧奉茶，则用右手端杯，左手作请茶姿势。这时，客人可右手除拇指外其余四指并拢弯曲，轻轻敲打桌面，或微微点头，以表谢意。

（8）谢客（收具谢客）：将泡茶用具收回，按照泡茶前的摆放方式摆放好，并鞠躬向客人表示感谢。

三、客舱内茶艺服务的介绍

从1994年起，部分航空公司就开启了在客舱中进行空中茶艺表演的特殊服务项目，空中茶艺表演作为新的空中服务项目，进一步提升了航空公司两舱服务内涵，空中茶艺表演成为航空公司客舱服务的又一项服务品牌与亮点。

一般空中茶艺表演开始于头等舱服务程序结束后，经过培训获得相关资质的乘务员伴随着缓缓响起的音乐开始空中茶艺表演。“焚香静气，心旷神怡”，乘务员首先向客人们介绍冲茶的用具和品茶的茶具，通过茶艺中这道“孔雀开屏”的程序拉开了茶艺表演的帷幕，优雅的动作，精彩的解说，悦耳的音乐，一切幻化成一幅画面，美得恬静。又仿佛是一池春水，流淌得怡然自得，不忍让人去打破她的静谧，浑然天成。表演将中国茶道的“廉”“美”“和”“敬”表现得淋漓尽致，张弛有度。

以真诚冲泡的清茶，只为让旅客感受到家的温馨，消除旅途中的疲惫不堪。目前开启空中茶艺表演已有多次案例，部分航空公司已将茶艺表演作为差异品牌服务，例如厦门航空飞往台湾的包机客舱内安排茶道表演；东航“凌燕乘务组”世博会期间在往来上海的航班进行茶艺服务；南航A380机型客舱增加了专业茶艺师伴随旅客品味中国传统茶文化和茶礼仪，并在北京—广州的所有航班内配备“空中茶苑”服务；川航“民族之花乘务组”特色服务中有茶艺表演部分；山航客舱部精品组在部分航线正式推出新的空中特色服务项目—— 机上茶艺表演；国航“蓝色旅途”乘务组提供茶艺表演等，见图4-20。

a）川航“民族之花”乘务组乘务员正在进行茶艺展示

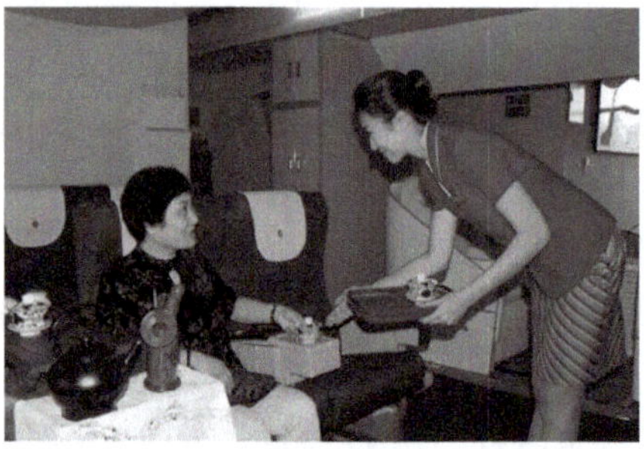

b）南航空姐进行茶艺师中级考核

c）山航空姐身着青花瓷旗袍表演茶艺

d）国航特色乘务组进行茶艺表演

图4-20　空中茶艺表演案例

第三节
飞机客舱内绿茶茶艺

中国绿茶十分注重茶叶的形态美，一般采摘一芽一叶或二叶的鲜叶制作而成。典型的成品绿茶有如扁平形的龙井茶、松散形的安吉白茶、卷曲形的碧螺春、单芽形的雪水云绿、直条形的太平猴魁、松针形的南京雨花茶等。

绿茶大多宜用85℃左右的水温冲泡，芽叶细嫩的茶叶，一般可选择晶莹剔透、无色、无花饰的玻璃杯冲泡，透过玻璃杯可以欣赏到茶叶经开水冲泡后，如兰花朵朵在杯中沉浮起落，具有一定的观赏感。当然，还可以根据成品茶外形的不同或饮茶需求的各异选用盖碗、瓷杯或瓷壶泡茶。

要冲泡出一杯美味的茶汤，掌握好茶水比例非常重要，绿茶通常用1 ∶ 50的比例泡茶，也就是1克茶大约用50毫升的开水冲泡，如果选用一只容量为220 ～ 250毫升玻璃杯，可投入大约3克的茶叶，冲泡至杯的7分满为最佳，所谓“七分茶、三份情”。但由于每位客人对茶汤的浓度有不同的喜好和要求，有的喜欢淡恬有的爱好浓醇，所以须根据品茗者的不同需求酌量投茶，这样才可以泡出一杯令人满意的美味茶汤。

冲泡绿茶，投茶的方法也很讲究。根据茶叶的不同，可以有上投法、中投法和下投法。如碧螺春、径山茶、都匀毛尖、信阳毛尖等可以用上投法，其方法是先温热杯子，然后注入开水约七分满，之后投入适量的绿茶。这时，可见嫩绿的芽叶在水中翩然起舞沉鱼落雁聚集杯底，当茶香弥漫，一杯清汤绿叶的茶汤就冲泡出来了。如果用中投法泡茶，先温热杯子然后投入适量的茶，接着注入少量的开水使之盖过茶叶表面，然后有序地以同一方向摇动杯子，使茶叶与开水充分交融，此时茶香袅袅升腾，随即定点悬壶高冲，使茶叶在杯中匀速翻滚至七分满即可。大部分绿茶适合用中投法冲泡，尤其如扁平形的龙井茶、松散形的如黄山毛峰、单芽形的如雪水云绿等。用中投法冲泡，更有利于茶叶的舒展、茶香的挥发和内含物的浸出。下投法的冲泡方法，一般适合于用瓷质大壶冲泡的大宗绿茶，方法是先温热瓷壶和饮杯，将适量的茶叶投入瓷壶后直接用开水冲泡，茶叶浸泡1 ～ 2分钟后即可分杯饮用。

茶艺演示时必备的茶具有：玻璃杯（或盖碗）、茶罐、茶盘、赏茶盒、玻璃杯、茶巾、茶道具、水盂、煮水器。冲泡的主要程序：①备具→②温热杯子：往杯中注入少量的开水，然后将开水沿玻璃杯杯口按逆时针方向匀速转动温热茶杯，旋转一周后倒掉→③投茶：按杯子大小取适量的茶叶→④温润泡（摇杯）：注入少量的开水，快速有序地摇动杯子，使茶叶迅速吸热、温润，导出茶叶的香气→⑤悬壶定点高冲：利用高冲让茶叶在杯中匀速翻滚，有利于茶叶内含物质的有效浸出→⑥冲泡结束：将开水注入杯中至七分满→⑦敬茶：用双手奉茶，以示对客人的敬意。

第四节 飞机客舱内乌龙茶茶艺

乌龙茶因其滋味鲜爽醇厚，香气馥郁芬芳，品饮后生津回甘、唇齿留香，使人感觉神清气爽，而深得茶人大众的喜爱。

乌龙茶属半发酵茶，又称青茶，主要产地在福建、广东和台湾省。目前最常见的乌龙茶有铁观音、黄金桂、金观音、大红袍、武夷肉桂、武夷水仙、凤凰单丛、台湾高山乌龙、台湾冻顶乌龙、文山包种、东方美人等。

想要泡好一壶乌龙茶，彰显乌龙茶的香气和滋味，首先要根据其不同的采茶季节和加工工艺，采用不同的冲泡方式和选用不同的茶具。所以，准备泡茶时，需了解将要冲泡的是春茶还是秋茶，是半紧结形的铁观音还是松散形的大红袍。同时，还须根据品茗人数的多少来决定泡茶器具的大小；决定用紫砂壶泡茶还是用盖碗泡茶？

乌龙茶一般要求用沸水冲泡，茶水比例约为1克∶20毫升；茶艺演示必备的茶具有：紫砂壶（或盖碗）、茶船（又称茶池）、品茗杯、公道杯（又称茶海）、杯托、赏茶盒、茶道具、茶巾、煮水器等。冲泡程序：备具→温热茶具→投茶→温润泡（又称洗茶）→悬壶高冲→出汤→斟茶→品饮。冲泡乌龙茶要注意掌握“高冲低斟”。高冲：即悬壶定点高冲，利用冲力使茶叶在壶内充分翻滚，促使茶叶的香气和滋味得到充分发挥。低斟：是为了防止茶汤温度降低和香气散发。

第五节 飞机客舱内红茶茶艺

在日常生活中，可以在超市商店购买到调味红茶，如冰红茶、柠檬红茶、姜红茶等。在国外，人们还将红茶调制成牛奶红茶、泡沫红茶、薄荷红茶、肉桂红茶和玫瑰红茶等。而我国适合做调味茶的红茶以选用云南或海南等地产的大叶种茶树鲜叶制成的红茶为佳。因为适合于冲泡调味茶，尤其是调制奶茶的红茶，茶多酚的含量要求较高，要求有一些涩味，冲泡后加入适量的牛奶和糖，减少了茶汤的涩味，而茶汤的滋味和口感却会变得丰富起来，这样一杯香浓美味的奶茶会让人感到神清气爽，充满活力。中国红茶汤色红亮、香气幽雅、口感清爽且涩味较少，因此不适宜加入调味品，而比较适合冲泡原汁原味的纯红茶。

冲泡纯红茶的水温一般要求约为95℃，调味茶的水温则要求使用沸水或将茶放在锅内煮饮。纯红茶的茶水比一般为1克∶50毫升，调味奶茶的茶水比一般为1克∶25毫升。茶具的选择一般用盖碗直接冲泡或用瓷壶冲泡分杯饮茶（为衬托茶汤的颜色，最好选用杯具内侧为白色的瓷质茶具）。

茶的小故事

陆羽《茶经》说“水乃茶之母”，泡茶尤以泉水为上。泉水是清澈甘洌的宜茶好水，但异泉之水沏茶的味感不尽相同，故因此对“泉”就有了第次之分。盛唐时期茶文化得到长足的发展，对泉水的研究也十分专业。当时有“茶圣”“茶神”之称的陆羽，有茶道大师之称的卢仝，有品泉家之称的刘伯刍和张又新等权威人士对天下名泉的等次鉴定起到了至关重要的决定性作用。

图4-21 中泠泉

镇江天下第一泉，又名中泠泉、南泠泉，位于镇江金山西南，如图4-21所示。在这里泠是水势曲折的意思。以前此泉在扬子江中，江水由西向东奔流，受到前面石山的阻挡，到这里就形成三泠，即南泠、中泠、北泠，而泉水就在中泠以下，故名“中泠泉”。因它的位置在金山的西南面，故又称“南泠泉”。

据唐代张又新《煎茶水记》载，品泉家刘伯刍对若干名泉佳水进行品鉴，较水宜于茶者凡七等，而镇江金山的中泠泉被他评为第一，故素有“天下第一泉”之美誉，自唐迄今，其盛名不衰。

图4-22 惠山泉

天下第二泉，又名惠山泉，位于无锡惠山寺附近，见图4-22。原名漪澜泉，后改名惠山泉。相传为唐代无锡县令敬澄派人开凿的，共两池，上池圆，下池方，故又称二泉。由于惠山泉水源于若冰洞，细流透过岩层裂缝，呈伏流汇集，遂成为泉。因此，泉水质轻而味甘，深受茶人赞许。唐代刑部侍郎刘伯刍和“茶神”陆羽，都将惠山泉列为“天下第二泉”。自此以后，历代名人学士都以惠山泉沏茗为快。

天下第三泉，又名观音泉、陆羽泉，位于苏州虎丘山观音殿后，见图4-23。井口一丈余见方，四旁石壁，泉水终年不断，清澈甘洌。陆羽与唐代诗人卢仝评它为“天下第三泉”。此泉园门横楣上刻有：“第三泉”三字，每年吸引大量游人前来游览。

天下第四泉，又名虎跑泉，位于杭州西湖和钱塘江之间的大慈山下，见图4-24。“虎跑泉”之泉，自后山的砂岩、石英岩渗出，清冽甘芳，与西湖龙井茶号称“双绝”。陆羽评虎跑泉为“天下第四泉”。泉西有宋代高僧道济（济公）的塔院遗址。虎跑泉水分子密度高，将泉水舀入杯中，放入镍币数枚可浮于水面，泉水高出杯面1～2毫米而不外溢，为西湖奇观之一。

天下第五泉，又名大明寺泉，位于扬州大明寺，见图4-25。清乾隆十六年（1751），乾隆皇帝下江南，到扬州欣赏风景的一个御花园，向以山林野趣著称。唐代茶人陆羽在沿长江南北访茶品泉期间，实地品鉴过大明寺泉，被列为天下第十二佳水。唐代另一位品泉家刘伯刍却将扬州大明寺泉水，评为“天下第五泉”，于是，扬州大明寺泉水，就以“天下第五泉”扬名于世。大明寺泉，水味醇厚，最宜烹茶，凡是品尝过的人都公认宋代欧阳修在《大明寺泉水记》所说“此水为水之美者也”是深识水性之论。

图4-23　观音泉

图4-24　杭州虎跑泉

图4-25　大明寺泉

思考与练习

1. 茶具的种类繁多，从制作材料上区分，大体上可分为哪几种？（6种以上）
2. 请介绍3种中国茶艺寓意礼的表现形式及内涵。
3. 简述八大基本泡茶程序。
4. 简述品茶的基本礼仪。

第二篇

酒

第五章 酒的总述

第一节 酒的起源

酒起源于何时已无可考，可以确定的是“酒”本身并非来自人为发明或创造，而是在无意间发现的。在许多的水果果皮中，含有自然发酵的酵母菌，当水果过于成熟而快速腐烂时，酵母菌即开始发挥它神奇的作用，将水果中糖分转化成酒精，而成为所谓的“酒”。

人类最早的酿酒活动，约始于距今4～5万年前的旧石器时代“新人”阶段。当时人类拥有了足够维持基本生活的食物，从而有条件进行模仿大自然生物本能的酿酒过程，当然仅是机械地简单重复大自然的自酿过程。

真正开始人工酿酒并作为有目的的生产活动，是在人类进入新石器时代即出现了农业之后开始的。这时，人们有了更为充裕的粮食，同时也制作出精细的陶制器皿，使得酿酒生产成为可能。根据出土文物考证，美索不达米亚地区在人类的酿酒生产发展中起到了巨大的推动作用。约在公元前6000年，该地区就已出现了啤酒的制作；公元前4600多年，又开始了葡萄得种植并用以酿酒；公元前4000年，美索不达米亚地区已用大麦、小麦、蜂蜜等制作了16种啤酒；而到了公元前3000年，该地区就已开始用苦味剂酿造啤酒。中国的人工酿酒历史也可以推断到很早，根据中国龙山文化遗址出土的大量专用酒器，说明在公元前2800～前2300年，酿酒生产在当时的中国已进入盛行期。

从自然酿酒到人类模仿大自然自酿酿酒，再到有意识地进行酿酒生产，经历了漫长的历史时期。

第二节 酒的定义

“酒”乃是采用许多不同的材料发酵、酿造、蒸馏、调配而成的含酒精液体（图5-1）。大多数的农作物，诸如水果、谷物等皆可作为酿酒材料，酿物经由清洗、压榨、发酵、过滤、储存等一定的程序得到含有酒精成分的液体之后，再依制造程序之不同而产生不同味道及不同酒精比例的酒品。

图5-1　形形色色的酒品

第三节 酒的分类

“酒”是中文的统称，凡是含有酒精的饮料都称为酒。酒一般可分成三大类，见表5-1。

（1）经由发酵但无蒸馏过程的酿造酒，依酿造原料又分为以水果为原料的水果酒（如葡萄酒与各种水果酒）及谷物所酿造的谷物酒（如啤酒、米酒、清酒）。

（2）将原含酒精之发酵液经过蒸馏程序制造的蒸馏酒，依酿造原料及制造过程不同分为白兰地（Brandy）、威士忌（Whishy）、金酒（ Gin）、特基拉（Tequila）、伏特加（Vodka）、中国白酒等。

（3）在蒸馏过程中或蒸馏之后添加香料、药草等制成的配制酒，又称香甜酒（Liqeurs）。

酒的分类　　表5-1

分类	加工过程	原料	酒精度
酿造酒	发酵	水果或谷物	低
蒸馏酒	发酵＋蒸馏	水果或谷物	高
配制酒	发酵＋蒸馏＋调香	水果或谷物＋香料或草药	高

思考与练习

1. 简述酒的起源。
2. 简述酒的基本分类。

第六章　酿造酒——葡萄酒

第一节 葡萄酒的概述

一、葡萄酒的历史传说

说起葡萄酒的历史，可比有记载的人类还要长。当第一颗葡萄落下地，葡萄酒的历史就开始了。我们总是可以从大量的壁画、石板、草纸等证据里发现葡萄酒的踪影，希腊文字所记载的众多宗教仪式中，葡萄酒都是不可或缺的重要部分；《圣经》中也多次提到了葡萄酒。

葡萄酒最先吸引人类注意力的，并不是它散发的芬芳，而是它的功效。最早的时候，葡萄酒是良药和消毒剂，它使人类摆脱疾病的困扰，生命更长。伴随着人类文明的发展，葡萄酒的其他作用就也随之显现出来：它给人慰藉，给人勇气，让人们摆脱精神的疲惫，消除战争的恐惧和内心的寂寞；它可以与食物搭配，是美味的调料，是佐餐品，让食物的味道更鲜美；它也用来炫耀财富，是上层社会最好的社交推进剂；它还作为文化交流与贸易往来的使者，它传播着宗教仪式中的人类对神与自然的崇拜。

（一）最早的历史

历史学家普遍认同葡萄酒最早起源于外高加索地区高加索山脉脚下，也就是今天的亚美尼亚共和国（苏联的亚美尼亚和格鲁吉亚共和国）。考古学家发现并经碳定年方法证明了最古老的人工栽种的葡萄出现在苏联的亚美尼亚和格鲁吉亚，时间为公元前7000—5000年。

随后，葡萄酒随着移民的迁徙传入中东地区。一开始是在古代的两河流域——底格里斯河与幼发拉底河之间的美索不达米亚地区，当时是苏美尔文明，苏美尔人把葡萄酒带到此地，并在此地定居。后来传入尼罗河到波斯湾一带河谷的辽阔农作区域，这个地区出现的早期文明（公元前4000—3000年）催促了葡萄的生长。随着城邦的兴盛，原始的农业部落逐渐消失，怀有领土野心的古代航海民族，从最早的腓尼基（今叙利亚）人一直到后来的希腊、罗马人等，他们广泛地将葡萄树与酿酒的知识散布到地中海，乃至整个欧洲大陆。

希腊人充满了扩张的野心，大力发展海军保护他们的领土，把葡萄树带到了意大利和法国的马赛。他们称意大利为“Oenotria”，意思是葡萄树之地，至今许多意大利葡萄品种的名称还可以看到希腊语的身影。葡萄酒在希腊文化中占有重要地位，至今葡萄酒和橄榄油依然是希腊的两大主要出口商品。罗马的扩张比希腊来得更猛烈，军队所到之处，无不种植葡萄树，因为葡萄酒是他们必要的食物。葡萄栽培和葡萄酒酿造技术随着罗马军队的马蹄迅速传遍法国、西班牙、北非以及德国莱茵河流域等地区，并形成了很大的规模。自17世纪至今，这些地区仍是重要的葡萄和葡萄酒产区。

（二）中世纪之后

罗马帝国于公元5世纪灭亡，分裂出来的西罗马帝国（法国、意大利北部和部分德国地区）里的基督教修道院详细记载了关于葡萄的收成和酿酒的过程。这些记录中详细记载了在特定农作区最适合栽种的各类葡萄品种。

在当时的法国，本笃会是众多教会里最有影响力的教会，葡萄酒对他们意义非凡：葡萄酒是做弥撒的必需品，当时还没有可饮用的水，葡萄酒是日常必不可少的食物，葡萄酒可以买卖，换取赋税。当时的本笃会在欧洲有1000多座教堂，他们留下了大量有关葡萄种植技术的文献资料。他们的一个分支西多会则相信人们的劳动，特别是农活，是一种虔诚的奉献形式，他们相信自给自足才可以让灵魂得到升华。当时的教堂地位无比崇高，当时许多大地主、大富贾都认为捐献土地是一种赎罪的方式，可以让灵魂得到永久的解脱，因而传教士们占尽良机，获得了很多宝贵的土地资源，他们将大量宝贵的土地用来种植葡萄，今天勃艮第那些赫赫有名的庄园无不受益于那时的“圈地运动”。比如，公元768—814年统治西罗马帝国的查理曼大帝，预见了法国南部到德国北边葡萄园遍布的远景。著名勃艮第产区的“科通－查理曼”顶级葡萄园就曾经一度是教会的产业。

自20世纪开始，农耕技术的发展使得各地的葡萄酒业酿制者，都可以保护作物免于遭到霉菌、动物虫害等常见侵害。葡萄的培育和葡萄酒的酿制过程也逐渐变得科学化。同时20世纪也广泛立法来鼓励制造信誉好、品质佳的葡萄酒。随着新兴的葡萄酒生产国澳洲、美国、智利、阿根廷、新西兰和中国的崛起，更多优质、各具特色的葡萄酒涌现出来。

二、葡萄酒的定义

葡萄酒是指用新鲜的葡萄发酵而成的酒精饮料，属于发酵酒（又叫酿造酒）的一种。

根据国际葡萄与葡萄酒组织规定的定义：葡萄酒只能是破碎或未破碎的新鲜葡萄果实或葡萄汁经完全或部分酒精发酵后获得的饮料，其酒度不能低于85%（体积分数）。要弄清楚什么是真正的葡萄酒，可以从以下几点来理解：

（1）含有酒精；

（2）以鲜葡萄或葡萄汁为唯一的酿制原料；

（3）在酿制过程中不能添加任何杂质（加糖或酸在某些情况下可除外）。

三、葡萄酒的种类

葡萄酒的酒名取自葡萄品种、产区、产地，类相当多，初学者极容易混淆。

较简单的分法见表6-1。

葡萄酒简单分类 表6-1

种类	酿造葡萄	特点
红酒	深色葡萄	大部分为餐中酒；几乎都为“完全不甜”（干）的葡萄酒
白酒	白葡萄、去皮的深色葡萄	可分为餐中酒或甜酒；多数的餐中白酒属于“完全不甜”或“微甜”的葡萄酒，若味甜者属于甜酒类
玫瑰红酒	深色葡萄	酿造时深色的葡萄皮与葡萄汁接触时间短，故酒体颜色淡
起泡酒	白葡萄酒、深色葡萄	含有二氧化碳的葡萄酒，以法国香槟白葡萄酒最为著名
酒精加强葡萄酒	白葡萄酒、深色葡萄	在葡萄酒酿制过程中加入白兰地

按其含糖量又可按表6-2划分。

按含糖量划分葡萄酒 表6-2

葡萄酒种类	含糖量
干型（Dry）	酒中的糖分含量不超过4克/升，完全不能品饮出任何甜味
半干型（Off-dry）	酒中的糖分含量为4～12克/升，能品饮出微弱的甜味
半甜型（Medium）	酒中的糖分含量为12～45克/升，能够品饮出清爽的甜味
甜型（Sweet）	酒中的糖分含量在45克/升以上，能够直接品饮出甜味，甚至是甜腻的味道

由于英语直译的原因，很多人对于干红葡萄酒和干白葡萄酒名称中“干”含义不清楚，它是由英文“Dry”一词直接翻译而来，是指葡萄酒中几乎不含糖分。实际上葡萄酒根据其所含糖分的数量也有着明确的分类。

第二节 葡萄酒的酿制

一、酿酒葡萄

全世界有近800万公顷的葡萄园，其中酿酒葡萄的种植面积超过600万公顷，每年生产268亿公升的葡萄酒。由于历史因素，葡萄酒的生产和消费主要集中于欧洲，特别是在西欧，葡萄酒的生产和消费占了全球的2/3。其中前三大产国意大利、法国和西班牙的产量就已经超过全球总量的半数。20世纪90年代中开始的全球性葡萄酒流行风潮，已经将葡萄酒扩展成全球性的饮品，越来越普及。

葡萄的品种有数千种，但是在众多品种中，能酿造出优质葡萄酒的却少之又少，全球最重要的葡萄品种不过二三十种，世界上95%以上的葡萄酒都是用这些品种酿造的。葡萄的成分如图6-1所示。

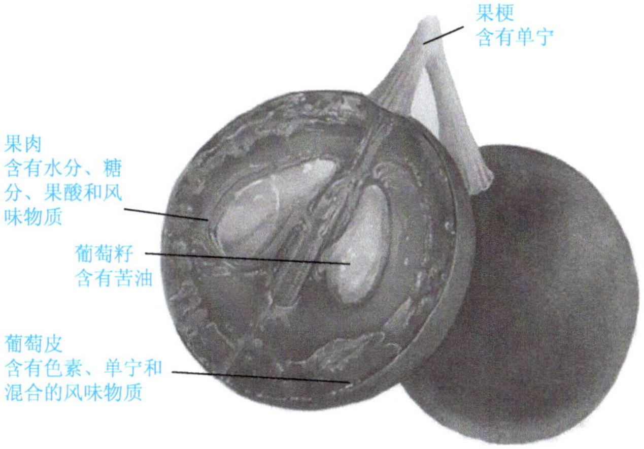

图6-1　葡萄的成分

表6-3和表6-4列举了一些主要的优质酿酒葡萄品种，一些是欧洲的传统葡萄品种，主要种植在当地；还有一些是世界流行的葡萄品种，在全球各国都有种植。

红葡萄品种　　表6-3

赤霞珠（Cabernet Sauvignon）	美乐（Merlot）	品丽珠（Cabernet Franc）
赤霞珠，原产于法国，是法国波尔多左岸地区的明星葡萄。由于其具有良好的种植性和产量稳定性，成为在全世界最为广泛种植的红葡萄品种。 其颜色深，果粒小，皮比较厚，成熟时间晚；果味丰富、高丹宁与高酸度。 酿出的酒具有黑醋栗、黑樱桃、柿子椒和雪松的味道，具有极强的陈年能力，非常适合在橡木桶中熟成	美乐，温柔乖巧，早熟，鲜嫩且多产，单宁含量低，果味丰郁，可以用来大量酿制美味而柔滑的葡萄酒。在法国，美乐经常是混合赤霞珠来酿造；在新世界，美乐很多都是用单一品种来酿造。成熟的美乐酒具有李子果和李子干的风味，在橡木桶熟成后会获得更多的李子干和巧克力的香气	品丽珠，为法国古老的酿酒品种，世界各地均有栽培，是赤霞珠、蛇龙珠的姊妹品种。其更加适合凉爽的气候；与赤霞珠相比，它颜色浅，单宁低。年轻时带有草莓、覆盆子以及紫堇花的香气，常常还带有一些青椒香气。陈年后，则会绽放出麝香、松露和一点点烟熏味道

续上表

西哈/西拉子(Syrah/Shiraz)	黑皮诺(Pinot Noir)	佳美(Gamay)
西哈像是小一号的赤霞珠,具有赤霞珠的优点,同时显得更加精致。法国隆河谷地北部是西哈葡萄的原产地,也是最佳的产区。西哈适合温和的气候,其颜色深,单宁高,非常适合耐久储存。酿成的葡萄酒浓郁多变化,年轻时以紫罗兰花香和黑色浆果为主,陈年后具有胡椒、荔枝干、焦油及皮革等成熟香味	黑皮诺,颜色较浅,低单宁,酒体轻,结构复杂,不过气质优雅。黑皮诺是一款很难种植的品种,其对气候、土壤、地形都有严格要求。酿成的葡萄酒年轻时带着新鲜草莓、黑樱桃的香气,成熟后展现出复杂的蘑菇和动物的皮毛味道。大多数黑皮诺需在3～5年内享受,上好的黑皮诺可用橡木桶熟成,而拥有数10年的陈年潜力	佳美,现在主要种植在博若莱产区。其果实大,汁多皮少,单宁低。酿成的葡萄酒颜色淡,偏紫蓝色,口感清淡,富含果香,通常都不宜久存,简单易饮,最为著名的就是博若来新酒

桑娇维塞(Sangiovese)	纳比奥罗(Nebbiolo)	田帕尼优(Tempranillo)
原产意大利,是意大利栽培最多的传统红葡萄品种之一。用其酿制的葡萄酒呈石榴红色,酸度高,单宁中等;带有肉桂、黑胡椒、炖李子和黑樱桃的气息,以及新鲜饱满的泥土芬芳。较新的酒有时还展现一丝花的香气。通常在条件好的环境下,桑娇维塞可以酿制出丰富浓厚、结构紧密和极耐久存的佳酿	纳比奥罗是意大利北部最著名最主要的葡萄品种,其颜色不深,酸度很高。纳比奥罗所酿制出来的酒带有层次的复合型香味(茶叶香味、玫瑰、烟熏和黑松露的香气,更有巧克力辛辣味及柏油香味),稳健的单宁结构,酸性较高,深厚的陈酿潜质。经陈年过的纳比奥罗酿造的葡萄酒更有茴香及皮革味道	田帕尼优为西班牙的标志性红葡萄品种。其会带有浆果、李子、烟草、皮革、香草的香气,在年轻时饮用——称作"jovenes"可以充分领略其果味,在橡木桶陈酿数年后转为酒体浓厚的红酒

白葡萄酒品种　　表6-4

霞多丽(Chardonnay)	长相思(Sauvignon Blanc)	雷司令(Riesling)
霞多丽，原产自法国，是目前全世界最受欢迎的酿酒葡萄。其多变的风格和广泛的适应性，无论在任何气候条件下，质量都还不错。霞多丽葡萄酒在凉爽地区表现为轻酒体，高酸度，具有青水果的香气；在较为温暖的地方，霞多丽葡萄酒又会呈现出更多柑橘类的香气；在炎热地区霞多丽葡萄酒又会体现出许多热带水果的香气	长相思，原产于法国，它对土壤、气候的适应力均较强，酿造出的白葡萄酒有着清新爽口的酸度，果香丰富，有青草的味道，也会有热带水果的味道。猫尿味也是长相思的典型特征之一	雷司令原产于德国，是一种富于变化的葡萄，其酸度高，含有的果香多样，从桃子、柑果的香味特色、异域水果的香味到蜂蜜的甜香，而酿成的老熟雷司令还会带有汽油的味道。上好年份的雷司令还具有较强的陈年能力

赛美蓉(Semillon)	白诗楠(Chenin Blanc)	维欧尼(Viognier)
赛美蓉，法国波尔多苏岱区的主要葡萄品种，其果皮薄，糖分高，是用来酿造甜白葡萄酒的主要材料。它有很丰富的蜜糖、橙皮果酱以至甜苹果的味道；可酿出高酒精含量的酒，适用于酒桶发酵和藏酿。它的干性葡萄酒具有奇特的蜂蜡香和柠檬味	白诗楠，原产自法国，酿成的葡萄酒常有蜂蜜和花香，口味浓，酸度强。大多适合年轻时饮用，较优者也可陈年	维欧尼，原产于法国，难于种植，对于多种病害都很敏感。其酿制的葡萄酒精度高，酸度低，和谐，圆润，带有强烈花香(紫罗兰、金合欢)而且能发展出蜂蜜、麝香、桃和干杏的香气

续上表

灰皮诺(Pinot Gris)	琼瑶浆(Gewutraminer)	麝香葡萄(Muscat)
灰皮诺原产自法国，与黑皮诺属于一个家庭。其皮的颜色有别于其他白葡萄，呈现为粉红色或棕红色。酿成的葡萄酒较为金黄，甚至略带粉红，酒精浓度高，具有浓厚的果香与香料味，酸度低，耐久存。但在德国和意大利出产的灰皮诺葡萄酒却较为简单清淡	琼瑶浆，起源于意大利，后传入德国，其葡萄皮颜色为粉红或淡棕色，酿制成的葡萄酒为金黄甚至带桃红色。琼瑶浆葡萄酒香气浓郁，酒体比其他白葡萄酒丰满，独特的荔枝风味及浓郁的玫瑰香十分容易辨认	麝香葡萄是历史时间最长的葡萄，现已演化为200多个品种。所有的麝香葡萄都有一个共同点，即为浓郁的香气，包括玫瑰花香、荔枝与菠萝芒果等热带水果香气。麝香葡萄酒口感圆润，酸度低，不适宜久存

二、葡萄树的生长周期及葡萄农的工作

葡萄树的生长周期及葡萄农的工作见表6-5。

葡萄树的生长周期及葡萄农的工作　　表6-5

发　芽	展　叶	开　花
通常在北半球三月底、四月初，气温超过10℃以上，葡萄树就会开始发芽了。 葡萄农在发芽的前后必须进行第一次犁土；来使土地透气和顺便除草。葡萄农为了控制产量，还需手工摘除过多的芽眼	一般在新芽长出10天内，树叶开始从树芽中伸展出来，同时新生的卷须也会出现。 葡萄农为了保护脆弱的新树芽，可能会采用延后剪枝来推迟葡萄树发芽，避开春霜	发芽后在葡萄蔓上将长出花序，开花时间在六月初左右，维持10～15天。 花季过后，葡萄农就要开始整理葡萄枝蔓和葡萄叶，使日照效果更佳和集中养分供给葡萄生长

续上表

结　果	开始成熟	采　收
在六月底、七月初结成葡萄。 葡萄农会对过于茂盛的枝叶进行修剪，保证葡萄有充足的阳光和较好的通风效果，防止其疾病感染	到了八月底、九月初，葡萄将进入成熟期。葡萄树的糖分会输送到葡萄，葡萄糖分增多，酸度降低；葡萄中的酚类物质和香气增加。深色葡萄外皮也开始变成紫红色。 葡萄农为了保证品质，要剪除一部分葡萄	到了九月底、十月初，葡萄进入成熟期，除了酸味与糖分要均衡外，葡萄皮内的单宁成熟度也要重要考量。 葡萄农在采摘葡萄时可以人工采收来保证葡萄的品质，但是较为耗时费工；所以更多的平价酒产区用机器采收

三、酒的酿制步骤

1. 筛选

采摘回来的葡萄在最短时间内运回酒厂，所有的葡萄会放到传送带上进行筛选，筛选的过程主要是去除不好的葡萄，例如未成熟的、破碎的或者已经腐烂的葡萄，葡萄树叶也需要去除。越是注重葡萄酒品质的酒庄越是严格，甚至有时会丢弃1/3的葡萄。

2. 破皮

对于红葡萄品种，首先要进行破皮，这样能够让葡萄的汁流出来，方便将葡萄皮和汁泡在一起；而对于白葡萄品种，这不是一个必需步骤，很多白葡萄会直接进行压榨，不需要破皮。葡萄梗也会在这个步骤中去除。在一些特定的产区，酿酒师会保留葡萄梗，这样做可以给酒增加更多的单宁。

3. 压榨

压榨的目的就是将液体和固体分离。通过榨汁将果肉中的葡萄汁分离出来，白葡萄一般在发酵前压榨，然后将葡萄汁单独发酵。红葡萄则在浸渍及发酵完后才进行压榨，红葡萄酒发酵容器底部有一个阀门，打开之后首先流出来的是自流葡萄酒，通常占总量的70%～80%，其余的葡萄酒含在葡萄渣中，需要再次压榨得到，所以这种酒称为压榨葡萄酒。自流葡萄酒杂质少，品质高。压榨葡萄酒颜色深，单宁强，通常用作调配。香槟地区现在仍然采用传统的垂直压榨机进行压榨，较现代的地区会使用卧式气囊压榨机。

4. 沉淀澄清

白葡萄在榨汁后，通常还混有葡萄皮渣、树叶、泥沙等物体，容易引起葡萄酒的变质，在发酵前会先降低温度，然后用沉淀的方法去除杂质，去除杂质后的葡萄汁转到干净的罐中进行发酵。

5. 浸皮

浸皮是指将破皮后的葡萄和葡萄汁浸泡在一起，以便葡萄汁从皮里面萃取到需要的颜色、单宁以及风味物质。

对于红葡萄，果皮与酒接触的时间长短通常取决于酿酒者想要达到的要求，例如颜色浅、口感清淡的博若莱酒通常只浸泡5～6天，而顶级的波尔多红酒这个过程会持续2～3周。在这个过程中，红葡萄的发酵也是同时进行，因为比重的关系和二氧化碳的产生，葡萄皮会全部浮在葡萄汁上面，上面这层漂浮的葡萄皮称之为酒帽，这种现象会造成萃取颜色的困难。在浸皮过程中一定要确保酒帽保持湿润，

如果它们变干，细菌就会在上面生长，使酒变坏。葡萄汁还需要充分地和酒帽接触，否则酒的颜色就会很不均匀，上面的颜色深，下面的颜色浅。

有两种最常见的方法使葡萄汁和酒帽充分接触，一种是将酒帽用工具温和地压入酒液，这种方法叫作踩皮。另一种方法是用泵将发酵罐底部的葡萄汁抽上去，再从上面淋在酒帽上，这种方法叫作淋皮。现在有些发酵罐则内置了搅拌机来完成这个过程。

由于白葡萄不需要萃取颜色，因此不需要浸皮，但为了萃取更多的香气和风味，目前流行的有一种做法称为冷浸皮，是在白葡萄汁发酵启动之前，让葡萄皮和葡萄汁在低温的环境下浸泡，葡萄汁从皮里面萃取果香，现在很多白葡萄酒采用这种方法来得到更多的香气。

6. 加糖

一些种植在寒冷地区的葡萄，在自然条件下获取不到充足的糖分，满足不了酿造优质葡萄酒所需要的条件。在这种情况下可以采取向葡萄汁中添加糖分的手段，达到理想的酒精度。加糖的时机可以选择在发酵开始之前或是发酵过程当中。欧洲地区对于处于不同气候带的地区的加糖有着严格的要求。

7. 加酸和减酸

由于气候条件，葡萄有时无法在采收时得到理想的酸度，因此在酿造过程中通过人工的处理让酒得到改善，最常见的方法就是加酸法和减酸法。加酸法在欧洲比较温暖的地区才允许被使用，新世界国家运用得比较普遍。加酸是通过向酒中添加酒石酸粉来达到。减酸法通常在较寒冷的地区运用广泛，通过向酒中加入碳酸氢钾来中和多余的酸度。

8. 酒精发酵

酒精发酵就是将葡萄汁里面的糖分转化成酒精的过程，被称为一次发酵，酒精发酵通常会加入人工酵母来帮助发酵启动和进行，发酵过程中会产生二氧化碳和热量。所以温度的控制十分重要，通常来讲，白葡萄酒要求发酵温度比较低（一般在10～20℃），这么做可以保持酒的果香和清新。

红葡萄酒发酵温度会高一些，通常在25～35℃，但是如果温度高于35℃，发酵就会终止。所以说在发酵的时候控制温度很重要：一些葡萄酒需要在发酵前提高温度，可以最大限度地萃取出葡萄皮上的色素，但如果温度过高，会给葡萄酒带来类似煮熟的口感。

苹果酸乳酸发酵又称为二次发酵，这个过程是将酒中尖锐的苹果酸通过乳酸菌转化成为柔和的乳酸。对于较冷地区酿造的白葡萄酒，可以通过降低酒的酸度来得到平衡，并且在

这个过程中还会产生新的香气，例如黄油和榛子。但是对于热带产区，酸度较少或不足的葡萄酒而言，酸度则相当可贵，酒厂会利用添加二氧化硫或降低温度的方式来中止苹果酸乳酸发酵。

乳酸发酵对红葡萄酒品质的改善起着很大的作用，红葡萄酒需要通过乳酸发酵使其口感变得圆润，将酒中生硬的酸涩变得柔和，提升温度可以更好地进行红葡萄酒的乳酸发酵过程。

甜白葡萄酒需要很高的酸度来使酒得到均衡，如果没有足够的酸度来支撑甜酒，酒会显得浓甜肥腻，所以很多甜白葡萄酒都是尽量避免乳酸发酵的。

9. 发酵后的培养和装瓶

（1）换桶

葡萄酒在酿造过程中，底部经常会形成沉淀，例如葡萄皮、葡萄籽、酒脚等，酿酒师通常会通过气泵，将上层的清澈酒液抽取到干净的罐中，从而避免葡萄酒和沉淀物长时间接触，产生不愉快的气味。在换桶的过程中，葡萄酒也会短暂接触到空气，避免过度还原气味的生成。

（2）熟成

葡萄汁在发酵完成之后，就可以称为葡萄酒了，刚酿造出来的酒，无论是口感还是香气都十分浓郁和张扬，让人难以接受，因此需要将酒放置一段时间使酒变得均衡美味，使其更容易被人接受。通俗的说法是将生酒转变为熟酒。

（3）橡木熟成

熟成有时在橡木桶中进行，有时则在不锈钢桶或惰性容器中进行。红酒经常会在橡木桶里完成这个过程，不仅可以增添香气和酒体，而且橡木桶上细微的小孔可以帮助酒能够更快地成熟。目前最常见的橡木分为法国橡木和美国橡木，法国橡木桶制作过程烦琐，能赋予酒更细腻复杂的香气，例如香草、烤榛子，以及更复合的口感，价格也比美国橡木桶要贵。而美国橡木桶带给酒更多的是甜香草和甜椰子的香气，口感也较粗犷。要注意，只有新橡木桶会给酒增添咖啡、烤面包等烘烤香气，越老的木桶对酒产生的影响就越小，5年以上的木桶只能作为惰性容器，不能再为酒增添任何香气了。

（4）澄清

葡萄酒刚酿造好后，通常是浑浊的，这种看不见的悬浮物质称作胶体，可以通过加入蛋白、鱼胶、硅藻土、血清等方法来加速这些悬浮物质的沉淀过程，以去除这些悬浮物质，得到酒质更加稳定的葡萄酒。

（5）过滤

装瓶前最后一个可以使酒保持清澈、透亮的做法就是过滤。现在的酿酒工艺可以去除酒中极小的颗粒，甚至连肉眼看不到的微小颗粒都可以。过滤的强度一定要注意，如果强度过大，会将酒里面迷人的风味物质一同过滤掉，因此现在有些酒厂不对酒进行过滤，以保持丰富的风味。其实酒的过滤强度只要做到酒质稳定的程度就好。

（6）调配

将不同的葡萄品种，或来自不同葡萄园的葡萄酒，在培养成熟后，根据不同的风格，将葡萄酒相混合，调配出更加均衡协调的葡萄酒。例如，波尔多地区经常用高单宁的赤霞珠和柔和的美乐相调配。

（7）稳定

为了预防运输过程中沉淀物质的形成，酒必须要做稳定处理，在装瓶前对酒进行冷却，将温度迅速降到-4℃，以去除酒中的酒石酸，让酒质变得比较稳定，否则，酒在装瓶之后，遇到低温则会出现一些小的酒石酸结晶，这些结晶有时会被误认为碎玻璃或者酒的品质出现问题，酒石酸对酒没有任何伤害，但是会影响酒的外观和口感。

（8）装瓶

葡萄酒在出厂前，会将酒装入玻璃瓶中，然后运往世界各地，通常白葡萄酒装瓶时间比红葡萄酒要早，因为大多白葡萄酒都是在年轻时饮用，而有些高品质的红酒则在橡木桶里面培养2～3年后装瓶。

小知识

新、旧世界葡萄酒世界的概念自英国葡萄酒作家休•约翰逊(Hugh Johnson)提出，这一概念是按照产酒国的地理位置来划分的，用于帮助区别葡萄酒的风格。

旧世界葡萄酒沿用世代传承的传统酿造工艺，并且强调风土，崇尚酒体的复杂和平衡。为了保持各个地区的特色，许多的酿造工艺都有严格的法律保护。

新世界葡萄酒利用现代科学技术如机械化耕种和灌溉等，没有传统的束缚，贯彻快速消费理念结合流行趋势，不断探索新的酿造法，酿造出迎合大众口味的葡萄酒。

旧世界国家包括：意大利、法国、西班牙、葡萄牙、奥地利、德国、希腊、匈牙利等国。

新世界国家包括：美国、澳大利亚、新西兰、阿根廷、智利、南非、中国等国。

第三节 法国葡萄酒

一、法国葡萄酒的概述

说到法国而不提葡萄酒是不可能的，法国拥有法国人最引以为豪、全球人为之痴迷的许多葡萄酒产区。

法国西邻大西洋，南接地中海，东面有着阿尔卑斯山的阻隔。整个国家多河流，多山谷，因此造成了无数多变的小气候和小环境。法国人根据几百年的种植和酿造经验，总结出每个地区最适合种植的葡萄品种以及最适合的酿造方法，酿造出举世无双的葡萄酒。在今日全球流行的很多葡萄品种也都源自于法国。

二、法国葡萄酒等级制度

1936年，法国就建立了当时全世界第一套最完善的葡萄酒法律和产地保护制度，用来保持每个地区葡萄酒风味的传统特色，规范葡萄酒的品质，以及维护葡萄酒的传统地位。这套制度也被其他欧洲国家所学习借鉴。法国葡萄酒原分为四级，配合欧盟制度自2010年将其简化为三级。等级越高生产规格越严格，每公顷的产量越低，产区范围也越精确。每瓶法国出产的葡萄酒必须属于这三个等级之一，且必须在标签上明确标示。

葡萄酒等级旧制度最高等级称为AOC，即为法定产区。其产量占总产量的35%，新制改为AOP（Appellation d' Origine Protegee，意为被保护）。原优良地区葡萄酒（VDQS）等级其产量不多，只占2%，现一并归为新制的AOP等级。地区餐酒（VDP）产量为15%，改为IGP（Indication Geographique Protegee，意为保护地区餐酒）。38%的法国葡萄酒属于最低等级日常餐酒VDT，现更名为VDF（Vin de France）。等级情况见表6-6及图6-2。

法国葡萄酒等级　　表6-6

等级	产区要求	葡萄种植要求	酿酒要求	等级目标
AOP	法定保护产区内规定的葡萄园具体范围	严格规定种植葡萄品种、密度、产量、采摘时间	规定酿制葡萄酒类型，需专业委员会品尝鉴定	占据世界顶级葡萄酒之列
IGP	指定产区内的葡萄园	鼓励种植流行葡萄品种，减少种植中硬性规定	不规定酿制葡萄酒类型	以获得最大经济利益为原则
VDF	无产区要求，在法国境内即可跨产区勾兑葡萄汁	无明确要求	无明确要求	与新世界葡萄酒生产国争抢廉价葡萄酒市场份额

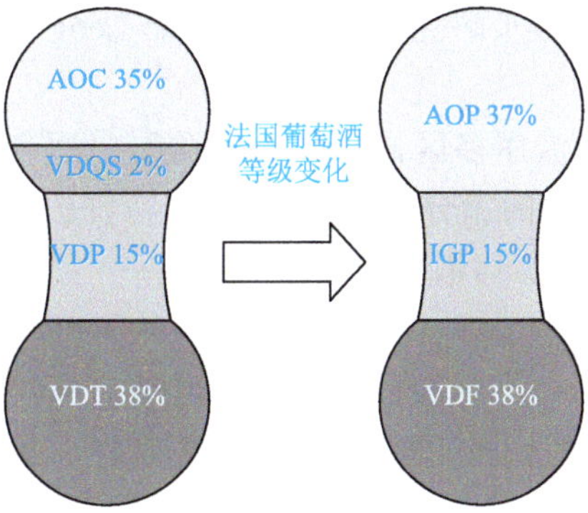

图6-2　法国葡萄酒等级变化

三、法国葡萄酒的著名产区

法国葡萄酒的著名产区主要包括：波尔多、勃艮第、罗讷河谷、卢瓦尔河谷和香槟。

（一）波尔多（Bordeaux）

法国十大葡萄酒产区中，波尔多拥有整个法国最多和最受瞩目的法定保护产区AOP等级葡萄园，生产从一般清淡可口的干白酒Bordeaux sec到顶级城堡酒庄出产的浓重丰厚的高级红酒。

波尔多位于法国西南部，临大西洋，刚好位于北极与赤道的中间，属于温带海洋性气候。波尔多葡萄园覆盖了整个吉隆特省，加隆河和多尔多涅河以及其无数的支流穿过葡萄园，将波尔多分为左岸、右岸和两海之间，同时又满足了葡萄园对水的需求。波尔多产区情况见表6-7。

波尔多产区规模 表6-7

栽培面积	122449.53公顷
总产量	68000万公升
酒的颜色	82%红葡萄酒， 3%桃红葡萄酒， 15%白葡萄酒
法定保护产区	57个

1. 左岸著名产区

（1）梅多克（Médoc）产区位于波尔多市北边，天气温合，有大片排水良好的砾石地，是赤霞珠红葡萄的最佳产区，生产酒色浓黑、口感浓重紧涩的耐久存红酒，须存放多时才能饮用。其中圣爱斯泰夫（St. Estephe），波亚克（Pauillac），圣朱利安（St. Julien）及玛歌（Margaux）是最出名的AOP级产酒村庄。区内的酒庄分成许多等级，拥有60家顶级酒庄（grand cru classé），另外也有中级酒庄（cru Bourgeois）。

（2）格拉夫（Graves）产区位于波尔多市南边，红、白酒皆产，白酒以混合赛美隆和长相思葡萄酿成，也是波尔多区最好的干白酒产区，常有圆润丰厚的口感。红酒也以赤霞珠为主，口感紧涩，常带一点土味。北边贝萨克-雷奥良（Pessac-Léognan）区内所产的品质最好，所有顶级酒庄都位在此区内。

（3）苏玳（Sauterne）产区波尔多区内最佳的贵腐甜白酒产区，因特殊的自然环境，葡萄收成时表面长有贵腐霉让葡萄的糖分浓缩，同时发出特殊的香味，酿成的白酒甜美圆润，有十分浓郁的香气，适合经久存放，可散发更丰富的香气。

2. 右岸著名产区

（1）圣爱美浓（St. Emilion）产区较靠近内陆的红酒产区，种植梅洛葡萄比例较高，其酿制的红酒比梅多克产区圆润可口，产区范围大。圣爱美浓产区又再细化为一般等级区域标注为St. Emilion与顶级区域标注为St. Emilion grand cru；而顶级区域再细化为三级，顶级中的最佳等级标记为St. Emilion 1er grand cru classé，属久存型的名酿。

（2）波美侯（Pommerol）产区与圣爱美浓产区隔邻，只产红酒，以高比例的梅洛葡萄著称，酒体强劲浓烈，却拥有较圆润醇厚的口感，成熟较早，且亦耐久存，常带有动物性酒香混合红果及菌菇的丰富香气。因其产区小，酒品往往供不用求，价格昂贵。

（3）佛龙萨克（Fronsac）有1200公顷的葡萄种植面积，葡萄种植在河岸的黏质钙土和砂黏土壤上，佛龙萨克生产香味丰富、酒体结构强、适合长期珍藏的红葡萄酒。

（二）勃艮第（Bourgogne）

作为全世界最精彩的黑皮诺红酒与霞多丽白酒的产区——勃艮第，其被认为是最能够表现法国风土精神的产区，见表6-8。勃艮第身处法国东部内陆地区，冬天寒冷干燥，春天常有霜冻，夏秋季节较为温暖却常有冰雹灾害，所以说勃艮第的气候条件已经是葡萄种植生长的极限了。葡萄园并不是随意坐落，仅限于排水好向阳的山坡，总面积只为波尔多的1/4。

勃艮第产区规模　表6-8

栽培面积	28000公顷
总产量	13500万公升
酒的颜色	48%红葡萄酒， 52%白葡萄酒
法定保护产区	101个

勃艮第由北到南拥有5个葡萄酒子产区：夏布利（Chablis）、夜丘（Cote de Nuits）、伯恩丘（Cote de Beaune）、夏隆内丘（Cote Chalonnaise）和马贡（Maconnais）。人们又把伯恩丘和夜丘统称为“金丘”（Cote d’Or）。

1. 夏布利

夏布利（Chablis）位于勃艮第的最北面，地理上与勃艮第其他子产区相隔甚远，四季气候为严冬、春霜、炎夏，土壤是一种名为侏罗纪晚期岩层（Kemmeridgian）的石灰岩土壤。这种土壤中的白垩质能很好地收集和反射阳光，更好地帮助葡萄成熟，令其酒更加纯净脆爽。

夏布利由于气候寒冷只产白葡萄酒，而且只采用霞多丽酿造，生产出来的葡萄酒较清淡同时具有强劲的酸度。

2. 夜丘

夜丘（Côte de Nuits）拥有24片顶级葡萄园，出产的80%葡萄酒都采用黑皮诺（Pinot noir）酿造，是全球最佳的黑皮诺红酒产区，展现出该品种最优雅细致却又浓烈丰郁的特性，其中的不少还是全球最贵的。一连串的顶级葡萄园沿索恩河谷（Soane River）东侧依次分布，这些葡萄园大多都面积狭小，且分属于不同所有人。这些顶级葡萄园的黑皮诺葡萄酒拥有数十年的陈年潜力，葡萄酒大多有着典型勃艮第葡萄酒的饱满酒体，还充满了黑加仑和樱桃等新鲜红色水果味、泥土味以及香料味。

3. 伯恩丘

伯恩丘（Cote de Beaune）以一个中世纪的村庄名命名，目前是勃艮第葡萄酒贸易中心，这里盛产风味浓郁的霞多丽白葡萄酒，这些白葡萄酒充满柔美的白色花朵、干草、新鲜苹果、梨子等气息，偶尔还会伴有榛子味。伯恩丘的地理山丘连绵，山谷一个接着一个，葡萄园大多都面向东南方。目前，伯恩丘拥有8个顶级葡萄园，其中的7个都以出产霞多丽葡萄酒而出名。伯恩丘同样也出产黑皮诺红葡萄酒，适合即饮，最多可陈年5年左右，带有李子、樱桃核、烟草等香味，此外，矿物味和平衡度也俱佳。

4. 夏隆内丘

夏隆内丘（Cote Chalonnaise）不像金丘区那样有名，没有顶级葡萄园，但其葡萄酒性价比都比较高。主要种植葡萄品种为霞多丽和黑皮诺；这里拥有多种不同的土壤，不同的土壤赋予葡萄酒不同的个性，而且风格各异，从经过橡木桶陈酿的、果味浓郁、口感顺滑的霞多丽白葡萄酒到充满干草莓、樱桃和泥土味、单宁柔顺的、粗犷的黑皮诺红葡萄酒应有尽有。

5. 马贡区

马贡区（Maconnais）位于勃艮第的最南边，也是面积最大的子产区，以出产优质的霞多丽葡萄酒而闻名。这片广袤地区贯通法国南北；越往南走，气候越暖和，葡萄的收获期也比勃艮第最北面的夏布利提前足足两周。温暖的气候造就了这里出产的霞多丽葡萄酒结构精良，充满成熟的核果香，还有具有冬忍、柑橘皮和野草的气息。

（三）罗纳河谷地（Valée du Rhône）

罗讷河谷（也被翻译为隆河河谷）酒区是法国第二大法定产区酒出产地（图6-3、表6-9），因出产教皇饮用过的葡萄酒而有着辉煌的荣耀。罗讷河谷产区沿罗讷河谷的狭长地带自北向南呈条状分布，罗讷河谷被分为北罗讷和南罗讷两大葡萄酒产区。

图6-3　罗讷河谷酒区

罗讷河谷地产区规模　表6-9

栽培面积	80000公顷
总产量	38000万公升
酒的颜色	90%红葡萄酒， 6%桃红葡萄酒， 4%白葡萄酒
法定保护产区	26个

北罗讷河谷产区为温和的大陆性气候，夏季炎热，阳光充足，秋季凉爽，冬季则十分寒冷。北罗讷河谷最大的特点就是其陡峭的山坡，位于这些地方的葡萄园光照充足，同时也减少了水土流失。沿着罗讷河往南，河谷变得越来越开阔，南罗讷河谷气候与北部迥然不同。这里不管文化还是气候都深受地中海的影响，非常具体普罗旺斯气息——夏季漫长而温暖，而冬季温和，降雨量较北罗讷河谷更少，著名的密斯托拉风（Mistral Wind）从这里抚过。

1. 罗讷河谷北部

葡萄田位于谷边陡坡上的梯田，大多都位于罗第丘（Cote Rotie），是非常理想的西拉产地，酿制的葡萄酒充满了覆盆子、紫罗兰、松露和巧克力的香气。罗第丘的葡萄酒的价格都较高，但物有所值。部分小葡萄园还以出产维欧尼葡萄酒，其甘美可口而出名。

2. 罗讷河谷南部

教皇新堡（Chateauneuf-du-Pape）是罗纳河谷南部最具知名度的一个子产区，因为当年阿维尼翁教皇的夏宫（图6-4）建于此而得名。这里是法国最早的法定保护产区之一，并以阿维尼翁命名的阿维尼翁红葡萄酒（Chateauneuf-du-pape AOC）也是同样著名。这里的葡萄种植面积有3200公顷，以深厚的卵石土质而著称，卵石土质贫瘠干燥，排水性好，尤其是在阳光下吸热反光性好，是绝佳的生产葡萄的地块，拥有多达13种的法定葡萄品种，也是教皇新堡的一个著名特色。

罗讷河谷南部同样也出产桃红葡萄酒，其品质之高也被认为是世界最好的桃红葡萄酒，被誉为“桃红酒之王”。

图6-4　阿维尼翁教皇的夏宫

（四）卢瓦尔河谷地（Val de Loire）

卢瓦尔河谷酒区因为它宜人的气候和美丽的城堡而闻名（图6-5），同时，卢瓦尔河谷酒区也以葡萄酒品种丰富和多样性而著称。葡萄种植在阳光普照下的山坡及台地上，享受着温和气候和大西洋潮湿的风；这里的土壤是多样的，多样化的土壤保证了卢瓦尔河谷酒区葡萄酒品种的丰富和复杂（表6-10）。

图6-5 卢瓦尔河谷酒区

卢瓦尔河谷酒区规模 表6-10

栽培面积	30460公顷
总产量	14578万公升
酒的颜色	40%红葡萄酒， 28%桃红葡萄酒， 20%白葡萄酒， 12%起泡葡萄酒
法定保护产区	66个

卢瓦尔河谷是法国地理和文化的中心。卢瓦尔河是法国最长的河流，也是全欧洲最险恶的一条河流。河流从地中海岸边的南部起，一直到法国西北部的大西洋。沿路滋养着法国最长最多样化的葡萄酒产区。卢瓦尔河谷产区总产量排名法国法定保护产区葡萄酒第三位，气泡酒生产产区第二位，白葡萄酒产区第一位。著名的四大子产区为南特（Nantes）、安茹（Anjou）、都汉（Touraine）和中央区（ Centre）。

1. 南特

靠近卢瓦尔河出海口，地势平缓，以生产密斯卡岱干白葡萄酒而闻名。酒的酸度高，水果味浓郁并且略带矿石味，不宜久放。在生产葡萄酒时通常将发酵后死掉的酵母和酒继续浸泡，来增进葡萄酒圆润厚实的口感。

2. 安茹

该产区地形多变，葡萄品种多样，酿酒方法也各不相同，这造就了该地风格各异的葡萄酒。该产区所产的桃红葡萄酒尤为出名，同时安茹干红葡萄酒也大受青睐。用白诗南

(Chenin blanc)酿造干白葡萄酒,是白诗南白葡萄酒的最佳产地。此外,这里也是卢瓦尔河谷最负盛名的甜酒产区。

3. 都汉

都汉同样也生产各式葡萄酒,包括白、红、粉红、新酒以及起泡酒,是法国最清淡简单的法定保护产区等级平价酒。

4. 中央区

属于大陆性气候,主要生产由长相思酿成的干白葡萄酒。葡萄园多位于土壤为石灰岩和打火石的山坡上,酿成的长相思形成多酸且带有矿石和火药味的独特风格。本产区中的桑塞尔(Sancerre)和普伊-富美(Pouilly-fume)地区是全球顶级的长相思产区。

(五)香槟(Champagne)

香槟产区位于法国巴黎的东北部,是法国最北的一个葡萄酒产区,气候寒冷。但寒冷的天气却赋予了香槟酒别样的清新之感。典型的白垩土壤也贡献良多,可以很好地保留水分,同时白色还会有反光的效果,能够提高葡萄的成熟度。寒冷的天气、白垩土壤让霞多丽(Chardonnay)、黑皮诺(Pinot Noir)和皮诺莫尼耶(Pinot Meunier)葡萄在这里大放异彩,成为酿制香槟的葡萄品种,见图6-6。香槟酒区为全球最著名的起泡酒产区,采用霞多丽、黑皮诺及皮诺莫尼耶葡萄,酿成干白酒,装瓶后再加入糖及酵母进行瓶中二次发酵而使香槟酒含有珠玉般细致的气泡。

图6-6　香槟酒区及产品

聪明的香槟人根据土壤适应葡萄种植的品质和传承经验,在法定葡萄产区的321个葡萄酒村中(表6-11),细分出最佳的17个顶级葡萄村(Grand Cru)和优质的44个一级葡萄村(Premier Cru),并由香槟酒行业委员会(CIVC)严格管理控制。如果香槟酒标上有"Grand Cru"或"Premier Cru"的字样,说明是选用顶级或一级葡萄园的葡萄酿制的,也是一定品质的保证。

香槟酒区规模　　表6-11

栽培面积	34000公顷
总产量	25000万瓶
酒的颜色	1%粉红香槟, 99%白色香槟
法定保护产区	321个

（六）阿尔萨斯（Alsace）

阿尔萨斯位于法国东面，与德国隔莱茵河相望，河的西面就是阿尔萨斯，而东面就是德国的法尔兹（Pfalz），德国的葡萄品种和酿酒理念对阿尔萨斯葡萄酒影响深远。融合了法德两国的文化，阿尔萨斯发展出自己的独特风格，见表6-12和图6-7。

阿尔萨斯酒区规模　　表6-12

栽培面积	14950公顷
总产量	11467万公升
酒的颜色	8%红葡萄酒与桃红葡萄酒， 82%干白葡萄酒， 10%起泡葡萄酒
法定保护产区	3个

图6-7　阿尔萨斯酒区及产品

阿尔萨斯细长葡萄酒瓶有别于其他法国葡萄酒，极具德国葡萄酒特色。阿尔萨斯葡萄酒以雷司令干白葡萄酒（Dry Riesling）最为著名，这种葡萄酒一改传统的甜型或半甜型雷司令葡萄酒风格，将阿尔萨斯地区特色表露无遗。除了雷司令，阿尔萨斯地区还出产白皮诺（Pinot Blanc）、灰皮诺（Pinot Gris）、琼瑶浆等白葡萄酒，还有越来越受人们喜爱的阿尔萨斯起泡酒（Crémantd' Alsace）。

香气浓郁是阿尔萨斯葡萄酒最突出的特点，尤其以花香味和桃子味最盛。此外，阿尔萨斯葡萄酒酸度明快爽口，而且口感饱满，酒精含量中等，饱满的风味主要源于所选用的成熟的葡萄与酒精含量之间的平衡，因此阿尔萨斯葡萄酒根本不需要橡木桶来增添其香气和复杂性。

第四节 意大利葡萄酒

一、意大利葡萄酒概述

意大利是全世界酿酒最早的国家之一，拥有3000多年的酿造葡萄酒经验。处于南欧地

图6-8　意大利葡萄酒

中海畔，地理环境优越，意大利各地都适合种植葡萄酒，几乎无处不产酒，其年产葡萄酒总量约为50亿公升，与法国轮流成为世界葡萄酒产量冠军，出产全球近1/5的葡萄酒。意大利其地形狭长，从北到南纬度相差10度，加之受到山脉与海洋的影响，形成了许多小气候区，加上其独特的800多种葡萄品种，最终成就了意大利风味不同性格各异的葡萄酒，见图6-8。

二、意大利葡萄酒等级

在1963年，意大利建立了葡萄酒等级系统，一共分为4个等级，见图6-9。

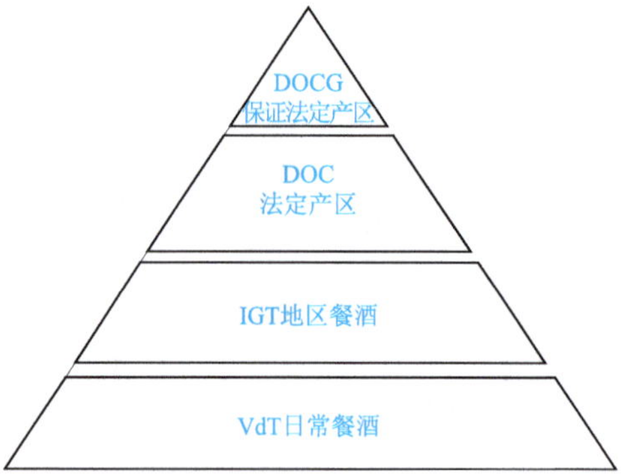

a）意大利葡萄酒等级图

b）DOCG葡萄酒瓶口封签

Amabile	半甜
Dolce	甜
Secco	干型
Bianco	白葡萄酒
Rosso	红葡萄酒
Rosado	桃红葡萄酒
Frizzante	微起泡酒
Spumante	起泡酒
Classico	优质传统产区高品质葡萄酒
Riserva	经过较长橡木桶陈年
Superiore	较高酒精浓度

c）意大利酒标上常见术语

d）葡萄酒瓶标示示例

图6-9　意大利葡萄酒酒标说明

（1）最低等级为VdT（Vino da Tavola，日常餐酒），通常都是简单易饮没有太多特色的葡萄酒。在生产上规定最不严格，酒标上只需标示酒的颜色和商标，其他表示信息一律不作要求。

（2）IGT（Indicazione Geografica Tipica，地区餐酒）来自于一个大范围的产区，标示产区名，也可以标注上葡萄品种的细节。这一等级的葡萄酒对于意大利葡萄酒越来越重要，很多非传统风味的顶级葡萄酒也属于此类。

（3）DOC（Denominazione di Origine Controllata，法定产区），有近1/4以上的意大利葡萄就都属于此等级。DOC等级大多是传统划定的产区，依据传统定制生产条件，规定较为严格。

（4）DOCG（Denominazione di Origine Controllata e Garantita，保证法定产区），这是意大利葡萄酒的最高等级，生产条件与规定最为严格，除了严格遵照DOC的规定外，每一个新年份的DOCG葡萄酒都必须要通过专业委员会的品尝才能上市。要成为DOCG等级的产区，必须要先成为DOC 5年以上才有可能升级。每一瓶DOCG的葡萄酒瓶口处都会具有产区工会的编号封签来防止假冒。

三、意大利葡萄酒产区

意大利从北到南覆盖着大大小小的葡萄园，大致可以分为三大产区：北部、中部及南部和周边岛屿。三大产区也根据全意大利20个行政区再分为不同大小的地域。

1. 意大利北部

意大利北部夹在阿尔卑斯山与亚平宁山之间，西接法国海岸，东接巴尔干半岛，由波河（Po）贯穿于这整片土地。意大利北部拥有全意大利最肥沃的土壤，葡萄酒产量全意第一，其中全国一半以上的法定产区（DOC）葡萄酒都在此生产，而且北意大利的葡萄酒类型也是全意之最。其中最闪耀的皮埃蒙特（Piemonte）大产区出产全意大利最精致迷人的葡萄酒，由内比奥罗（Nebbiolo）葡萄在其著名的巴罗洛（Barolo）产区与巴巴瑞斯科（Barbaresco）产区酿成的红酒具有复杂的香气和超强的耐存性。以风干葡萄酿成的干红和甜酒同样也深受大众喜爱，以麝香葡萄（moscato）制成的香甜起泡酒和意大利多种特有葡萄品种[如巴贝拉（Barbera）、多切托（Dolcetto）、瓦波利切拉（Valpolicella）及巴多力诺（Bardolino）等]制成的柔和可口的红酒，全是北意大利独步全世界的经典酒型。

2. 意大利中部

意大利中部是意大利葡萄酒质量与创新的典范，产酒量为全意的1/4而且是全意拥有DOCG数量最多的地区。中意大利主要为山区，山峦起伏，而大部分葡萄园都集中在山坳中与山脚下，主要受地中海型气候影响。在意大利中部最具影响力的产区为托斯卡纳（Tuscana），其内有6个DOCG和一个属于IGT等级的超级托斯卡纳（Super Tuscan），这里的葡萄酒主要使用桑娇维斯（Sangiovese）葡萄酿造。

境内的基安蒂（Chianti）产区出产托斯卡纳最经典的葡萄酒，也是意大利最有名的葡萄酒之一。珍藏基安蒂（Chianti Riserva）要求在橡木桶里熟成两年并继续在瓶内熟成。古典基安蒂（Chianti Classico）来自于基安蒂中心传统古老产区，产量限制十分严格，酒的品质与水准更高，瓶口会贴上黑公鸡认证标志予以鉴别（图6-10）。

图6-10 黑公鸡认证

蒙塔奇诺（Montepulciano）是托斯卡纳的一颗明珠，品质可以与巴罗洛相比，深厚的果味口感强劲且非常耐久藏。法律规定蒙塔奇诺产区的葡萄酒需要熟成4年才能上市出售，其中两年必须在橡木桶内完成。

3. 意大利南部及岛屿

这一地区缺乏明星级产区，但却是意大利重要的葡萄酒产量区；其中的普利亚（Puglia）

产区与西西里(Sicilia)岛产区都是意大利葡萄酒产量最大的产区之一。干燥炎热的地中海型气候使得南部非常适合葡萄的生长与成熟,这里引入很多北部、中部以及国际葡萄品种,同样也很好地保留着许多古老且风格独特的葡萄品种。

第五节 德国葡萄酒

一、德国葡萄酒概述

德国是欧洲主要的葡萄产国,其产量居于全球第七,年产11亿公升葡萄酒。主要以生产白葡萄酒为主,红葡萄酒只占不到20%。并不是德国人十分偏爱白葡萄酒,而是因其所处的地理位置所限。德国纬度偏高,属于大陆性气候,气候普遍寒冷,葡萄生长比较困难,北部已经达到了葡萄所能成熟的底限。大多数葡萄园则集中在气温相对较暖的西南部(图6-11)。且大部分生产优质葡萄酒的葡萄园,都位于河流两旁的陡峭山坡上,既方便排水,也可以借助河流表面反射阳光,从而帮助葡萄更好地成熟。但由于坡度较大不能用机器的方式进行采摘和作业,成本非常昂贵。还有一部分的葡萄园则位于离河较远的平原区,方便使用机械作业,生产便宜易饮的葡萄酒。

图6-11 德国葡萄酒产区

由于葡萄自身的酸度较高,因此酿酒师通常会保持一部分的糖分,以维持均衡的口感,这也是很多德国葡萄酒都带有甜味的原因。酥蕊渍是一种常见的酿造德国便宜甜酒的方法,将采摘的葡萄压榨后,将20%～30%的甜葡萄汁保存下来,并杀死其中的酵母,让葡萄汁保持稳定,然后把剩下的葡萄汁完全发酵成葡萄酒,在装瓶前和这些甜葡萄汁混合,就得到了酥蕊渍[1]甜白葡萄酒。这种葡萄酒口感清甜,带着清新的果香,酒精浓度较低,容易入口。

二、德国葡萄酒的发展与变迁

令人悲哀的是在20世纪初,雷司令作为优势葡萄受推崇的地位遭到了逆转。由于德国酒农受所谓科学潮流的影响,人们企图用物理、化学测量来代替人的嗅觉和味觉,特地培养了很多早熟、高产、抗病力强的杂交品种。大部分原来种植雷司令的地段,开始试种其他葡萄"新品种",比如西亚瓦纳(Silvaner)。至1930年,莱茵高产区只有57%的葡萄树是雷司令。

之后雷司令又经历了一段挫折,在20世纪60年代和70年代,德国葡萄酒的形象在海外受到严重损坏,原因是德国酒商无所顾忌地生产大量甜味的勾兑葡萄酒例如蓝仙姑(Blue

❶ 酥蕊渍:把甜葡萄汁加入到葡萄酒中,酒体非常像果汁。

Nun）和圣母之乳（Liebfraumilch）以供出口，可悲的是，这种糖水味的、平庸廉价的葡萄酒在国际间成为德国葡萄酒的代名词。然而在德国国内，人们仍然酿造和品味高质量的葡萄酒。许多德国人根本就从没听说过这两个牌子。虽然有时候这些酒的生产中会用些雷司令葡萄，但是这个类别的酒跟真正的雷司令葡萄酒毫无关系。

庆幸的是，今天依靠德国广大酒农的努力，这种情况已经获得改变，雷司令正经历着一场复兴。像摩泽尔和莱茵高这样以酿造顶级雷司令而久负盛名的产区，由于在葡萄酒酿造历史和葡萄栽培方面的重要地位，它们在世界范围内再次得到了广泛认同。这些产区和其他产区的酒农也再次意识到雷司令终究是德国最伟大、最重要的葡萄品种。德国雷司令葡萄酒再一次在世界范围内成为可以信赖和质量保证的代名词，又一次跻身世界最昂贵白葡萄酒行列。

三、德国葡萄酒法规

德国葡萄酒分为四个大级别，分别是日常餐酒、地区餐酒、优质产区葡萄酒、特别优质葡萄酒，见图6-12，和法国的分级制度类似。和其他欧洲国家不同的是，德国绝大部分的葡萄酒属于优质葡萄酒的级别，日常餐酒和地区餐酒的比例很小。

（1）日常餐酒（DeutscherTafelwein）

最低等级，产量少，不到5%，口感清淡简单。

（2）地区餐酒（Landwein）

有17个指定的葡萄种植区域可以生产，在酒标上要注明区域名称。

（3）优质产区葡萄酒（QuaIitatsweinbestimmterAnbaugebiete，简称QbA）

葡萄酒只能来自于13个指定的优质产区，葡萄的成熟度要更高，不同产区的葡萄酒严禁混合调配，酒标上必须标识出产地以及酒的风格类型。加糖提升酒精度数或甜度仍允许。

（4）特别优质葡萄酒（QuaIitatsweinmitPradikat，简称QmP）

这是德国葡萄酒最高级别，除葡萄来自于指定的优质产区外，对葡萄采摘的成熟度也有着严格的规定。不允许人工加入糖分，如果年份特别差，葡萄达不到标准，只能降低到QbA。

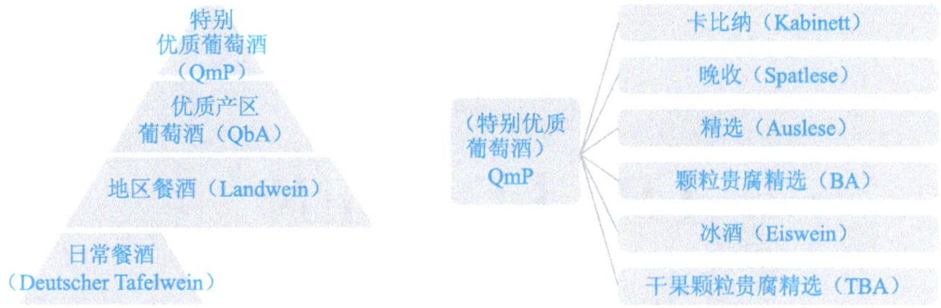

图6-12 德国葡萄酒级别

QmP根据葡萄自然糖分含量从低到高又分为以下6个等级：

①卡比纳（Kabinett）：是QmP级别中最清淡的葡萄酒，葡萄成熟度一般，经常被用做餐前酒。轻酒体，口中会有清爽的酸度，香气里包含了青苹果或柑橘类水果的味道。

②晚收（spatlese）：会比一般葡萄采摘的时间晚，酒体比卡比纳重，风味也更加集中一些，口中经常会有一些甜味，有时也保持干型的风格，带有一些菠萝和芒果的香气。

③精选(Auslese):是采用更加成熟的葡萄酿造而成,有些葡萄已经开始出现贵腐霉特征。这个级别酿酒师发挥的空间非常大,既可以酿造成口感丰满圆润的干型酒,也可以酿造成酸甜均衡优雅的甜酒。这也是QmP里干型酒的最高级别。

④冰酒(Eiswein):葡萄在-8℃的结冰状态下采摘,葡萄里面的水分都凝结成了冰块,去除后压榨出高酸高甜的葡萄汁。冰酒的特点是香气纯净甜美,口感浓甜多酸。

⑤颗粒贵腐精选(Beerenauslese简称BA):采摘时间更晚,并且葡萄大多感染了贵腐霉,糖分更加浓缩集中,人工逐粒选摘达标的葡萄。酿出的酒口感浓甜,带有糖渍水果的香气,这个级别的酒比较珍贵少见。

⑥干果颗粒贵腐精选(Trockenbeerenauslese简称TBA):这是QmP的最高级别。均采用完全感染过贵腐霉,因水分蒸发而萎缩的干葡萄酿造。只在最好的年份生产,产量极其稀少。口感浓厚馥郁,带有决裂般的酸甜比,TBA甜酒价值不菲而稀少,通常还未上市就被收藏家预订。

酒标上常见术语及酒标示例见图6-13。

Trocken:干
Halbtrocken:半干
Classic:单一区域单一年份单一品种的葡萄酿制
Selection:单一区域且达到精选等级的葡萄成熟度
Weingut:酒庄
Weinzergenossenschaf:酿酒合作社
Weiswein:白葡萄酒
Rotwein:红葡萄酒
Einzellage:单一葡萄园
Grosslage:一组葡萄园
Gemeinde:村庄
Bereich:优质产区的内子产区
Anbaugebiet:优质产区
VDP:精英酒庄联盟,认证比德国法律更加严格

a)常见术语

b)VDP(精英酒庄联盟)徽章

c)德国酒标

图6-13 德国酒标及术语说明

四、著名代表产区

德国著名代表酒区见图6-14。

图6-14　德国著名代表酒区

1. 莫泽尔-萨尔-鲁韦尔(Mosel-Saar-Ruwer)

莫泽尔–萨尔–鲁韦尔(图6-15)被世界公认为是德国最好的白葡萄酒产区之一,这个区域包含了莫泽尔河流域及其支流萨尔河与鲁韦尔河。河流反射阳光,同时深色板岩质的土壤也可以反射吸收太阳光,来帮助葡萄园里的葡萄成熟,故最好的葡萄都种植在朝向阳光且较为陡峭的河边坡地上。但陡峭的坡地机器无法作业,只能采用人工的方式成本较高,也是造成当地酒价高昂的原因之一。主要种植顶级的雷司令葡萄,其酒体较轻,口感清爽,完美地呈现了均衡的葡萄甜度与酸度,常带有打火石和矿物的风味。

图6-15　莫泽尔-萨尔-鲁韦尔酒区

2. 莱茵黑森(Rheinhessen)

莱茵黑森(图6-16)是德国最大的葡萄酒产区,主要种植的葡萄是米勒一图高和西万尼,其中米勒一图高曾被大量种植用以生产简单、廉价、混合型甜葡萄酒,随后被销往全世界。但现在越来越多的年轻酿酒师致力于生产优质精品葡萄酒,米勒一图高的种植面积减少了,更多的雷司令被种植。莱茵黑森最好的葡萄园位于沿莱茵河的斜坡上,酿成的雷司令酒体复杂丰富,但酸味略低。

图6-16　莱茵黑森酒区

3. 莱茵高(Rheingau)

莱茵高(图6-17)同样也是德国顶尖的雷司令葡萄酒产区,葡萄种植面积不大,主要种植雷司令。莱茵高的地理条件得天独厚,莱茵河宽阔的河面为葡萄园反射更多的阳光,深色的岩板土壤不仅蕴含丰富的矿物质,还可以帮助吸收释放热量给葡萄树,雷司令在这里可以很好地成熟与生长。莱茵高出产精彩的雷司令葡萄酒其口感细腻典雅而平衡。

4. 法尔兹(Pfalz)

法尔兹(图6-18)位于莱茵黑森的南部,是德国第二大葡萄酒产区,仅次于莱茵黑森。法尔兹地区气候温暖,是德国平均温度最高的地方,土壤肥沃,出产的葡萄非常适合酿造干型葡萄酒和红葡萄酒。雷司令是当地最主要的葡萄品种,用于酿造风格各异的顶级雷司令白葡萄酒,种植面积第二的是红葡萄品种丹菲特。

图6-17　莱茵高酒区

图6-18　法尔兹酒区

第六节 美国葡萄酒

一、美国葡萄酒的概述

经过几十年的快速发展,美国葡萄酒的产酒量已排在世界第四位,成为新世界国家中最为重要的葡萄酒出产国(图6-19)。而美国的葡萄酒消费量也超过了欧洲传统产国,成为全球第一的葡萄酒消费大国。全美国几乎每个州都出产葡萄酒,但大部分产量都不多,而加州是北美最大的葡萄酒产区,全美超过90%的葡萄酒都出自于此;可见加州的葡萄酒的发展影响着整个美国的葡萄酒产业。早在19世纪加州就从法国、意大利与西班牙引进10万株优良葡萄品种来提高加州葡萄酒的品质,随后又建立了葡萄酒研究机构和专业学科,培养大量的葡萄酒专业人才;真正地利用科学在短时间内让加州的葡萄酒闻名于世。

图6-19　美国葡萄酒产区

二、美国葡萄种植区管理制度

美国在1978年建立了AVA（Approved Viticultural Area）葡萄种植区制度,目前通过审核的有100多个AVA产区,其中一半以上在加州。AVA是对葡萄原产地的保证,葡萄酒的品质无关,无论产区大小与知名度,任何人都可以提出AVA的申请。酒瓶上标注的AVA仅说明用来酿造葡萄酒的葡萄至少有85%来自该区域。

三、美国葡萄酒产区

加州几乎是美国葡萄酒的代名词(图6-20),拥有多种葡萄品种与最新的酿酒技术,结合其多变的地形与天气,生产出风格多样的葡萄酒。其中主要的酿酒葡萄品种为赤霞珠(Cabernet Sauvignon)和金粉黛(Zinfandel)。金粉黛葡萄被认为是美国最引以为傲的国家品牌,其酿成的红葡萄酒酒体重且味道浓郁,常散发出水果干的甜味。在加州众多产区中,位于北海岸的纳帕谷(Napa Valley)与索诺玛谷(Sonoma Valley)都已经名列世界顶级的葡萄酒产区中。

图6-20　加州葡萄酒产区

美国西北部的俄勒冈州与华盛顿州也非常适合葡萄酒的生产。俄勒冈州的葡萄园大多位于临海岸地区，自然环境独特，以生产黑皮诺（Pinot Noir）红酒著名。华盛顿州葡萄种植面积较大，有近2万公顷，大多数位于干燥的内陆地区，以生产波尔多类型葡萄酒为主。

美国的东岸与纽约州由于气温较为寒冷，还是以种植耐寒性强的美洲种葡萄为主，酿成的葡萄酒风格粗犷，品质不高。

第七节 澳大利亚葡萄酒

一、澳大利亚葡萄酒概述

澳大利亚拥有60多个独特的葡萄酒产区，种植着很多当地特有的葡萄品种，其酿造的葡萄酒既有澳洲本土特色的地区餐酒，也有享誉全世界的澳洲之巅级葡萄酒。澳洲本土人口有限，发展葡萄酒业其对外出口市场就更为重要，其葡萄酒出口量居世界第四。澳大利亚近几十年以来，敢于引进先进技术与创新理念，采用科学的种植方法与最现代化的酿造设备，依靠大量的科学研究，生产出品质优质而价格适中的葡萄酒。

二、澳大利亚葡萄酒产区制度

在1993年年底，澳洲建立了产地命名（Geographical Indications，简称为GI）制度，规定了酒瓶标签上85%以上的酿酒葡萄必须来自于该产区，但没有像传统欧洲产国那样要求严格，并不涉及规定葡萄品种、种植及酿造方法。

三、澳大利亚葡萄种植种类

澳大利亚种植的葡萄品种都紧随世界流行，任何当前在世界上流行的葡萄品种在澳洲都能找到。来自于法国隆河的希哈在澳洲被称之为西拉子（Shiraz），是目前澳洲最为广泛且最重要的品种，超过40%的红葡萄酒是以西拉子所酿造的。赤霞珠种植的面积也较为广泛，生产着1/4的澳洲红酒。白葡萄酒以国际上最为流行的霞多丽葡萄为主，其风味多体现为浓重的橡木与成熟的热带水果味。同时来自于德国的雷司令在澳洲也有着不俗的表现，特别是凉爽产区带有明显的矿石与汽油风味。

四、澳大利亚葡萄酒产区

澳洲大部分的葡萄酒产区都位于东南部，汇集了全国95%的葡萄园，此外还有西澳的西南部出产著名的葡萄酒，但是产量很小，北部为广阔的沙漠地区不适合葡萄的生长，见图6-21。

图6-21 澳大利亚主要葡萄酒产区

1. 新南威尔士

新南威尔士(New South Wales)从气候上来说夏天干燥,在葡萄采收期的秋天却很多雨,不太适合葡萄树的生长,但其临近大城市悉尼和旅游观光区,还是吸引了很多的酒庄坐落于此。其最具代表性的是猎人谷(Hunter Valley,见图6-22),尤其是下猎人谷(Lower Hunter Valley)。这里主要种植赛美蓉(Semillon)与西拉子。

图6-22 澳大利亚最古老的产区——猎人谷(Hunter Valler)

2. 维多利亚

维多利亚(Victoria)曾经拥有全国最多的葡萄园,由于病虫害的破坏而大量减少了,现在产量逐渐回升至全国总产量的1/4。这个区域跨度较大,环境气候十分多元化,其葡萄酒的风格也是全澳最多种多样的。最著名的葡萄园在雅拉谷(Yarra Valley),种植了大量的黑皮诺葡萄,其葡萄酒口感柔和而多酸;生产的赤霞珠极其耐藏。同时雅拉谷还是澳洲高品质起泡酒的重要产区。

3. 西澳大利亚

西澳大利亚(Western Australia)葡萄酒产量不到全国的5%,却能生产出十分精彩的葡萄酒。最著名的产区是玛格丽特河(Margaret River),出产澳洲最佳的赤霞珠葡萄酒,其架构均衡且细致又具有陈年能力。

4. 南澳大利亚

南澳大利亚(South Australia)是澳洲最重要的葡萄酒产区,酿制超过一半的澳洲葡萄酒,生产的西拉子、霞多丽、赤霞珠和长相思全都是澳洲最具代表性的典型葡萄酒。南澳的气候非常干燥炎热,大部分的葡萄园选择在靠近海岸区域阿德雷德市(Adelaide)的附近,包括阿德雷德丘(Adelaide Hill)、麦克莱伦(Mclaren Vale)、巴罗萨谷(Barossa Valley)、伊顿谷(Eden Valley)与克莱尔谷(Clare Valley)都名列为澳洲的最佳产区。

第八节 南非葡萄酒

一、南非葡萄酒概述

南非作为非洲最大的葡萄酒产国,却并没有广大的内销市场,以外销为主,60%的葡萄酒被销往海外。新一代的南非酿酒师远赴国外学习现代化的酿酒技术和先进的酿酒理念,再带回到南非。南非整体受地中海式气候影响,气温十分炎热干燥,不适合葡萄的生长。但在有南极寒流经过的海岸就带来了宝贵的凉爽气候,所以南非最主要的葡萄园都集中在海岸附近。

在南非炎热的大气候下,种植最多的却是白葡萄品种,其中白诗楠是最重要的白葡萄品种,占20%的种植面积。皮诺塔吉(Pinotage)是南非最具地方特色的品种,是由神索与黑皮诺交配而成的混血新品种,其产量大、颜色深,红色莓果的香气浓郁,而越发受到国际上的关注。

二、南非葡萄酒制度

南非1947年开始采用原产地葡萄酒命名(wine of the Origin,简称为WO),将葡萄园按照区(Region)、小区(District)与葡萄园(Ward)标识,见图6-23。规定其酒标上出现的年份及品种,必须至少有75%以上的葡萄来自于该年份或是该品种,但葡萄酒若是销往欧洲,则规定更为严格,年份或品种要至少85%且葡萄必须100%来自于标注的产区。

图6-23　南非原产地葡萄酒命名Wine of the Origin(WO)

三、南非葡萄酒产区

南非的葡萄酒产区共分为5个区(Region),主要都位于开普省(Cape),其内又细分为16个小区(District)及50多个葡萄园(Ward);其中最精华的葡萄园都位于西开普(Western Cape)。康斯坦尼亚(Constantia)在历史上就享有盛名,这里以出产甜葡萄酒声名远播，同时也被欧洲视为最珍贵的葡萄酒之一。因为其地处海岸边，气候较为潮湿凉爽，也生产长相思与霞多丽。斯泰伦波斯(Stellenbosch)是南非葡萄酒酒业的中心，也是优质葡萄酒的集中生产地，汇集了众多精英酒庄；国家的葡萄种植研究院也坐落于此。这里以出产均衡高雅的红葡萄酒为主。帕尔(Parrl)因为靠近内陆，气候比较炎热干燥，主要出产白诗楠与赤霞珠和加烈甜红酒。

第九节 智利葡萄酒

一、智利葡萄酒概述

智利属于葡萄酒生产国的新世界国家(图6-24)，但其酿酒历史在新世界中却较为久远，可追溯到16世纪。如今智利依靠其优越的气候、采用国际化的葡萄品种、利用现代化的酿酒设备与技术，生产出品质优异价格合理具有国际竞争力的葡萄酒。其每年能生产6亿公升葡萄酒，因为国内市场并不大，4亿公升销往国外。

图6-24　智利葡萄酒酒区

智利国土狭长，整体而言气候温和干燥而多阳光，土壤多为沙土，病虫害较少，几乎不需要太多的护理，十分适合种植葡萄；而且日夜温差很大，葡萄生长期特别长、品质高。智利的葡萄品种十分国际化，红葡萄比白葡萄更多，并且以生产单一品种的葡萄酒为主。其中赤霞珠是最主要的品种，果皮颜色深、单宁柔和，虽然不是非常耐藏，但是口感柔和均衡。智利最有特色的葡萄品种是来自于波尔多的梅洛，当地称之为卡曼纳(Carmenre)，它在智利大放光彩，单宁重并且拥有独特的花草香气，已经成为智利最具代表性的品种。

二、智利葡萄酒制度

智利在1995年建立了自己的葡萄酒法规，有别于欧洲严格苛刻的要求，其规定较为宽松，没有对葡萄品种的选用、种植及酿造过程明确规定，只要求酒标上的信息的真实性，见图6-25。如果酒标上标注了葡萄品种、年份与产区，则用以酿造的葡萄至少75%以上必须符合信息标注。

三、智利葡萄酒产区

智利由北到南分为三大产区，分别为北部产区、中央谷地和南部产区，见图6-26。北部地区最著名的产区为阿空加瓜谷（Aconcagua Valley）与卡萨布兰卡谷（Casablanca Valley）。阿空加瓜谷位于高海拔的山脉上，气候温暖，阳光充足，主要种植红葡萄品种赤霞珠与卡曼纳。卡萨布兰卡谷靠近海岸，气候凉爽，昼夜温差大，主要种植白葡萄品种霞多丽与长相思。中央山谷产区是智利最重要的产地，出口葡萄酒的90%来自于这个地区。其最知名的产地为麦坡谷（Maipo Valley），气候温暖，主要生产红葡萄酒，是出产智利最佳赤霞珠的地方，拥有智利最古老的葡萄树。南部地区气候寒冷，出产大量的日常餐酒，主要葡萄品种为黑皮诺与雷司令。

图6-25　智利葡萄酒酒标

图6-26　智利三大产区

第十节 西班牙葡萄酒

一、西班牙葡萄酒概述

西班牙葡萄酒的酿造与饮用都有着悠久的历史，早在罗马时期就已开始，直至今日西班牙依然拥有世界第一的葡萄种植面积及居世界第三位的产量。西班牙也不断地引入新的品种和先进的管理理念，成就了今日西班牙葡萄酒的繁荣，使其成为酿酒水平进步最快的欧洲传统国家。

西班牙的气候变化多样，不同产区差别也较大，从大西洋气候、地中海气候到大陆性气候一应俱全；土壤同样也是多种多样，包括石灰石、白垩土、板岩及花岗岩。

二、主要酿酒葡萄

1. 添帕尼尤(Tempranillo)

名字来源于西班牙语中的Temprano,意思是"早",因为这个品种的特点就是早熟,最适合种植在白垩土壤上,在凉爽的气候下生长。在酒中表现出草莓等红色水果香气,酸度较低,和其他品种调配时亦会有出色的表现,窖藏潜力强,展现复杂的陈年醇香。添帕尼尤虽然不是西班牙种植面积最多的品种,但它是西班牙的一个国家标志性品种,几乎在所有的葡萄园都可以找到它的身影。

2. 歌海娜(Garnacha)

在法国被称作Grenache,原产于西班牙,是西班牙种植最广泛的红葡萄品种之一。歌海娜的特性是产量高、成熟晚、含糖量高,所以需要在炎热和干旱的条件下才能完美地成熟。所酿造的葡萄酒酒精度通常也比较高。在西班牙当地通常用来酿造桃红葡萄酒,或在红葡萄酒中作调配品种。酒中经常会出现辛香和红色浆果的香气。

三、葡萄酒等级制度

西班牙葡萄酒等级制度见图6-27。

(1)优质法定产区(Denominacion de Origen Calificada,简称DOC或DOCa):最高的级别,目前为止只有两个产区,里奥哈La Rioja和普里奥拉Priorat。

(2)优质法定产区特级葡萄酒(Denominacion de Origen - Pago简称DO Pago):最近生效的一个级别,指DO产区之外的杰出酒庄的单一葡萄园所酿造的顶级葡萄酒,目前为止有三个葡萄园入选。

(3)法定产区(Denominacion de Origen,简称DO):目前共有65个产区,这个级别和法国的AOC类似,对葡萄品种、产量、种植工艺、酿造工艺都有着严格的要求。西班牙大约有3/4的葡萄园属于这个级别。

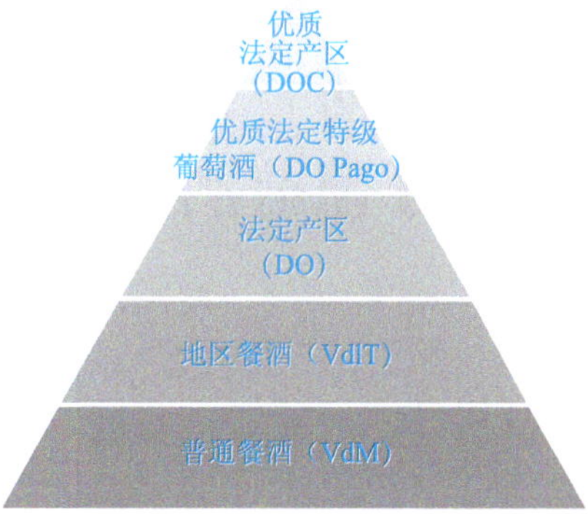

图6-27 西班牙葡萄酒等级制度

(4)地区餐酒(Vino de la Tierra,简称VdlT):目前大约有40个产区,但是只有两个比较重要,分Vino de la Tierra de Castilla和Vino de la Tierra de Castilla y Leon。

(5)普通餐酒(Vino de Mesa简称VdM):最低的等级。

四、西班牙著名葡萄酒

提起西班牙葡萄酒,世人首先想到的是名闻天下的雪利酒(Sherry)。雪利属于一种加强型葡萄酒,仅产自西班牙西南部的赫雷斯(Jerez),被誉为西班牙的国酒,与葡萄牙的国酒——波特酒(Port)齐名。1967年,英国法律规定,只有西班牙赫雷斯镇地区生产的葡萄酒才有权称为"Sherry",所有其他地区或国家生产的风格类似的雪利酒,都必须冠上原产地名称,如南非雪利酒应写成South African Sherry。干型的雪利酒主要由帕罗米诺葡萄(Palomino)酿造,甜型的雪利酒则由佩德罗—希梅内斯葡萄(Pedro-Ximenez)和亚历山大麝香葡萄(Muscat of Alexandria)酿造。

西班牙以红葡萄酒最为重要。添帕尼尤(Tempranillo)是西班牙最优秀的红葡萄品种，广泛种植于西班牙的北部和中部地区，与歌海娜(Grenache)、慕合怀特(Monastrell)以及佳丽酿(Carinena)一起创造出西班牙最出色的红葡萄酒。西班牙最优异的红葡萄酒产区无疑是里奥哈(Rioja DOCa)、杜埃罗河岸(Ribera del Duero DO)以及普里奥拉托(Priorat DOQ)。

近年来，西班牙的白葡萄酒也逐渐在国际上获得掌声。其中，西北部靠近海洋的下海湾(Rias Baixas)地区出产极具个性的阿尔巴利诺(Albarino)白葡萄酒。这种酒天然高酸，口感清新爽脆，适合在其年轻的时候饮用。部分阿尔巴利诺葡萄酒也会经过橡木桶熟成，发展出更为丰富和柔顺的口感。西班牙的另外一个优质白葡萄酒产区为卢埃达(Rueda)，这里出产的弗德乔(Verdejo)白葡萄酒带有标志性的桂花香，风格细腻而雅致。卢埃达的长相思(Sauvignon Blanc)白葡萄酒也是一大特色。

说起起泡酒，法国有香槟，西班牙则有卡瓦(Cava)。卡瓦起泡酒主要产自西班牙的佩内德斯(Penedes)，不过整个西班牙其实都出产这种使用传统香槟法酿造的起泡酒。卡瓦的酿酒品种主要为马家婆(Macabeo)、沙雷洛(Xarel-lo)和帕雷亚达(Parellada)，酿造时需要与酒泥接触9个月以上。

第十一节 葡萄牙葡萄酒

一、葡萄牙葡萄酒概述

葡萄牙是欧洲葡萄酒传统生产国之一。它位于欧洲西部，与西班牙接壤，濒临大西洋，典型的地中海气候。其葡萄酒的主要产区气候温暖，不利于葡萄酒存储，所以其葡萄酒一般酒精度比较高。至今，葡萄牙已经有2500多年的酿酒历史。悠久的历史加上特别的气候和土壤条件，令葡萄牙境内生长有250种之多的葡萄品种，其酿造的葡萄酒极富个性和特色。葡萄牙人很爱喝葡萄酒，基本上是将葡萄酒当成面包一样，每人平均每年要喝掉50公升。

在过去的几十年里，葡萄牙经历了葡萄酒革命，更新了酿酒技术，风格和态度也有所改变。这个典型的旧世界国家因其加强葡萄酒——波特酒(Port)和马德拉酒(Madeira)与高酸、清淡的绿酒(Vinho Verde)而闻名世界。现在，葡萄牙丰富、成熟的佐餐酒更引人关注，特别是来自杜罗河谷(Douro Valley)的红葡萄酒。

二、葡萄牙主要葡萄酒产区

葡萄牙这个国家从南到北，都是葡萄的种植区，主要集中在中部以北的地方，是名副其实的葡萄之国。以生产波特酒闻名的葡萄牙是世界第九大产国，从北部的莫诺产区(Monho)，到中部贯穿东西的杜罗河(Douro)流域，从首都里斯本(Lisben)，到最南部的阿连特茹(Alentejo)产酒区，各地出产的葡萄酒都很不俗。南部是葡萄牙最佳的葡萄产区，出产高级红酒。

三、葡萄牙葡萄酒等级制度

近年来，葡萄牙政府加大了葡萄酒产业的发展力度，更加注重传统葡萄酒的推广。1989年，他们把全国的葡萄产区按照等级进行划分，共分为55个产区。同时，对酿酒设备进行了改革，大批投入现代化的设施，酒质得到了迅速的提高。

（1）DOC级（Denomination of Controlled Origin）：法定产区酒。最高级别的葡萄酒。

（2）IPR级（Indication of Regulated Provenance）：推荐产区酒。第二级别的葡萄酒。

（3）Vinho Regional：地区餐酒。

（4）Vinho de Mesa：日常餐酒，是最普通的葡萄酒。

四、葡萄牙著名葡萄酒品种

波特酒其实是和雪莉酒一样都属于酒精加强葡萄酒，主要不同的是波特酒加葡萄蒸馏酒精是在发酵没有结束前，就是在葡萄汁发酵的时候加入的，因为酵母在高酒精（超过15%）条件下就会被杀死，而波特酒中的酒精度是17%～22%。由于葡萄汁没发酵完就终止了发酵，所以波特酒都是甜的。著名品种见表6-13。

波　特　品　种　　　　表6-13

品　种	颜　色	香　气	品饮时间	橡木桶陈年时间
白波特	金黄色，随时间加深	香料、蜂蜜	开胃酒	至少7年
宝石红波特	宝石红	黑色浆果	餐后甜酒	不超过3年
茶色波特	红茶色	干果香	餐后甜酒	3年

马德拉（MADEIRA）酒产自葡萄牙的马德拉群岛，马德拉酒跟雪莉和波特一样，属于酒精型加强葡萄酒，而且带有氧化味，装瓶后，也正是因为完全氧化和酒精度高的缘故，不容易变质，也会随着时间成熟或者衰老。制造马德拉酒的葡萄品种比较甜，采葡萄从8月中开始，持续约6个星期，每年的产量为530万瓶。马德拉酒在发酵时需导入空气，且容器需时常保持冰凉的状态。发酵后掺入高酒精度的酒来停止发酵过程的继续，最终决定马德拉葡萄酒的甜度。然后将酒放在罐中加热到30～50℃催熟。马德拉酒之所以拥有独特味道，是因为它被放置在一个特殊的高温屋子长达90天到6个月。马德拉酒拥有一种特别的味道，尝起来富含坚果味、烟雾味和丝滑的葡萄干味，尝起来有焦糖的味道。

小知识

在葡萄牙北部的杜罗河（DOURO RIVER）上游，就是著名的葡萄牙产酒区：波尔图（PORTO）。波尔图的酿酒业已有2000多年的历史，2001年这里的葡萄园区被联合国列入世界文化遗产名录，在上游产区酿好的葡萄酒都会运送到这里进行陈酿、混合和装瓶，然后分销到世界各地。用当地人的话说：杜罗河的河水都飘着酒香。可见它在葡萄牙人心目中的地位。

第十二节 中国葡萄酒

一、中国葡萄酒概述

中国在改革开放后，葡萄酒业得到了迅速的发展，葡萄酒的产量与消费量每年都在快速的增长。国际葡萄与葡萄酒组织（OIV）在2003年的报告就指出，中国的葡萄园总面积为过去10年的3倍。目前，中国已成为全球第六大葡萄酒生产国。

二、中国葡萄酒产区与发展

中国幅员辽阔，拥有大量适合葡萄生长的土质和纬度，像新疆、内蒙古、河北、辽宁、山东等省在国际上都被公认为是最适合葡萄种植的地区，见图6-28。目前中国最具代表性的葡萄酒厂几乎都位于此区域，如新疆新天、吉林通化、河北长城、天津王朝与山东张裕等。

图6-28　中国葡萄酒产区示例

中国巨大的葡萄酒市场吸引了很多国外企业在我国投资设厂，他们带来了先进的酿酒技术与现代化的酿酒设备，同时很多对葡萄酒感兴趣的国人走出国门到国外去学习最新的葡萄酒知识和酿酒技术。

第十三节 机上葡萄酒服务

一、葡萄酒餐食搭配要求

1. 总原则

红葡萄酒配红肉类食品，白葡萄酒配海鲜及白肉类食品。

2. 餐酒搭配规律

吃海鲜，喝干白、葡萄起泡酒或香槟。

冷盘和第一道正菜喝干白或淡红葡萄酒。

肉禽搭配清淡的红葡萄酒，野味则搭配上等及陈年干红。

吃奶酪和鹅肝要喝上等红葡萄酒或甜酒。

甜食要配香槟、汽酒。

水果要配甜酒、果子露或半干香槟。

3. 饮用顺序

香槟（起泡葡萄酒）可在任何时机饮用，机上主要用作迎客饮料，还可用作开胃酒、鸡尾酒，用于佐餐。用作开胃酒时建议同时提供一些小食品，如饼干，使胃不至于反酸。用于佐餐酒时能与香槟（起泡葡萄酒）搭配的菜比起葡萄酒来更多，它可以在不同的温度下饮用并且可以和不同的菜肴搭配。

白葡萄酒在红葡萄酒之前，新酒在陈酒之前，清淡的葡萄酒在浓烈的葡萄酒之前，温度低的在温度高的之前，干性的在甜性的之前。

在呈上每一道新菜和每一款新的葡萄酒前，别忘记给客人倒水（冰水）。

二、供酒温度

红葡萄酒在室温下饮用，不须冰镇，但白葡萄酒、桃红葡萄酒和香槟（起泡葡萄酒）则需冰镇饮用，见图6-29。

图6-29　侍酒温度

香槟（起泡葡萄酒）要冷却大约到8℃饮用。在饮用的过程中香槟（起泡葡萄酒）的温度会升至8～13℃，陈年长的香槟（起泡葡萄酒）饮用温度也高一些——达到12℃，这样能够突出它的葡萄酒特色。

盛放冰块的小桶要添加一半的水，这样能使白葡萄酒、桃红葡萄酒或香槟（起泡葡萄酒）迅速冷却到适当的温度。如果小桶中没有水，那么葡萄酒不是冷却得温度太低，就是冷却得不充分。因为冰块不能充分地与酒瓶的表面接触。

如果葡萄酒的温度在冷却前是20℃，那么，在小桶将其冷却到7℃需要大约1小时的时间。

三、供酒操作

1. 示瓶（图6-30）

供酒前向客人展示葡萄酒的商标，告知葡萄酒的名称、采摘期和产地。客人应确认葡萄酒符合自己的选择。

酒瓶要以餐巾衬底，露出标签，始终不要摇晃酒瓶。

在任何情况下，尽可能地在客人面前开封，瓶子要擦拭干净。

图6-30　示瓶

2. 开瓶（图6-31）

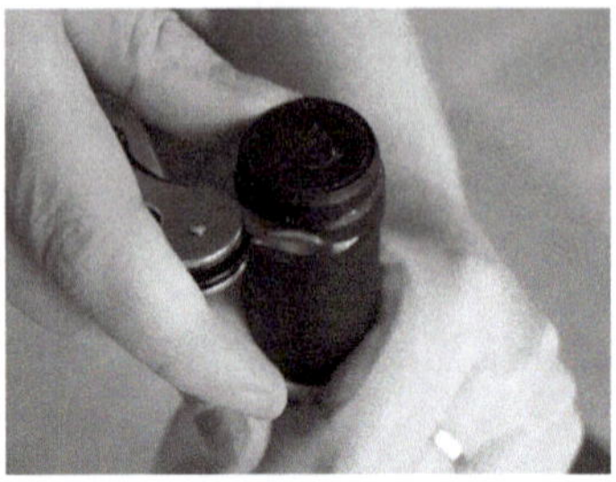

1.旋转划断铝箔酒盖

2.螺旋刀竖直钻入木塞中央

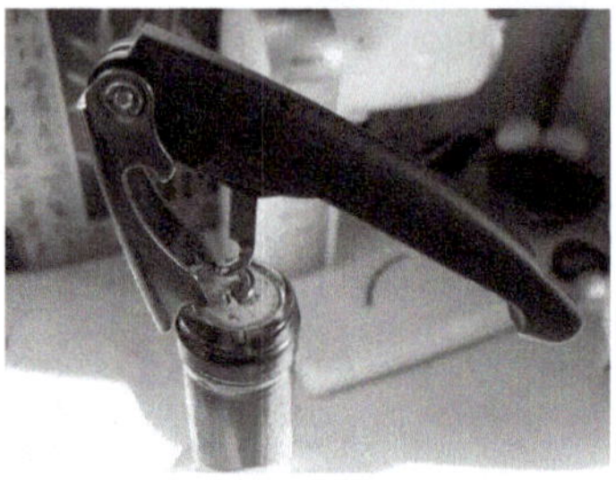

3.旋转螺旋刀入直到剩两圈

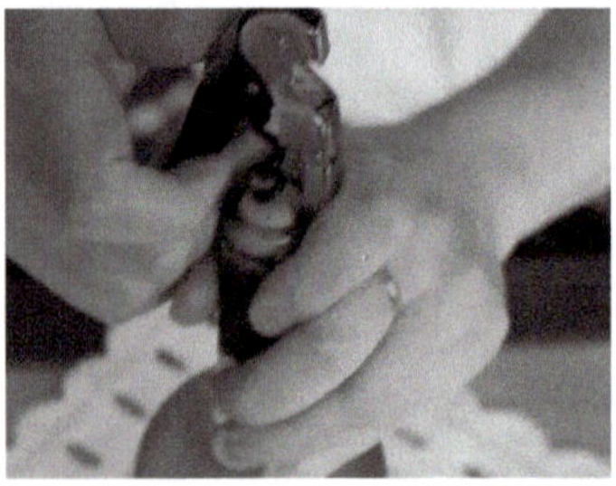

4.撑杆卡住瓶口

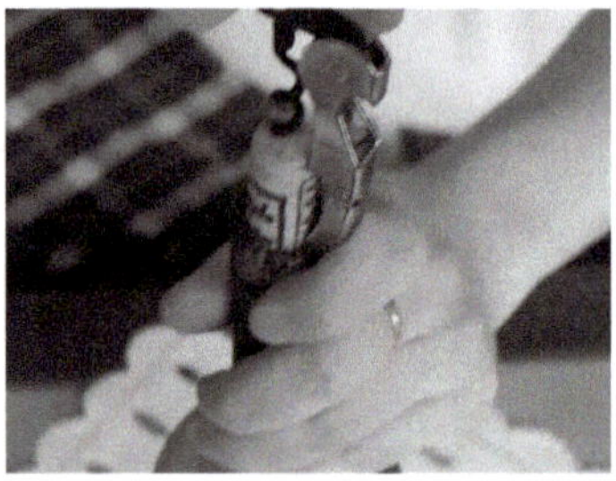

5.向上拉起木塞

6.缓慢完全转出木塞

图6-31　开瓶

3. 斟酒

倒酒量应为酒杯容积的1/3，最多不能超过2/5，起泡酒应为2/3左右。

对于香槟（起泡酒），给客人倒上1/3杯酒，并询问他对酒的品质和温度是否满意。另外，客人品尝的一定是瓶颈里的酒，倒香槟（起泡酒）时，没必要使用餐巾。如果坚持使用餐巾，不要将餐巾盖住瓶子上的商标。香槟（起泡酒）要沿着杯壁倾倒，以使其形成更好地起泡，并且在一定的时间内，气泡不会“逃逸”。如果必须倒满几杯，那么应该按顺时针方向从右侧开始，首先要给女士斟酒，先向所有的杯子里倒少量的香槟（起泡酒），然后，倒2～3次，以使气泡逐渐消失。这样客人可以充分享受香槟（起泡酒）的醇香气息了。

注意点：飞机客舱内葡萄酒服务一般均倒1/2杯。

四、储存方式

葡萄酒和香槟（起泡酒）要保存在黑暗的地方，静止少移动，单独存放，并且要保持恒定适合的温度。酒瓶平放或倒放，否则会使瓶塞干裂，从而影响酒品，同时也不易开启。如果开启了一瓶酒，一次没有喝完，可以用专门的瓶塞塞住并在恒温酒柜内保存1～2天。

思考与练习

1. 简述葡萄酒的基本分类。
2. 简述法国葡萄酒的著名产区。
3. 简述葡萄酒的服务程序。
4. 简述不同种葡萄酒的品饮顺序。

第七章　酿造酒——啤酒

第一节 啤酒的概述

啤酒已经有6000多年的历史，始创于两河流域，古代埃及和巴比伦人用大麦酿制，后传至欧、美、亚洲，并在酿造过程中加入啤酒花。

啤酒是以麦芽、酒花、水为主要原料，经酵母发酵酿制而成的饱含二氧化碳的低酒精度酒。它具有独特的苦味和香味，营养成分丰富，含有人体所需的多种氨基酸及多量维生素，如维生素B、泛酸以及矿物质等。啤酒是高热量饮品，享有液体面包、液体蛋糕和液体维生素的美称。每升啤酒的热量可达425千卡，相当于5个鸡蛋或200克牛奶，被推荐为营养食品。

麦芽、啤酒花、水和淀粉质辅料是生产啤酒最基本的原料，经过“糖化”，将麦芽和淀粉质辅料中的高分子物质分解为可溶性的低分子物质，如将淀粉分解为糖、将蛋白质分解为氨基酸等。然后再经过“发酵”，利用酵母菌将糖分分解成为二氧化碳和酒精，同时产生其他一些发酵的产物，形成啤酒特殊的风味。发程中生成的二氧化碳气体也要有所保留，这样才使啤酒产生非常丰富的泡沫。

啤酒花又称蛇麻花，寒带蔓草植物，取雌花加以干燥而成。可以帮助蛋白质凝聚、麦汁澄清，提高啤酒的稳定性，增加泡沫的持久性。

国际上常用的辅助淀粉质原料有：玉米、大米、大麦、小麦、淀粉、糖浆和糖类物质等。尽管每个国家的国情不同，但酿造啤酒所用的原料及生产工艺却大致相同，区别在于辅料及添加剂的使用上，如德国于1516年制定并沿用至今的纯度法规定啤酒酿造不允许添加任何辅料。而现在国际上的啤酒大部分均添加了一些辅助原料，如非洲国家可以用高粱 作为原辅料。

酿制啤酒共分为6个步骤，大约需历时28个工作日来完成，如图7-1所示。

1. 粉碎糖化（Mashing）

把麦芽磨成粉，糖化后的麦汁由输送管输送至过滤锅。

2. 过滤（Lautering）

将糖化后的麦汁送至右边煮酒槽过滤，将麦汁与麦糟分离。

3. 煮沸及添加啤酒花（Boiling）

传送至煮酒槽内用100℃水温蒸煮大约70分钟，加入啤酒花之后，蒸煮到剩余1000升的麦汁为止，再顺着输送管输送到发酵房。

4. 冷却（Whirlpool）

麦汁会经由此冷却器将温度降至10～12℃后引入发酵桶等待发酵。

5. 发酵（Fermentation）

麦汁经过充分的冷却后引入发酵桶，加入10～15升的酵母进行发酵，大约需6天来完成发酵，在此步骤最后，麦芽里的糖会经由酵母转化成酒精(酵母+麦汁=啤酒)。

6. 熟化储存（Aging storage）

在啤酒成熟之前熟化储存为必要步骤，啤酒熟化大约需要3个星期。在0℃的储酒桶进行，啤酒的色泽、独特的风味都会在此步骤发展形成。等待啤酒成熟后，啤酒直接经由啤酒管输送至储酒桶或桶装啤酒桶内提供消费者使用。

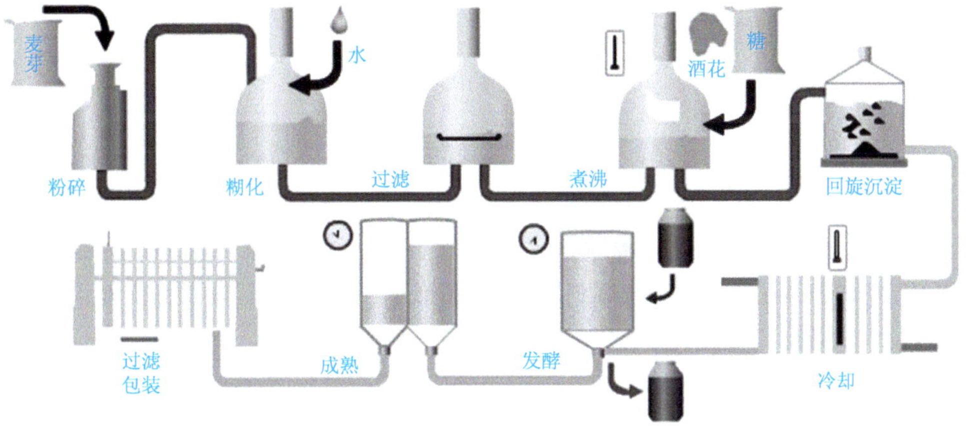

图7-1 啤酒酿制步骤

第二节 啤酒的分类

一、质地

Fresh Beer（生啤）：又称鲜啤，未经高温杀菌，酒液中有对身体有益的酵母菌生存，但保质期较短，通常只有高档的餐厅、酒吧出售，且多为自酿，价格较高。现在，新型保鲜设备的产生，已使鲜啤的保存期大大延长。通常市场上销售的扎啤(Jar Beer)可视为生啤的一种。

Draft Beer（熟啤）：经高温杀菌处理，常见瓶装、听装和桶装。

二、颜色

Lager（淡色啤酒）：又称淡啤，最常见也最常饮用。酒质清淡，富有泡沫，不甜，酒精含量较高。其中又淡黄色、棕黄色和金黄色。

Ale（浓色啤酒）：又称麦啤，烘烤麦芽的时间较长，酒体丰富，味道较苦，有浓烈的啤酒花味，酒色为棕红色或红褐色。

Stout（黑色啤酒）：简称黑啤，烘烤麦芽的时间更长，酒花放得更多，酒液为深红色，大多红里透黑。酒花香味极浓，有较高的滋补作用。

三、麦芽汁浓度

低浓度型：麦芽汁浓度在6°～8°（巴林糖度计），酒精度为2%左右，夏季可做清凉饮料，缺点是稳定性差，保存时间较短。

中浓度型：麦芽汁浓度在10°～12°，以12°为普遍，酒精含量在3.5%左右，是我国啤酒生产的主要品种。

高浓度型：麦芽汁浓度在14°～20°，酒精含量为4%～5%。这种啤酒生产周期长，含固形物较多，稳定性好，适于储存和远途运输。

四、发酵性质

顶部发酵(Top Fermentating)、使用该酵母发酵的啤酒在发酵过程中，液体表面大量聚集泡沫发酵。这种方式发酵的啤酒适合温度高的环境为16～24℃，在装瓶后啤酒会在瓶内继续发酵。这类啤酒偏甜，酒精含量高，其代表就是各种不同的爱尔啤酒(Ale)。底部发酵(Bottom fermenting)：顾名思义，该啤酒酵母在底部发酵，发酵温度要求较低，酒精含量较低，味道偏酸。这类啤酒的代表就是国内常喝的窖藏啤酒(Larger)。

五、其他啤酒种类

干啤酒——发酵度高，残糖低，二氧化碳含量高。具有口味干爽、杀口力强的特点。

冰啤酒——将啤酒冷却至冰点，使啤酒出现微小冰晶，然后经过过滤，将冰晶滤除后得到的啤酒。

全麦芽啤酒——遵循德国的纯粹酿造法，原料全部采用麦芽，不添加任何辅料，麦芽香味突出。

白啤酒——以小麦芽为主要原料生产的啤酒，酒液呈白色，清凉透明，酒花香气突出，泡沫持久，适合于各种场合饮用。

低(无)醇啤酒——酒精含量少于2.5%(*V*/*V*)的啤酒为低醇啤酒，酒精含量少于0.5%(*V*/*V*)的啤酒为无醇啤酒。

绿啤酒——啤酒中加入天然螺旋藻提取液，富含氨基酸和微量元素，啤酒呈绿色。

暖啤酒——在啤酒的发酵液中加入姜汁或枸杞，有预防感冒和胃寒的作用。

第三节 世界著名啤酒品牌

世界著名啤酒品牌见表7-1。

世界著名啤酒品牌　　表 7-1

国家	捷克	丹麦	荷兰	德国	美国
品牌	Pilsener 皮尔森	Carlsberg　嘉士伯	Heineken 喜力	Beck’ s 贝克	Budweiser　百威
示例					
国家	墨西哥	新加坡	菲律宾	日本	
品牌	Corona 科罗娜	Tiger 虎牌	San Miguel 生力	Asahi 朝日	Kirin 麒麟
示例					
国家	中国				
品牌	青岛	燕京	雪花	金星	珠江
示例					

第四节
机上啤酒服务

一、供酒时机

不受季节限制。由于油脂类是啤酒泡沫的死敌，不但会使泡沫很快消失，而且会大大地影响啤酒的美感和口感，所以，除去以奶油为佐料制作的菜或甜食外，可佐以任何食物，最好是各种肉类制成的菜肴。

二、供酒温度

低、中级：4 ～ 5℃；

高级：8 ～ 10℃；

浓、黑啤酒：12 ～ 14℃。

三、供酒方法

酒杯：大杯。

倒法：杯内2/3酒液、1/3泡沫，泡沫要高出杯边但不能溢出（图7-2）。将剩余的啤酒（听）一起送给客人。机上啤酒容易起沫，可先在厨房内倒好一些，送给客人时，先将酒杯摆好，然后把酒斟满，再将啤酒（听）摆好。

图7-2　啤酒倒法

小知识

从2008年至今，中国著名的啤酒品牌——雪花啤酒保持着世界第一销量的位置。目前华润雪花啤酒旗下含雪花啤酒品牌及30多个区域品牌，共占有中国啤酒市场23%的份额，巩固了其作为全球领先啤酒品牌的地位。虽然百威英博已经成功将百威啤酒引进中国市场，并提高了全球销售量，但目前依然赶不上中国啤酒品牌。于是百威英博啤酒集团在2004年收购了哈尔滨啤酒厂，哈尔滨啤酒就成为其在中国最主要的“本土”品牌，来抢占中国的啤酒市场份额。

哈尔滨啤酒，诞生于1900年，是中国最早的啤酒品牌。2004年哈尔滨啤酒被全球最主要的啤酒酿造企业之一美国百威英博集团的子公司安海斯-布希（AB）公司全资收购。现今哈尔滨啤酒集团作为全美资企业，以哈尔滨啤酒有限公司为核心企业，以哈尔滨啤酒为核心品牌，成为年产能达190万千升的大型啤酒企业。

思考与练习

1. 简述啤酒的常见分类。
2. 简述啤酒的酿造原料及其要求。
3. 列举出世界著名啤酒品牌（4种以上）。
4. 简述机上啤酒的服务方式。

第八章　蒸馏酒——威士忌

第一节 威士忌的概述

威士忌是一种由大麦、黑麦、燕麦、小麦、玉米等谷物为原料，经发酵、蒸馏后放入橡木桶中陈酿多年后，调配成40度左右的烈性蒸馏酒。英国人称之为"生命之水"。 威士忌酒是以勾兑而成的一种酒精饮料。目前，生产威士忌的国家很多，主要生产地区有4个，分别为苏格兰、爱尔兰、加拿大及美国。这些地区所生产的威士忌大都以其原产地命名。

"时间"是制造优良威士忌甚为重要的因素，威士忌品质的好坏和它在酒桶内酝酿的时间长短有极大关系，酝酿时间愈长，气味与口感则愈加馥郁。一般而言，清淡的威士忌酿制4年即可，浓郁的需时较久；有时品质会因长期保存得当而转变成更为优良的威士忌，当然，也有可能在不当的保存下，导致风味不佳。大多数威士忌在蒸馏时，酒精纯度高达70～90度，装瓶时稀释至40～43度，这时酒的陈年作用便自然消失了，也不会因时间的长短而使酒的质量有所改变。

第二节 威士忌的酿制

制造威士忌有4步骤，依序为混合、发酵、蒸馏及储存。糖是酒精的来源，所以，首先必须将谷类中的淀粉转化成糖类。过程为先磨碎谷类，煮熟后再混合麦芽糖烘干、捣碎、加入玉米与裸麦的酒酿。此时，产生酶类使谷类中的淀粉转变成麦芽糖或发酵糖。

糖在发酵桶内进行发酵作用，在装满各种酒酿发酵桶内加入酵母菌（属于活性酵母菌），酵母菌将糖转化制成威士忌。发酵时间一般是各种情况而定，为2～4天。

蒸馏法有"壶式蒸馏"（Pot Still）与"连续蒸馏"（Continuous Still）两种，见图8-1。壶式蒸馏设计为个简单的水壶，顶部为锥状的导管。加热酒酿时，蒸发的液体升至顶部，遇冷下降流出，即为新的威士忌酒。壶式蒸馏法不能一次酿制出高酒精度的威士忌，故大多数采用此法的酒厂会进行二次蒸馏来提高酒的酒精浓度。然而壶式蒸馏法却能保留住酿制原料更多的风味物质，苏格兰的麦芽威士忌即以此法酿制而成。对美国市场而言，连续蒸馏法才是标准的威士忌酿制方法，此法的优点一是现代科技好控制；二是能产生合乎酒精浓度需求的蒸馏液。连续蒸馏的设备是一个高大的圆柱体，通常分成2～3层，当中装置无数个过滤调节板。此法是抽取遇热的酒酿液体至顶部，再溅落于底部调节板上，同时，蒸气由底部而升至另一层调节板上，如此重复进行，一次再一次蒸馏。最后，酒精蒸气升至顶部，凝结成液体，即为新的威士忌酒。

刚从蒸馏器中流出来的酒味苦涩，陈年储存可以改变其原味，使其香润可口。在未装桶酝酿熟成之前，有些蒸馏厂会依循古法先行过滤。在酝藏过程中，包括酒商在内无人能确实知道酒在木桶内的变化。但经过几年储存后，橡木桶不但会赐给威士忌色彩与香醇，而且会吸收它的杂质，所以说陈年储存为威士忌带来了迷人的风味。

a）壶式蒸馏器

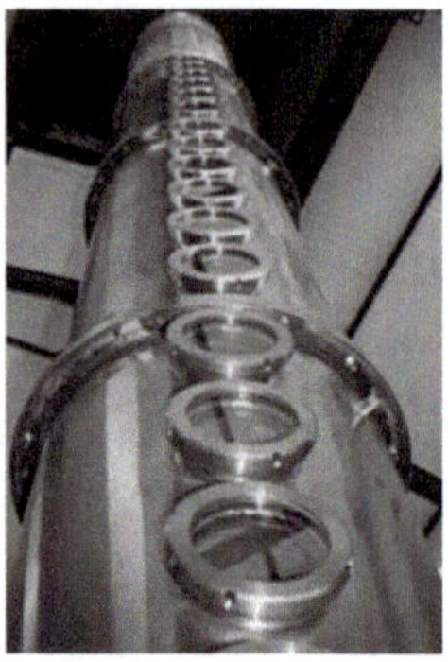

b）连续蒸馏器

图8-1 蒸馏法

第三节 威士忌的种类

一、苏格兰威士忌

苏格兰威士忌酒具有独特的风格，通常要4～5年才会成熟，它的色泽棕黄带红（酷似中国黄酒的色泽），酒液清澈透明，气味焦香，略有烟熏味，给人以浓厚的苏格兰乡土气息；口感干冽、醇厚、劲足、圆正、绵柔。苏格兰威士忌产于英国北部的苏格兰地区，主要产地为：高地（Highland）、低地（Lowland）、康贝尔镇（Campbel town）和伊莱（Islay），每区的产品都有其特点。苏格兰威士忌受英国法律限制：凡是在苏格兰酿造和混合的威士忌，才可称为苏格兰威士忌；而在生产酿造方面，苏格兰威士忌一直坚持着传统的酿造工艺及严谨的质量管理方法。

（1）酿制

苏格兰威士忌，基本上是用当地产的大麦制成；但因产量不足，近年来也从美国加利福尼亚州、加拿大、印度、非洲进口大麦。

大麦清洗干净后，在清水中浸泡约60小时后，再平铺在地面上待大麦长出麦芽（10～12天），再把麦芽平铺在干窖中，点燃泥煤（图8-2）炉火，泥煤燃烧产生的热与烟，不但产生烘干的效果，亦使得大麦芽染上气味，这使苏格兰威士忌具有特殊的烟熏风味。

烘干的麦芽再经一次的清捡称重后，放入研磨器内磨成粉状，再放入装水的大桶中，加热至63℃，再加入细糖粉，待冷却后，倒入木桶或发酵用的浅木桶内，此时加酵母菌，使其发酵。

图8-2　苏格兰的泥炭

经过上述的过程，所产生的液体称为Wash Beer，其蒸馏过程仍遵循古老的单一蒸馏法。蒸馏器的形状像一个巨大铜壶，顶部是密闭的角锥状冷凝器；通常使用有两个或两个以上的壶状蒸馏器，第一个蒸馏器称为Wash still，液体汲入Wash still加热，温度达酒精沸点时，酒精蒸气会上升，流经螺旋状的冷凝器而成新酒。接着将第一次蒸馏的酒液再汲入较小的第二个蒸馏器，反复蒸馏。

在这过程中，最早蒸馏的液体酒精浓度较低，含有各种令人不适的酸味及乙醛味，为了过滤这些味道，在冷却器之下，装置一个玻璃容器（Spirit Safe），蒸馏液流入接收器之前会先流经此容器。

（2）储存

蒸馏完的酒液会从接收器内汲入大木桶，此时酒精浓度为60%，之后再换入另一个木桶内储存。通常纯麦芽酿制的威士忌，至少会在木桶储存5年以上，甚至长达12～20年；而由玉米与大麦芽酿的谷类威士忌则要置于旧橡木桶通常5～6年即达到圆熟阶段，但有些则需12年才会渐臻成熟。

在储存期间，威士忌不但会融合橡木桶的颜色，而且会变得更为香醇可口。许多经过混合的威士忌，仍需在木桶内储存达5～12年（甚至30年）使其完全融为一体。虽然法律规定苏格兰威士忌的圆熟期为3年，但实际上，销往各国的苏格兰威士忌储存年份却不得低于4年。

苏格兰威士忌异于其他地区的威士忌，而且不同苏格兰酿造厂所制造的威士忌也具有不同的风格与特质。此外，各厂的调配师（Enologist）混合调配大麦威士忌与谷类威士忌的手法，也是创造各种独特风格的重要因素。

苏格兰威士忌有几千个品种，按原料的不同和酿造方法的差异，可分为以下三大类：麦芽威士忌、谷物威士忌与调和威士忌，见图8-3。

1. 麦芽威士忌

依据从单一厂家调配或是数个厂家搭配调制的不同，主要又可分为两种：

图8-3　各类威士忌

1）全麦威士忌（Pure Malt Whisky）

所谓的麦芽或是全麦威士忌就是必须全部以麦芽作原料酿制，才能称之为麦芽威士忌。但是这些麦芽所酿制的原酒，可以由各不同厂家的麦芽威士忌相互调配。

2）单一麦芽威士忌（Single Malt Whisky）

一般消费大众可能至今尚被单一麦芽威士忌之名称误解，事实上所谓的单一麦芽威士忌，应该称之为单一酒厂麦芽威士忌才能名副其实，也就是说单一麦芽与麦芽、全麦威士忌，基本上来说是相同的，不同是全麦可以混合调配其他厂家的，而单一麦芽则是由单一酒厂所酿制的麦芽威士忌，不可与其他厂家的麦芽威士忌混合。

近20年由于酒厂推广，加上消费者对它产生兴趣与需求，麦芽威士忌市场一直处于不断的增加中，而酒厂也因市场导向，酿制更多不同的类型。

（1）年份酒：标签上标示的是其酿造年份，譬如1978、1982、1986等，但必须注意的是他的装瓶年份。

（2）年龄酒：标签上标示其在橡木桶储存年份，譬如15 Years Old、18 Years Old、21 Years Old、25 Years Old等。

（3）雪莉酒橡木桶陈年：也就是在储存过陈年波特酒之后的橡木桶中储存，标签上会注名Sherry Wood。

（4）波特酒橡木桶陈年：也就是在储存过陈年波特酒之后的橡木桶中储存，标签上会注明Port Wood。

（5）橡木桶原酒：一般酒在陈年后装瓶前，会将原酒酒精度用蒸馏水稀释到正常的酒精浓度，约40% ～ 43%，而所谓橡木桶原酒就是依原来的酒精装瓶，不加稀释，标示上会注明酒桶原酒（Cask Strengh）。

另外，有些会在标签上注明Sherry Finished或Port Wood Finished，代表的就是原酒在装瓶前最后阶段，放入曾经储存雪莉酒或是波特酒的橡木桶中，来增加威士忌的风味，见图8-4。以上创新与改变当然是为了迎合市场上的需要。各种不同口味的上等威士忌佳酿应运而生，而市场上绝大部分的麦芽威士忌产地均出自出苏格兰。

图8-4　储存酒的橡木桶

较著名的麦芽威士忌品牌有：格兰菲迪（Glenfiddich）、托玛亭（Tomatin）、卡尔都（Carl Hu）、格兰威特（Glenlivet）、不列颠尼亚（Britain Nia）、麦卡伦（Macallan）、高地派克（High Land Park）、阿尔吉利（Argrli）、斯布林邦克（Spring Bank）。

2. 谷物威士忌（Grain Whisky）

谷物威士忌采用多种谷物作为酿酒的原料，如燕麦、黑麦、大麦、小麦、玉米等。谷物威士忌只需一次蒸馏，主要以不发芽的大麦为原料，以麦芽为糖化剂生产，它与其他威士忌酒的区别是大部分大麦不发芽发酵。因为大部分大麦不发芽，所以也就不必使用大量的泥煤来烘烤，故成酒后谷物威士忌的泥炭香味也就相应少一些，口味上也就显得柔和细致了许多。

3. 调和威士忌(Blend Whisky)

“调和”是制造此酒极为关键的一道加工过程。调和威士忌是全麦威士忌加入其他谷类酿制而成的无色烈酒(Neutral Spirits)，见图8-5。全麦威士忌的比例不得低于20%，待瓶的酒精度不得低于40% (80 proof)。如今的调和威士忌，口味都比较清淡，酒精含量低，迎合一般消费大众的口味。

图8-5 调和威士忌

在调和威士忌的酿制过程中，可能融合75种之多的各式全麦威士忌或无色烈酒，一般也可能添加雪莉酒(Sherry)作为调味用，但允许的添加量极少，法律规定只能占整个溶液的2.5%，实际使用量更少于此比例。

调和威士忌通常有普通和高级之分。一般来说，纯麦威士忌用量为50% ～ 80%者，为高级调和威士忌。如果谷物威士忌所占的比重大于纯麦威士忌，即为普通威士忌。高级威士忌调和后要在橡木桶中储存12年以上，而普通威士忌在调和后储存8年左右即可出售。

图8-6 各类名品威士忌

普通威士忌(Standard Whisky)名品有：特醇百龄坛(Ballantine’ s Finst)、金铃(Be11’ s)、红方(Johnnie Walker Red Lable)、白马(White Horse)、龙津(Long John)、先生(Teacher’ s)、珍宝(J&B)、顺风(Cutty Sart)、威雀(The Famous Grouse)。

高级威士忌(Premium Whisky)名品有：金玺百龄坛(Bal lantine’ s Gold sed)、百龄坛30年(Ballantine’ s 30 Years Old)、高级海格(Haig Dimple)、格兰(Grant’ s)、高级白马(Logan’ s)、黑方(Johnnie Walker Black Lable)、高级詹姆斯•巴切南(Strat bconon)、百龄坛17年(Ballantine’ s 17 Years Old)、老牌(Old Parr)、芝华士(Chivas Regal)、皇室礼炮(Chivas Regal Royal Salute)等，见图8-6。

二、爱尔兰威士忌

爱尔兰是最早及最佳威士忌产地，爱尔兰威士忌也是世界上唯一需要经过3次蒸馏的威士忌，其味道特别可口、清爽。在市场上，所有的爱尔兰威士忌都拥有一贯的清淡口味，见图8-7。

爱尔兰威士忌酒的生产原料主要有：大麦、燕麦、小麦和黑麦等，以大麦为主，约占80%，再以纯净且矿物质含量极低的爱尔兰泉水酿制，由于不经过泥煤烘干，故无煤熏味。爱尔兰威士忌酒用壶式蒸馏器经过3次蒸馏，然后入桶老熟陈酿，一般陈酿时间在8 ～ 15年，远高于政府规定的3年以上，所以成熟度相对较高。装瓶时，为了保证其口味的一贯性，还要进行勾兑与掺水稀释。

图8-7　爱尔兰威士忌

三、美国威士忌

美国是生产威士忌酒的著名国家之一，同时也是世界上最大的威士忌酒消费国。据统计，美国成年人每人每年平均饮用16瓶威士忌酒，这是世界任何国家所不能比拟的。虽然美国生产威士忌酒仅有200多年的酿造历史，但其产品紧跟市场需求，产品类型不断翻新，因此美国威士忌很受人们的欢迎。美国威士忌酒以优质的水、温和的酒质和带有焦黑橡木桶的香味而著名。

美国威士忌（图8-8）可分为4大类：

1. 单纯威士忌（Straight Whiskey）

所用原料为玉米、黑麦、大麦或小麦，酿制过程中不混合其他威士忌酒或者谷类中性酒精，制成后需放入炭熏过的橡木桶中至少陈酿两年。另外，所谓单纯威士忌，并不像苏格兰纯麦芽威士忌那样，只用一种大麦芽制成，而是以某一种谷物为主（一般不得少于51%），再加入其他原料。

单纯威士忌又可以分为4类：

（1）波本威士忌（Bourbon Whisky），主要原料是玉米，酒酿中必须至少含51%的玉米，蒸馏液的酒精度不超过80%，而且必须在新白橡木桶内储存至少两年。事实上，所有的波本威士忌定义为“美国独特产品”，并规定必须符合下列几点，才可称之为波本威士忌：

①谷类混合物中，玉米至少含51%；

②酒精必须蒸馏在40%～80%之间；

③蒸馏液必须储存在新橡木桶内，保持40%～65%酒精度两年。

（2）黑麦威士忌（Rye Whiskey），也称裸麦威士忌，是用不得少于51%的黑麦及其他谷物酿制而成的，酒液呈琥珀色，味道与波本威士忌不同，具有较为浓郁的口感，因此不太受现代人的喜爱。

（3）玉米威士忌（Corn Whiskey），是用不得少于80%的玉米和其他谷物酿制而成的威士忌。

（4）保税威士忌（Bottled in bond ），酿制完成后用旧炭木桶进行陈酿。这是一种纯威士忌，通常是波本威士忌或黑麦威士忌，但它是在美国政府监督下制成的，政府不保证它的品质，只要求至少陈酿4年，酒精纯度在装瓶时为50%，必须是一个酒厂制造，装瓶厂也为政府所监督。

2. 混合威士忌（Blend Whiskey）

这是用一种以上的单一威士忌，以及20%的中性谷类酒精混合而成的威士忌酒，装瓶时，酒度为40%。美国烟酒协会（Alcohol Tabaco and Firearms Division of The International Revenue Service）规定的标准为：调和威士忌需含20%以上的纯麦威士忌（酒精度为50%以上），蒸馏的无色烈酒酒精度必须为95%，最后调和出的威士忌酒精浓度则不得低于40%。

3. 淡质威士忌（Light Whiskey）

这是美国政府认可的一种新威士忌酒，蒸馏时酒精纯度高达80.5%～94.5%，用旧桶陈年。淡质威士忌所加的50%的纯威士忌，不得超过20%。然而，淡质威士忌在口味上难道比较清淡吗。基本上，淡质威士忌蒸馏液的酒精成分比较高，为80%～95%，而波本威士忌与裸麦威士忌则为60%～80%，酒精度高的蒸馏液所保留的谷类特殊气味较少，因此会有较“清淡”的感觉。所以，虽然淡质威士忌蒸馏液的酒精度较高，却反而较无谷类原味，亦无酒桶所释放的特殊风味，因而形成淡质威士忌本身独特的风味。

4. 美国田纳西威士忌（Tennessee whiskey）

美国田纳西威士忌的酿制过程几乎完全依照波本威士忌的做法，但它并不是“波本威士忌”的原因在于蒸馏之后的下一个步骤有所不同。田纳西威士忌在蒸馏完毕后会先流入装有木炭的大桶中过滤，以极缓慢的速度，规律地流经所有木炭后，才一滴滴流出，从第一滴滴到木桶装满需要10天时间，使用的木炭则是由田纳西高地的枫树所烧成。

除了储存之外，“渗流”所花的时间比其他过程的总和还要长，导致田纳西威士忌无法大量生产。滴完之后，田纳西威士忌储存在焦黑的白橡木桶中，木桶置于田纳西山丘，等待时间成熟，可口甜美的田纳西威士忌即可上市。

图8-8　美国威士忌

四、加拿大威士忌

加拿大威士忌（Canada Whisky）属于调和威士忌，加拿大政府亦对其谷类配方、酒精度或储存之特制木桶有所限制。除了谷类比例为酒厂机密外，在其他方面，加拿大与美国主要酿酒厂的酿制过程实际上是大同小异的。加拿大威士忌是由玉米与少量的裸麦、小麦及大麦麦芽酿制而成。在配方中，谷类所占比例是酿酒厂的商业机密，这些酿酒厂总声称加拿大威士忌是由小麦与裸麦酒酿蒸馏而成。

加拿大威士忌特殊之处在于制造过程及水质，加拿大威士忌储存于内部烧成炭的木桶（图8-9）内，在储存过程中会产生若干变化。威士忌的挥发作用愈强，木桶愈能引发酒的香醇甜美，其低酒精度蒸馏液约50%（105proof），更高者有60%～70%（125～140 proof）。

图8-9　内部烧成炭的木桶

法律上规定：加拿大威士忌要储存于木桶内至少两年才能出售，为达品质之要求，专家小心地一再品尝及试验。威士忌一旦通过检验，再经多次过滤、装瓶、贴标签、包装后即可上市，见图8-10。通常装瓶的加拿大威士忌至少需经4年以上酝藏。若少于4年，年份必须标示于标签上。

图8-10　加拿大威士忌

第四节 飞机客舱内威士忌的饮用与服务

（1）飞机客舱内供威士忌酒时机：任何时间均可饮用（餐前，餐中，餐后）。

图8-11　威士忌加冰

(2)供酒方法:

①加冰(on the rock)。

调制方法:威士忌古典杯(机上使用大杯)+3～4块冰块+威士忌40毫升至冰面下,见图8-11。

注意:一杯酒的饮用时间不宜过长,否则冰块过多融化会冲淡酒味。

②静饮(直喝straight)。

威士忌古典杯,机上使用小高脚杯或大杯。加入40毫升的威士忌。

③加水(with water)。

调制方法:用两个威士忌古典杯(机上用两个大杯),一杯加3～4块冰后倒入40毫升威士忌,另一个倒一杯水,由客人根据自己喜好调整浓淡。

简单方法:威士忌古典杯(大杯)+3～4块冰+40毫升威士忌+水至八分满+搅拌棍。

④加可乐(with coke)。

调制方法:用一个威士忌古典杯(机上用一个大杯),杯中加3～4块冰后倒入40毫升威士忌,另外加一听可乐,由客人根据自己喜好调整可乐比例。

简单方法:威士忌古典杯(大杯)+3～4块冰+40毫升威士忌+可乐至八分满+搅拌棍。

小知识

注意:在飞机上,由于威士忌酒精度数较高,出于对客舱安全的考虑,绝不能一次为旅客提供过量的酒!标准用量为40毫升。双倍量(double)为80毫升,视旅客的状况可以提供,但是三倍量(triple)120毫升是绝不能为旅客一次提供的。

外籍旅客在点威士忌时,通常都会说出具体的威士忌与品饮方式,比如:Scotch on the rock,或是Jim Beam with Coke;很少说要一杯威士忌a glass of Whisky。所以乘务员要熟知酒单上酒品的英文名称,甚至是简称,如:加拿大人俱乐部Canadian Club就多被简称为"C.C"。

小知识

Whisky与Whiskey

威士忌英文拼法有Whisky及Whiskey两种,均通用。目前除了美国及爱尔兰标签以Whiskey表示之外,其余生产国均沿用Whisky。

酒精度的单位

理论上,酒液中酒精含量是以100%作为纯酒精的标准。50%的酒精度表示一半酒精,一半的水及其他微量的物质。酒瓶的标签上有酒精度的标示,如alc、vol、proof等都是酒精比例的表示单位。如见Proof,将proof前面的数字除以2,即是alc及vol的酒精百分比,比如80 proof,即等于40%alc。

思考与练习

1. 威士忌的世界著名产地有哪地?
2. 简述苏格兰威士忌的主要特点。
3. 简述苏格兰威士忌的分类。
4. 简述威士忌的服务方式。

第九章　蒸馏酒——金酒

第一节 金酒及其饮用文化

金酒源自荷兰，其最早的用途是药，由16世纪荷兰病理学家西尔维乌斯博士发明金酒的配方（其主要成分为杜松子）。同时代的荷兰人路卡斯•博斯（Lucas Bols）前瞻地看出它在商业上的价值，并且在原本的配方里加入一些糖，制造出口味更甜、更容易被接受的金酒。在1575年荷兰斯奇丹（Schiedam）建立起博斯酒厂（Bols），并且一直到今日仍然是荷兰式金酒的重要生产商。

起初，金酒被称为“Genever”，这名字源自金酒的主要调味原料——杜松子（Juniper Berry）的荷兰文拼法。很多行经荷兰的英国船员与士兵将金酒的概念带回英国，并将其名称简称为“Gin”，从此英国开始了金酒的制造。英国自此逐渐跃升为世界最重要的金酒生产国，甚至较发源地的荷兰更青出于蓝。

第二节 金酒的酿制

金酒是以谷物为原料，经过发酵、蒸馏制得食用酒基，加入杜松子配以芳香性植物，经过科学工艺浸渍、蒸馏，馏出液分段截取，再经配制而成的一种蒸馏酒。蒸馏金酒有两种方法，即直接蒸馏法与再蒸馏法。

直接蒸馏法将酒酿灌入蒸馏器（图9-1）加热，蒸气经由蒸馏器上升到最顶端的Gin Head，在蒸馏之前将杜松子与药草装于Gin Head中，当蒸气经过这些香料时，吸取其香味，所有合香味的蒸气密实地浓缩而成的液体，即是完成的金酒。美国联邦政府称此法为“原始蒸馏”（Original Distillation）。

图9-1　金酒蒸馏器

再蒸馏法和直接蒸馏法几乎一样，唯一不同的是，再蒸馏法必须先将酒酿蒸馏成无味的无色烈酒，再将其置于装有香料的Gin Head第二蒸馏器内蒸馏，使其蒸气通过吸取香味即可。 目前，金酒以再蒸馏法制造较为普遍，这两种方法与成品酒品质并无关联，但是，不同的金酒却有着显著的质量差异，酒厂必须使用不含杂质、无任何异味的高品质无色烈酒，同时，杜松子与植物也必须是上品，才能生产出高品质的金酒。每家酒厂都有其独家秘方。所谓秘方，包括杜松子、芫荽、甘草、桂皮、白芷及其他10种以上植物。

第三节 金酒的种类

一、伦敦金酒

伦敦干金酒（London Dry Gin）是当前金酒销售的主流，所谓的"Dry"是指酒类的风味偏向不甜的意思，这与甜味非常重的荷兰金酒差别很大。伦敦金酒通常是使用谷物、甘蔗或糖蜜为原料制造出来的高蒸馏度白酒作为基酒。"伦敦金酒"这名称原则上是指一种酒的类种，而非产地标示，事实上现今仍在伦敦境内营运的酒厂其实只有一家（James Burrough酒厂的著名品牌"Beefeater"）。

二、荷兰金酒

荷兰金酒（Dutch Gin）迄今为止一直维持着400多年前初上市时的风味特性，一样是以麦芽酿制、蒸馏出来的白色基酒为基础添加多种植物性香料后再制而成，但荷兰金酒的口味非常甜，香料的气味也非常重，通常只直接拿来加冰饮用，不大容易作为调酒的基酒，否则会破坏配料的平衡香味。

三、普利茅斯金酒

普利茅斯金酒（Plymouth Gin）是一种在英国西南港埠普利茅斯生产的金酒。普利茅斯也拥有自己特殊风味的金酒。相较于伦敦金酒，源自于芳香金酒（Aromatic Gin）的普利茅斯金酒只使用带有甜味的药用植物作为素材，因此其杜松子的气味并不似伦敦金酒般明显。与伦敦金酒不同，普利茅斯金酒严格规范必须在该城的范围内制造才能挂上此名。

四、美国金酒

美国金酒为淡金黄色，因为与其他金酒相比，它要在橡木桶中陈年一段时间。美国金酒主要有蒸馏金酒（Distiled gin）和混合金酒（Mixed gin）两大类。混合金酒是将杜松子浸泡于烈性基酒中，不经二次蒸馏制成的，严格地说应该是一种利口酒。通常情况下，美国的蒸馏金酒在瓶底部有"D"字，代表蒸馏（Distillation）而成。

世界著名金酒品牌，见表9-1。

世界著名金酒品牌　　表9-1

添加利(英国)	哥顿(英国)

英国卫兵(英国)	**宝石蓝(英国)**

施格兰(美国)	**博斯(荷兰)**

第四节 金酒的饮用

金酒最常见的饮用方法为调饮法，即金汤水(图9-2)，金酒加入汤力水调饮。汤力水tonic water（奎宁水）是苏打水与糖、水果提取物和奎宁调配而成。最后金汤水要配以柠檬片或青檬片装饰。

图9-2　金汤水

思考与练习

1. 简述金酒的原料。
2. 金酒的种类有哪些?
3. 金酒品饮方式是什么?

第十章 蒸馏酒——白兰地

第一节 白兰地的概述

白兰地是一种蒸馏酒，以水果为原料，经过发酵、蒸馏、储藏后酿造而成。只有以葡萄为原料的蒸馏酒叫白兰地(Brandy)，而以其他水果原料酿成白兰地，必须加上水果的名称，如苹果白兰地、樱桃白兰地等。但它们的知名度远不如前者大。故狭义上讲，白兰地就是指用葡萄发酵后经蒸馏再用橡木桶储存而得到的高度酒精的酒。

白兰地通常被人称为“葡萄酒的灵魂”。世界上生产白兰地的国家很多，但以法国出品的白兰地最为驰名。在法国产的白兰地中，以干邑地区生产的最为优美，其次为雅邑地区。除了法国白兰地以外，其他盛产葡萄酒的国家，如西班牙、意大利、葡萄牙、美国、秘鲁、德国、南非、希腊等国家，也都有生产一定数量风格各异的白兰地，见图10-1。

图10-1 白兰地

白兰地最早起源于法国。18世纪初，法国的查伦泰河(Charente)的码头因交通方便，成为酒类出口的商埠。由于当时整箱葡萄酒占船的空间很大，于是法国人便想出了双蒸的办法，去掉葡萄酒的水分，提高葡萄酒的纯度，减少占用空间而便于运输，这就是早期的白兰地。1701年，法国卷入了西班牙战争，白兰地销路大减，酒被积存在橡木桶内。战争结束以后，人们发觉储藏在橡木桶内的白兰地酒，酒质更醇，芳香更浓，而且还有晶莹的琥珀色，这样，世界名酒白兰地便诞生了。因此，用橡木桶储藏和储藏的年限便成为酿制白兰地的重要环节，见图10-2。

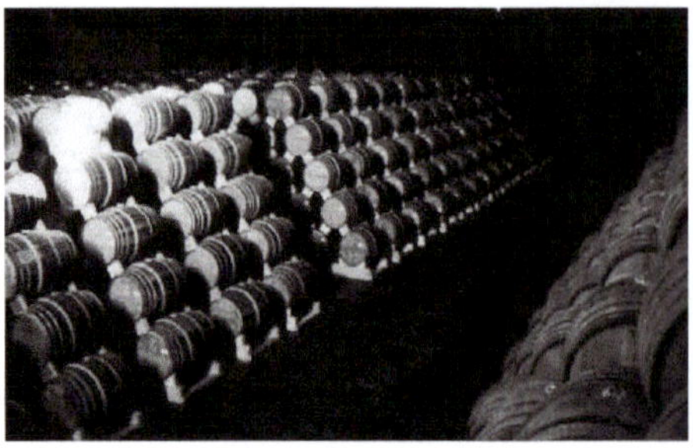

图10-2 橡木桶储藏白兰地

最好的白兰地是由不同酒龄、不同来源的多种白兰地掺兑而成的。兑酒师要通过品尝储藏在桶内的酒类来判断酒的品质和风格，并决定调兑比例。兑酒师都有自己的配方，绝不外传。勾兑后的白兰地在适当的容器中和谐6个月就可装瓶。白兰地与葡萄酒不一样，不在瓶中沉淀，入瓶以后成为定型产品。

第二节 白兰地的类型

一、干邑（Cognac）

干邑（图10-3）是法国南部的一个地区，干邑地区的土壤、气候、雨水等自然条件特别利于葡萄的生长，干邑地区生产白兰地有其悠久的历史和独特的加工酿造工艺，干邑之所以享有盛誉，与其原料、土壤、气候、蒸馏设备及方法、老熟方法密切相关，干邑白兰地被称为"白兰地之王"。干邑白兰地酒体属于中等到轻，带有明显的果香和花香（如葡萄和香水），酒精质感非常平滑。

图10-3　法国干邑产区

在酿制干邑白兰地时，葡萄在压榨后，会进行几个星期的发酵。发酵完成后，会使用传统的铜制壶式蒸馏器（必须使用这种蒸馏器）进行蒸馏，当酒液的酒精度达到70%时，蒸馏会停止。然后将蒸馏出的无色酒液放入法国橡木桶中至少熟化2年。

二、雅邑（Armagnac）

雅邑是指来自法国西南部雅邑地区用葡萄酿制的白兰地。雅邑（Armagnac）地区位于法国（France）的南部，靠近比利牛斯山附近，见图10-4。冬天时，从比利牛斯山会吹来很冷的寒风，夏天时，又有很强的阳光，和温暖的干邑地区相比，无论是在气候还是水土方面都大有不同，因此这里出产的雅邑白兰地，也自然和干邑白兰地有着许多不同之处。

图10-4　干邑、雅邑与波尔多产区

雅邑白兰地是在连续蒸馏过程后，储放于橡木桶中，使其产生出独特的口味，再长期在桶中熟化，将陈年木桶置放于温度控制的地窖中。在整个过程中，白兰地的颜色及单宁从木桶中吸收，酒精浓度逐渐减少而香味逐渐加强。雅邑白兰地独特的香味，含有成熟的水果香、野花香味，酒体属于中等或饱满，其酒精度有时会比较粗糙，被公认为干邑之外法国（France）出产的最好的白兰地。

在蒸馏时，大多数雅邑白兰地生产使用的都是柱式蒸馏器，这样蒸馏出的白兰地酒精度相对较低，约为52%。雅邑白兰地熟成后，会被转移到玻璃瓶中存放。通常来说，雅邑白兰地不会加水或其他饮品稀释，并且不会像其他白兰地一样，加入风味剂或调色剂。

第三节 白兰地等级

据干邑生产监管组织法国干邑行业局的规定，干邑白兰地的品质分为以下等级：

(1) V.S（全称是Very Special）或三星级(***)：该等级表示干邑白兰地所用的混酿酒液中最年轻的酒液在橡木桶中至少存放了2年。

(2) V.S.O.P.（全称是Very Superior Old Pale）：该等级表示干邑白兰地所用的混酿酒液中最年轻的酒液在橡木桶中至少存放了4年。

(3) XO（全称是Extra Old）：该等级表示干邑白兰地所用的混酿酒液中最年轻的酒液在橡木桶中至少存放了6年。

雅邑白兰地的品质等级分为以下等级：

(1) 如果雅文邑白兰地的酒标上出现了V.S，则表示雅文邑白兰地所用的混酿酒液中最年轻的酒液在橡木桶中至少存放了3年。

(2) 如果其酒标上出现了V.S.O.P，则表示雅文邑白兰地所用的混酿酒液中最年轻的酒液在橡木桶中至少存放了4年。

(3) 如果其酒标上出现了XO，则表示雅文邑白兰地所用的混酿酒液中最年轻的酒液在橡木桶中至少存放了10年。

第四节 白兰地的品饮

飞机客舱内供白兰地酒时机：通常为餐后提供。

1. 静饮（Straight）

也称直喝，对于来自著名产区的白兰地（如干邑、雅邑）通常用此法，并且配以白兰地酒杯，加入白兰地30毫升。

白兰地酒杯，酒杯腿短酒肚大；持杯时用食指与中指夹住酒杯腿，用整个手掌来包住杯身，将手掌的热度传递给酒液，见图10-5。

2. 加冰（on the Rock）

调制方法：古典杯（机上使用大杯）+3～4块冰块+白兰地30毫升至冰面下。

注意：通常为一般产区白兰地。

3. 加水（with Water）

调制方法：用两个古典杯（机上用两个大杯），一杯加3～4块冰后倒入30毫升白兰地，另一个倒一杯水，由客人根据自己喜好调整浓淡。

简单方法：古典杯（大杯）+3～4块冰+30毫升白兰地+水至八分满+搅拌棍。

4. 加可乐（with Coke）

调制方法：用一个古典杯（机上用一个大杯），杯中加3～4块冰后倒入30毫升白兰地，另外加一听可乐，由客人根据自己喜好调整可乐比例。

简单方法：古典杯（大杯）+3～4块冰+30毫升白兰地+可乐至八分满+搅拌棍。

图10-5 静饮白兰地

思考与练习

1. 简述白兰地的酿造过程。
2. 简述干邑与雅邑的定义。
3. 干邑白兰地等级有哪些？
4. 干邑与雅邑的品饮方式有哪些？

第十一章 其他蒸馏酒

第一节 伏特加

伏特加(Vodka)是北欧等寒冷国度最受欢迎的酒精饮料,发酵后经多次蒸馏、调配而成,最终酒精含量一般在40%以上。其酒液晶莹透亮,不甜、不苦、不涩,风味轻淡,口中只有如烈焰炙烤般的刺激,不仅适合单独饮用,也经常作为鸡尾酒的基酒,见图11-1。

图11-1 伏特加

虽然现在大部分伏特加都是采用谷物(特别是大麦、小麦和黑麦)酿造而成,但是实际上,伏特加在酿造原料上并没有任何特殊的要求,所有能够进行发酵的原料都可以用来酿造伏特加,当然包括葡萄和马铃薯。传统伏特加的酿造方法以马铃薯、玉米、大麦或黑麦为原料,通过蒸煮的方法,先将原料中的淀粉进行糖化,再采用蒸馏法蒸馏出酒度含量高达96%的酒液,完成后使用木炭进行过滤,吸附酒液中的杂质,装瓶前再用蒸馏水进行稀释,最终的酒精含量为40% ~ 50%。伏特加不需陈酿即可出售、饮用。当然有些加香伏特加(Flavored Vodka)需要经过最后一道加香工序,赋予其特殊风味后才装瓶销售。俄罗斯出产的伏特加最初主要采用大麦为原料,后来改用马铃薯和玉米,其酿造工艺并无多大特色,唯一具有特色的是采用白桦木活性炭进行缓慢而彻底的过滤,使酒液与活性炭分子充分接触,从而将原酒中所含的油类、酸类、醛类、酯类及其他微量元素彻底清除,所得到的伏特加纯净度非常高,除酒香外几乎没有其他任何的香味,口感浓烈,如烈焰狂炙般。波兰出产的伏特加酿造工艺与俄罗斯的相似,但是在蒸馏的过程中会加入香料,如香草、花卉、植物果实等,因而波兰伏特加的风味比俄罗斯的风味要丰富得多。

俄罗斯和波兰历来都是伏特加的主要生产国,但德国、瑞典、芬兰、美国、日本等国也都能酿制优质的伏特加。值得一提的是,在第二次世界大战开始时,伏特加酿造工艺从俄罗斯传到了美国,美国也一跃成为伏特加产酒大国。

顶级伏特加通常都是从单一原料中蒸馏出来的,很少采用混合原料。所采用的原料不同，所酿成的伏特加在口感上也会稍有区别，如小麦伏特加口感通常比较绵柔，而黑麦伏特加口感相对来说会更加强劲一些，并伴有淡淡的香料味，马铃薯伏特加则可能会有种奶油般的质感的柔滑。

同法国人喝不同的葡萄酒选用不同的酒杯一样，俄罗斯人喝伏特加时，对酒杯也是比较讲究的。一般情况下，家里都备有饮用啤酒、葡萄酒、白兰地、伏特加酒的各式专用酒杯。而伏特加酒杯大多是200～300毫升的大杯子，直接用嘴对着瓶子豪爽地一饮而尽，颇有梁山好汉的感觉。此外，饮伏特加之前通常会把杯子放进冰箱冷却一下，据说这样口感更好。

第二节　朗姆酒

朗姆酒（Rum）带有非常浓重的浪漫主义色彩，素来就有“海盗之酒”的美誉，那些极富冒险精神的人都视之为“圣酒”。朗姆酒是世界上消费量最多的酒品之一，主要产区集中在盛产甘蔗及蔗糖的地区，如牙买加、古巴、海地、多米尼加、波多黎各、圭亚那等加勒比海国家，其中以牙买加、古巴出产的朗姆酒最具盛名。

16世纪哥伦布发现新大陆后，在西印度群岛一带开始广泛种植甘蔗，榨取甘蔗制糖，在制糖时剩下许多残渣，这种副产品称为糖蜜。人们把糖蜜、甘蔗汁在一起蒸馏，就形成新的蒸馏酒。当时的酿造方法非常简单，酒质不好，这种酒只有种植园的奴隶们喝，奴隶主们则要喝葡萄酒。后来蒸馏技术得到改进，把酒放在木桶里储存一段时间，就成为爽口的朗姆酒了。英国人把这种酒称为“ Rum”，也就是我们所说的朗姆酒。

一、朗姆酒的酿造工艺

朗姆酒是以甘蔗压榨出来的甘蔗汁或制糖工业的副产品糖蜜为原料，经发酵、蒸馏、陈酿、调配而成的一种蒸馏酒，因为其原料与糖密切相关，所以也称之为“糖酒”。朗姆酒酒精含量一般在38%～50%，酒液根据酿造工艺的不同呈无色、琥珀色和棕色不等。

甘蔗汁原料适合酿造清香型朗姆酒，而甘蔗汁经真空浓缩将水分蒸发掉后，可得到一种黏稠糖浆，用来酿造浓香型朗姆酒。糖蜜是制糖工业的副产品，是一种黏稠的黑褐色半流体。其组成成分因制糖原料、加工条件的不同而有差异，其中的主要成分可发酵糖（蔗糖为主）是酿造朗姆酒的理想原料。

朗姆酒酿造中发酵时间的长短主要取决于最终的目标产品类型。一般酿造清香型朗姆酒的发酵时间只需半天至2天，而浓香型朗姆酒的发酵时间则需要12天。发酵完成后得到的酒液就可以进行蒸馏了，虽然有一部分朗姆酒采用壶式蒸馏锅进行蒸馏，但是大部分朗姆酒都采用塔式蒸馏锅以提高生产效率。蒸馏后得到的酒液一般都会采用橡木桶进行陈酿（图11-2），普

图11-2　橡木桶陈酿朗姆酒

通的朗姆酒陈酿时间为3～6个月，品质较高的陈酿时间为9～12个月，而有一些朗姆酒的陈酿时间甚至达到了3～10年。

朗姆酒经橡木桶陈酿后，装瓶前的最后一道工序就是调配。首先将不同批次的朗姆酒进行调配，保证统一的风格，然后再加水稀释，以达到所要的酒精含量，最后才装瓶上市销售。

二、朗姆酒的类型

通常，根据朗姆酒的颜色将朗姆酒分为白朗姆、金朗姆和黑朗姆（图11-3）。需要注意的是白朗姆可能经过橡木桶陈酿，然后经活性炭过滤后去除颜色，而黑朗姆可能未经橡木桶陈酿或者陈酿的时间特别短，其颜色很多时候来自所添加的焦糖色。

图11-3　不同种类的朗姆酒

1. 白朗姆（White Rum）

白朗姆又称银朗姆，以古巴朗姆酒为典型代表。这种朗姆酒在蒸馏后酒精含量非常高，口感为干型，风味为中性，与伏特加非常相似。有些品牌的朗姆酒在蒸馏后得到的酒液酒精含量相对较低，保留了非常浓郁的热带水果风味。少数朗姆酒采用甘蔗汁为原料，而不是采用糖蜜，这种朗姆酒则带有非常清新的青草、青色水果风味。由白朗姆可制成多种饮品，见图11-4。

2. 金朗姆（Gold Rum）

金朗姆又称琥珀朗姆，大都为干型或半干型，蒸馏后的酒液需存入内侧灼焦的旧橡木桶 中陈酿，口感醇厚。优质的金朗姆香气浓郁，层次复杂，果香和橡木香突出。

3. 黑朗姆（Dark Rum）

黑朗姆又称红朗姆，大都由多种朗姆酒根据自身特点和成品酒具体要求调配而成，不同品牌的朗姆酒有不同的调配比例和风格。通常黑朗姆酒体丰满，口感香甜，带有果脯和甜香料风味。普通的黑朗姆颜色大都来自所加入的焦糖，口感生涩刺激，而那些顶级黑朗姆则在橡木桶中经过了长时间的陈酿，因而口感非常柔顺，香气浓郁，层次复杂。

图11-4　白朗姆制成的不同口味饮品

第三节　龙舌兰酒

一、龙舌兰酒概述

龙舌兰酒（Tequila）是采用蓝色龙舌兰草（Blue Agave）的鳞茎为原料，经发酵、蒸馏和陈酿所得到的一种蒸馏酒，素来都享有“墨西哥的灵魂”的美称。无论是从酿造原料，还是从饮用方法上讲，龙舌兰酒同时也是世界上最具特色的酒品之一。

墨西哥特基拉市（Tequila）是蓝色龙舌兰草（Blue Agave）品质最优的产区，只有采用特基拉市的蓝色龙舌兰草酿造的龙舌兰酒才能在酒标上标注"特基拉（Tequila）"，其他产区所酿造的龙舌兰酒则只能在酒标上标注为"梅斯卡尔（Mezcal）"。从广义上讲，梅斯卡尔应该是龙舌兰酒的统称，而特基拉则专指特基拉市采用蓝色龙舌兰草酿造的龙舌兰酒。但是在特基拉强大的影响力之下，对于很多的消费者来说，特基拉就等于龙舌兰酒。

龙舌兰草拥有很大的茎部（图11-5），当地人称为龙舌兰的心（Piña），这颗"心"非同寻常，重量高达80～300磅（约合35～135千克不等），某些在高地上生长的稀有品种甚至重达500磅（200千克）以上。长相很像一颗巨大的凤梨，内部多汁富含糖分，因此非常适合用来发酵酿酒。

图11-5　龙舌兰茎部

二、龙舌兰酒的酿造工艺

蓝色龙舌兰草要达到酿造要求，生长时间必须达8～12年，由于需要的龙舌兰草成熟程度不一，采收工作可以持续一整年。收割后的龙舌兰鳞茎，在正式开始发酵之前，通常会被十字剖成四瓣，方便进一步蒸煮处理。

传统的蒸馏厂用蒸汽室或是石造或砖造烤炉慢慢地将切开的龙舌兰心煮软，通常需要长达50～72小时。在60～85℃的慢火烘烤之下，龙舌兰的植物纤维会慢慢软化、释放出天然汁液。当龙舌兰心彻底软化且冷却24～36小时后，工人们会拿出大榔头将它们打碎，并且移到一种传统上使用驴子或牛推动的巨磨内磨得更碎，再把取出的龙舌兰汁液放入大桶中等待发酵。而这保持天然的发酵过程，还需要耗时7～12天之久。

发酵后在酒精度达到5%～7%便可进行两次蒸馏，原则上每一批次的蒸馏都被分为头中尾三部分，初期蒸馏出来的产物因为酒精度较高含有太多杂质会被丢弃，末尾时产物则因酒精与风味已经减少再被抛弃，只有中间部分才是品质最好的，才能收集起来送去陈酿。从刚开始的龙舌兰收割到制造出成品，大约每7千克的龙舌兰心，只能制造出1升的龙舌兰酒。

刚蒸馏完成的龙舌兰新酒，酒液是完全透明无色的，市面上看到有颜色的龙舌兰酒大都是经过橡木桶陈酿后才有的。在装瓶前，大部分酒厂都会以软化过的纯水将龙舌兰酒进行稀释，以达到所需的酒精含量，大部分龙舌兰酒的酒精含量介于37%～40%，当然也有少数酒精含量超过50%的龙舌兰酒，最后经活性炭或植物性纤维过滤后才进行装瓶。

三、龙舌兰酒常见品方式

龙舌兰酒不仅酿制的原材料独特，它的喝法也是非同一般的，如果想要体验到龙舌兰酒的美妙滋味，喝法也是值得推敲的。时下最流行的喝法是"龙舌兰酒+柠檬+盐"（图11-6），如今已盛行全世界，此种喝法的具体步骤如下：

(1)用柠檬角在左手的虎口挤上一些柠檬汁；

(2)在蘸有柠檬汁的部位撒上少许盐；

(3)拿起装有龙舌兰的小杯子；

(4)用舌头把虎口上的盐一口舔干净；

(5)迅速把酒一饮而尽；

(6)将柠檬角含果肉的一边含在嘴里。

区别于Tequila的喝法，作为龙舌兰酒的另一个种类Mezcal，它的喝法更是让人过目难忘，即“龙舌兰＋蝴蝶幼虫”(图11-7)。一般人会对此种喝法表示疑惑甚至恐惧，但墨西哥的酿酒师认为，这种小虫子可以改善龙舌兰酒的味道，并使人产生很强烈的愉悦。

图11-6　龙舌兰的饮用

图11-7　Mezcal的饮用

思考与练习

1.分别简述伏特加酒、朗姆酒与龙舌兰酒的酿造原料。

2.简述朗姆酒的分类。

3.简述龙舌兰酒的品饮方式。

第十二章 配 制 酒

第一节 配制酒概述

配制酒(integrated alcoholic beverages),是以发酵酒、蒸馏酒或食用酒精为酒基,加入可食用的花、果、动植物或中草药,或以食品添加剂为呈色、呈香及呈味物质,采用浸泡、煮沸、复蒸等不同工艺加工而成的改变了其原酒基风格的酒。配制酒分为植物类配制酒、动物类配制酒、动植物配制酒及其他配制酒。按最新的国家饮料酒分类体系,药酒和滋补酒属于配制酒范畴。

其配制方法一般有浸泡法、蒸馏法、精炼法三种。浸泡法是指将药材、香料等原料浸没于成品酒中陈酿而制成配制酒的方法;蒸馏法是指将药材、香料等原料放入成品酒中进行蒸馏而制成配制酒的方法;精炼法是指将药材、香料等原料提炼成香精加入成品酒中而制成配制酒的方法。

第二节 配制酒的分类及服务

配制酒分为两大类型:开胃酒与利口酒。

一、开胃酒(Aperitif)

又称餐前酒,人们在餐前饮用能够刺激胃口、增加食欲。开胃酒主要是以葡萄酒或蒸馏酒为基酒加入植物的根、茎、叶、药材、香料等配制而成。开胃酒的酒类品种很多,国际上传统的开胃酒品种是味美思(Vermouth)、罗索.安蒂克(Rosso Antico)、杜本内(Dubonnet)、金巴利(Campari)和保乐(Pernod)。

1. 味美思(Vermouth)

味美思以加强葡萄酒为基酒,其酒精度是并不高,一般在15% ~ 21%;酒中经常使用的干料包括丁香、肉桂、奎宁、柑橘皮、豆蔻、马郁兰、洋甘菊、香菜、杜松子、牛膝草、生姜、苦艾。20世纪初一些国家禁止在饮料中使用苦艾,也导致味美思酒中大幅度减少其使用,但有仍会使用少量。味美思酒品牌配方多种多样,大多数厂家推销自己独特风味和版本的味美思酒,并对其配方严格保密。主要种类见表12-1，著名品牌见表12-2。

味美思主要的种类　　表12-1

种　类	基　酒	特　点
干味美思（Dry vermouth）	加强白葡萄酒	干性（无甜味），有时标记为“extra dry”
甜味美思（Sweet vermouth）	加强红葡萄酒	味甜，标记为“rosso”
白味美思（Bianco vermouth）	加强白葡萄酒	味甜，标记为“bianco”

世界上主要的味美思品牌　　表12-2

品　牌	国　家
仙山露（Cinzano）	意大利
马天尼（Martini）	意大利
诺瓦丽普拉（Noilg Pratt）	法国

由于味美思的酒精度并不太高，其标准用量为60毫升。本酒品服务装饰物为半片柠檬。味美思加冰（Vermouth on Ice）服务杯子为古典杯（Old Fashioned Glass），味美思混饮（即混合其他饮料）服务杯子为高杯（Hi-ball Glass）。

2. 罗索·安蒂克(Rosso Antico)

罗索·安蒂克(图12-1)是意大利的一种以加强葡萄酒为基酒加入32种草药(通常有迷迭香、百里香、鼠尾草等)浸泡制成的甜酸口感的开胃酒,口味主要表现为香橙与香草味。其酒精度是不高,大约为17%。通常人们喜欢简称罗索·安蒂克(Rosso Antico)为罗索(Rosso),这样容易与红味美思(Rosso)混淆,在服务时一定要注意。

图12-1 罗索·安蒂克

由于罗索·安蒂克的酒精度并不太高,其标准用量为60毫升。本酒品服务装饰物为半片柠檬或橙子。罗索·安蒂克加冰(Rosso Antico - on Ice)服务杯子为古典杯(Old Fashioned Glass),罗索·安蒂克混饮(即混合其他饮料)服务杯子为高杯(Hi-ball Glass)。

3. 杜本内(Dubonnet)

图12-2 杜本内

杜本内(图12-2)是法国加强葡萄酒、草药和香料(包括少量奎宁)混合调制,并且在发酵过程中兑入酒精酿制而成的微甜的开胃酒,口味有明显的香橙味。杜本内的酒精度数不高,约为19%。

由于杜本内的酒精度并不太高,其标准用量为60毫升。本酒品服务装饰物为半片柠檬。杜本内加冰(Dubonnet on Ice)服务杯子为古典杯(Old Fashioned Glass),杜本内混饮(即混合其他饮料)服务杯子为高杯(Hi-Ball Glass)。

4. 金巴利(Campari)

金巴利酒(图12-3)是以烈性酒为基酒,加以苦柑、茴香、胡荽、龙胆草根等天然的药材制成,依照一个世纪前在米兰及意大利发展的原秘方酿制,味微苦。其酒精度数略高约为25%。

由于金巴利的酒精度略高,其的标准用量为30毫升。本酒品服务装饰物为半片橙子。金巴利加冰(Campari on Ice)与金巴利混饮(即混合其他饮料)服务杯子都为古典杯(Old Fashioned Glass)。

图12-3 金巴利

5. 潘诺(Pernod)

图12-4 潘诺

潘诺(图12-4)是以法国烈性酒为基酒,加入茴香和草药制成的茴香口味的开胃酒。

由于潘诺的酒精度略高,其标准用量为30毫升。本酒品服务无装饰物。潘诺加冰(Campari on Ice)与潘诺混饮(即混合其他饮料)服务杯子都为古典杯(Old Fashioned Glass)。潘诺开胃酒的通常服务方式为加水,加水后潘诺酒体会产生乳浊显现。因为潘诺内含茴香油,茴香油溶于40%的酒精,而加水稀释了酒精,使酒精度低于茴香油的溶解度,所以酒色会呈乳白色。

二、利口酒

利口酒(Liqueurs)据称最先是由埃及人发明的,后来传至欧洲。中世纪的欧洲僧侣将利口酒的酿造过程进行改良,酒的品质得到大幅度提升。目前利口酒的主要生产国为法国、德国、意大利、丹麦以及美国。

利口酒(图12-5)泛指酒中添加了天然芳香药用动植物,并具有一定保健作用的甜酒,大部分以蒸馏酒(如白兰地、威士忌、朗姆、金酒、伏特加)作为基酒,加入果汁和糖浆,再浸泡各种水果或植物香料,经过蒸馏、浸泡、熬煮等工艺制成。利口酒所采用的原料,多采用具有芳香气味及药用植物的根、茎、叶、果实和果浆。个别利口酒如蛋黄酒还选用鸡蛋作为原料,奶油利口酒则会加入适量的奶油。

图12-5 利口酒

利口酒色彩艳丽,气味芬芳迷人,甘甜如怡,糖分含量比较高,因而适合用来调配各种色彩层次的鸡尾酒。利口酒一般用于餐后饮用或调制鸡尾酒,具有和胃、醒脑等保健作用,也可作为烹调制作甜点用酒。

因为利口酒所采用的原料千奇百怪,所以风格也多姿多样,颜色更是绚丽多彩。根据蒸馏酒和添加材料的不同,利口酒的味道和香气也会发生相应变化。利口酒在分类时,通常不考虑蒸馏酒的类型,只根据所添加的主要原料进行分类。因此,利口酒大体上可以分为果实类利口酒,草药、香草类利口酒,种子、坚果类利口酒,以及其他利口酒。

1. 果实类利口酒(Fruits Liqueurs)

果实类利口酒种类繁多,可以使用橙子、柠檬、樱桃、苹果、香瓜、香蕉等材料制成。无论是香气、风味还是颜色,果实类利口酒丰富多样,因此在利口酒中最受欢迎。

2. 草药、香草类利口酒(Herbs & Spices Liqueurs)

这种利口酒的发明应归功于炼金术士,他们偶然发现可以在蒸馏酒中浸泡草药,以代替药物使用。这种利口酒也就因此而诞生了。香草和草药等材料自然是这种利口酒最重要的基本原材料。从中世纪开始酿制的利口酒大部分都是使用草药或香草制造的。

3. 种子、坚果类利口酒(Beans & Kernels Liqueurs)

种子、坚果类利口酒是指采用种子、坚果等酿造的利口酒,口感醇厚,如杏仁利口酒散发杏仁香味,可可利口酒则是在蒸馏时加入了炒熟的可可豆,咖啡利口酒是使用咖啡豆制成的,椰子利口酒则是由混合了的椰肉汁和酒精制成。

4. 其他利口酒

除了上述提到的植物原料利口酒外,还有其他利口酒可谓是独辟蹊径,其中一种是在酒精中添加生奶油或鸡蛋等动物性成分而制成的利口酒。这种利口酒开创了利口酒的新领域,因而备受人们的关注。譬如爱尔兰自古以来就有在威士忌中添加奶油饮用的习惯,爱尔兰人以这种风俗为基础,在爱尔兰奶油和威士忌中加入咖啡、香草、椰汁等,从而开发出了味道香甜柔和的利口酒。蛋黄酒是荷兰和德国的传统利口酒，它的制作方法是在白兰地中添加蛋黄、白砂糖、香草等。蛋黄酒在荷兰语的名字里有“律师”的意思，据说饮用此种利口酒后，会变得像律师一样滔滔不绝，此酒也因此而得名。

中国的药酒和滋补酒的主要特点是在酿酒过程中或在酒中加入了中草药，因此两者并无本质上的区别，但前者主要以治疗疾病为主，有特定的医疗作用；后者以滋补养生健体为主，有保健强身作用。从药酒的使用方法上分，可将药酒分为内服、外用、既可内服又可外用的三大类。

思考与练习

1. 简述配制酒的定义。
2. 简述配制酒的分类及其服务方式。
3. 国际上常见的开胃酒有哪些?
4. 简述利口酒的定义。

第十三章 鸡 尾 酒

第一节 鸡尾酒的概述

鸡尾酒的英文是“Cocktail”，翻译过来就是“公鸡的尾巴”，至于为何有这样的称呼相关的故事不下10种，众说纷纭，并无定论。人们制作鸡尾酒其实在古代就开始了，古希腊和古罗马将果汁、海水、泉水与葡萄酒混合后饮用，在我国唐朝将马奶与葡萄酒调饮等。实际上最早出现鸡尾酒一词是在1748年英国出版的一本书中，100年后美国诞生了“调酒师”这一职业，之后美国的调酒师将鸡尾酒传播到了全世界。

简单来说，鸡尾酒是一种混合饮品，是由两种或两种以上的酒或饮料、果汁、汽水混合而成，且具有一定的欣赏价值。具体来说鸡尾酒通常以朗姆酒、金酒、龙舌兰、伏特加、威士忌等烈酒或葡萄酒作为基酒，再配以果汁、蛋清、苦精、牛奶、咖啡、糖等其他辅助材料，加以搅拌或摇晃而成的一种混合饮品，最后还可用柠檬片、水果或薄荷叶作为装饰物。

基酒 + 辅料 + 配料 + 附加料 + 杯具 + 装饰物= 鸡尾酒

1. 基酒

主要是指烈性酒，是决定此款鸡尾酒口味的根源。常用的基酒：金酒、伏特加、朗姆酒、干邑、威士忌。

2. 辅料

配合基酒增加混合后的口味，还可对基酒起到稀释的作用，减轻高度酒精嗅觉上的刺激。常用的辅料：开胃酒与利口酒。

3. 配料

如果汁、汽水、碳酸饮料及一些果味酒，其有调味功能，并且还能改变其颜色。常用的配料：苏打水(Soda Water)、汤力水(Tonic Water)、干姜水(Ginger Ale)、七喜(7•up)、可乐(Coke)、雪碧(Sprite)、柠檬汁(Lemon Juice)、橙汁(Orange Juice)、菠萝汁(Pineapple Juice)、番茄汁(Tomato Juice)、西柚汁(Grapefruit juice)、柠檬汽水(Lemonade)、苹果汁(Apple Juice)、矿泉水(Mineral Water)。

4. 附加料

指盐、胡椒、糖、辣椒汁等，主要是为了突出特殊口感。常用的附加料有：生鸡蛋(Fresh Egg)、奶油(Cream)、糖水(Syrup)、红石榴糖浆(Grenadine)、苦精(Bitter)、豆蔻粉(Nutmeg Powder)、盐(Salt)、胡椒粉(Pepper Powder)、辣椒汁(Tabasco)。

5. 杯具

鸡尾酒杯具的选用较为考究，首先使用透明的玻璃杯，其次最好是带脚型的，大小可根据鸡尾酒容量选定。

6. 装饰物

起到“锦上添花”的作用，装饰物也最直接地反映出饮品的主要味道和风格，所以在设计装饰物时必须要结合饮品的自身特点。通常多以柠檬片、柠檬角、橙片、薄荷叶、樱桃等一些新鲜水果为主（图 13-1）。原则不宜过于繁杂，否则会给人喧宾夺主之感。

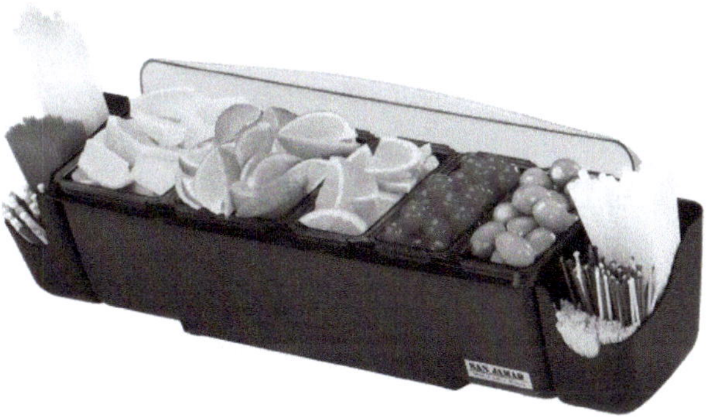

图 13-1　常见的鸡尾酒装饰物盒

常用的装饰物有：柠檬（Lemon）、橙子（Orange）、樱桃（Cherry）、橄榄（Olive）、菠萝（Pineapple）、芹菜（Celery）、小洋葱（Onion）、薄荷叶（Mint Leaves）。

第二节 常用的鸡尾酒杯型

鸡尾酒杯型见图 13-2。

图 13-2　鸡尾酒杯型

第三节 调制鸡尾酒的基本方法

鸡尾酒调制的方法一般有4种：摇和法、调和法、兑和法、搅和法。

一、摇和法

也称摇荡法，它是将各种基酒和辅料放入调酒壶中，通过手的摇动达到充分混合的目的。此种方法主要用来调制配方中含有鸡蛋、糖、果汁、奶油等较难混合的原料时使用。

用具：调酒壶。

1. 放料循序

先在调酒壶中放入适量的冰块，然后按照鸡尾酒的配方要求，依次放入调酒辅料和配料，最后放入基酒。

2. 操作技法

摇和法在操作手法上分为单手摇和双手摇两种。摇酒的方法和姿势没有严格的要求，关键在于在将酒液充分摇荡均匀的基础上保持调酒姿势的优美，给宾客以赏心悦目的感受。一般使用小号的摇酒壶可以单手摇，大号的摇酒壶用双手摇则更为妥当一些。摇和法的特点是通过快速、剧烈的摇荡，使酒水能够达到最充分的混合，且不会使冰块过多地溶化而冲淡酒液。值得注意的是，无论是单手摇或者是双手摇，在摇酒的时候，身体一定要保持身体的稳定，剧烈摇动的是摇酒壶，而不是调酒师的身体，要尽量保持体态的美观、大方。摇妥之后，马上将酒滤入事先备好的酒杯内。

（1）单手摇

以右手食指按压调酒壶盖，中指在壶身右侧按压滤冰器，拇指在壶身左侧，无名指和小拇指在右侧夹住壶身。手心不与壶身接触，以免加速壶内冰块熔化的速度。摇和时，注意手臂尽量拉直，以手腕的力量使调酒壶左右摇晃，同时手臂自然上下摆动。

（2）双手摇

对于有鸡蛋和蜂蜜这些较难以单手摇和均匀的鸡尾酒，通常采用双手摇这一操作技法。具体方法是：右手拇指按压调酒壶盖，其他手指夹住壶身；左手无名指、小拇指托住壶底，其余手指夹住壶身。壶头朝向调酒师，壶底朝外，并将壶底略向上抬。摇和时可将调酒壶斜对胸前，也可将调酒壶置于身体的左上或右上方肩上，做“活塞式”运动。注意用力均匀有力以便使酒液充分混合冷却。

3. 斟倒酒液

（1）斟倒时机

在摇荡过程中，当调酒壶的金属表面出现霜状物时，则证明壶内酒水已经充分混合并且已经达到均匀冷却的目的。

（2）斟倒方式

右手持壶，左手将壶盖打开，同时右手食指下移按压住滤冰器，将酒壶倾斜把壶内摇荡均匀后的酒液通过滤冰器滤入载杯之中。

二、搅拌法

使用电动搅拌机进行酒水混合的一种方法，主要用来混合鸡尾酒配方中含有水果（如香蕉、草莓、苹果、西瓜等）成分或碎冰时使用。这种调酒方法是通过高速马达的快速搅拌作用，达到混合的目的，采用此种调制方法效果非常好，同时亦能极大地提高调制工作的效率和调酒的出品量，因此现在比较流行。

用具：电动搅拌机。

1. 放料顺序

依据鸡尾酒配方要求将碎冰与辅料及酒水依次放入搅拌杯中。

2. 操作技法

首先注意在投料前应将水果去皮切成丁、片、块等易于搅拌的形状，然后再将原料投放入搅拌杯中。将原料投放完毕后，将搅拌杯的杯盖盖好（以防止高速搅拌时酒液四溅）。开动电源使其混合搅拌，注意使用电动搅拌机进行调酒时，搅拌的时间不宜过长，一般控制在10s以内，以防止电机的损坏。如果鸡尾酒配方中的材料较难混合时，可以以点动方式进行搅拌调和。

3. 斟倒酒水

待搅拌机马达停止工作，整个搅拌过程结束后，将搅拌杯从搅拌机机座上取下，将搅拌混合好的酒液倒入准备好的载杯中。

三、兑和法

兑和法调制的鸡尾酒主要是指漂漂酒和彩虹酒。其方法是将各种调酒原料按比重的不同，使用吧匙的匙背依次倒入酒杯中，使酒液在载杯中形成层次。

用具：调酒匙或长柄匙。

1. 放料顺序

依据鸡尾酒配方的分量将酒水按照其糖度含量的高低（糖度越高，比重就越大），依次倒入载杯中，先倒糖度含量高的（比重大的），再倒入糖度含量低的酒水。

2. 操作技法

使用兑和法调酒的关键在于，调酒师必须熟练掌握各种酒水不同的含糖量（比重的大小）。在进行调制时，必须做到心平气和，尽量避免手的颤动，以防影响酒液的流速冲击下层酒液使酒液色层溶合。

3. 斟倒酒水

将吧匙的匙背或茶匙的匙背倾斜放入杯中，以匙尖轻微接触酒杯内壁，将酒水轻轻倒在匙背上，使酒水沿匙背顺着酒杯内壁缓缓流入载杯中。目前有些调酒师在使用兑和法调制鸡尾酒时，不再使用匙背斟倒酒水，而是采用滴管，这样更能节省时间，提高工作效率。

四、搅和法

搅和法是在最小稀释酒水的情况下，迅速将酒水冷却的一种调酒混合方法，其操作步骤是将各种原料和冰块加入调酒杯中，然后使用吧匙进行搅拌混合。

用具：调酒杯、调酒匙（或搅拌棒）、滤冰器。

1. 放料顺序

先将适量的冰块放入调酒杯中，再将酒水依据鸡尾酒配方规定的量，依次倒入调酒杯中。

2. 操作技法

以左手拇指、中指、食指轻握调酒杯的底部，将调酒匙的螺旋部分夹在右手拇指和食指、中指、无名指之间，快速转动调酒匙做顺时针方向运动，搅动10～15圈后，酒液均匀冷却后停止。

3. 斟倒酒水

将滤冰器加盖于调酒杯口上，以右手的食指和中指分列于滤冰器把的左右卡压滤冰器，拇指、无名指和小拇指握住调酒杯。倾斜调酒杯将酒液滤入准备好的载杯中。

另外，有些鸡尾酒由于不需要滤冰这一过程，则可在其配方规定的载杯中直接使用调酒匙（或搅拌棒）进行搅和。

4. 注意事项

（1）搅和时，调酒匙的匙头部分应保持在调酒杯的底部搅动，同时应尽量避免与调酒杯底接触，应只有冰块转动的声音。

（2）调酒匙的匙背应向上从调酒杯中取出，以防跟带酒水。

（3）搅拌时间不宜太长，以防冰块过分融化影响酒的口味。

（4）操作时，动作不宜太大，以防酒液溅出。

第四节 世界经典鸡尾酒

世界经典鸡尾酒见表13-1及图13-3。

经典鸡尾酒　表13-1

名称	玛格丽特（Margarita）	新加坡司令（Singapore Sling）	血腥玛丽（Bloody Mary）
配料	40毫升龙舌兰酒，20毫升君度橙酒，20毫升青柠檬汁	40毫升金酒，20毫升樱桃白兰地，30毫升柠檬汁，10毫升必得利石榴，1注安格斯特拉苦酒，冰镇苏打水	50毫升伏特加，10毫升柠檬汁，鲜磨的胡椒粒，盐，2注辣椒酱，120毫升番茄汁
调制方法	取一个鸡尾酒碟，将杯沿用柠檬片蘸湿，在细盐上抹一下，沾上一层"盐霜"，将3种配料加冰块后倒入摇杯内摇匀，倒入鸡尾酒碟后上桌	将苏打水以外的所有配料加冰块后倒入摇杯内摇匀，接着倒入杯中，并加入冰镇苏打水直到杯口，最后用一颗樱桃、一片菠萝点缀	取一个长饮杯，加入适量冰块，并将除番茄汁以外的配料尽数倒入，适当搅拌，接着倒入番茄汁至杯满，再次搅拌，最后用芹菜梗点缀

续上表

名称	曼哈顿酒（Manhattan）	龙舌兰日出（Tequila Sunrise）	干马提尼（Dry Martini）
配料	40毫升加拿大威士忌，20毫升味美思酒，2注安格斯特拉苦酒	60毫升龙舌兰酒，100毫升橙汁，10毫升柠檬汁，20毫升必得利石榴汁	50毫升金酒，10毫升干苦艾酒
调制方法	将所有配料倒入一个装有冰块的玻璃杯中，搅拌均匀后倒入鸡尾酒碟，最后加入一颗樱桃点缀	将龙舌兰酒、橙汁和柠檬汁混合冰块后倒入摇杯内摇匀并倒入长饮杯内，随后慢慢地加入必得利石榴汁至杯口，稍作搅拌后上桌	将金酒和苦艾酒混合冰块后放入摇杯中摇匀，然后倒入鸡尾酒碟中，最后用一颗橄榄点缀

图13-3　经典鸡尾酒

思考与练习

1. 简述鸡尾酒的基本组成部分。
2. 简述常见鸡尾酒的装饰物。
3. 简述常见的鸡尾酒杯型。
4. 简述鸡尾酒四大基本调制方法。

第三篇

咖啡

第十四章 咖啡的概述

第一节 咖啡的起源与历史

如今，咖啡（图14-1）已经成为一种生活的必需。它与茶叶和可可并称为世界三大饮料。有人说懂得欣赏咖啡的人，才会懂得品味咖啡。正如热爱生活的人，才会懂得珍惜眼前的幸福。因为幸福就是沧桑历尽、苦尽甘来的心境。咖啡发源于埃塞俄比亚南部的咖法（Kaffa）省，咖啡（Coffee）一词显然和它的发源地有着密不可分的联系。在找寻咖啡漫漫的旅途上，似乎可以感受到难以尽数探险。森林深处悄悄自生的咖啡，到底是如何被人们发现而广为世界各地所接受的呢？

图14-1 咖啡

一、咖啡的起源

咖啡最早发现于今天的东非埃塞俄比亚。尽管世界人口中相当大比例的人群每天都在享受着咖啡，但人们对于咖啡的起源知之甚少。关于咖啡的起源和发现过程又有很多不同的传说。在无数的咖啡发现传说中，有两大传说最令人津津乐道，那就是基督教发现说的"牧羊人的故事"与伊斯兰教说的"阿拉伯僧侣"，见图14-2、图14-3。

图14-2 牧羊人的故事

公元600—800年间 Kaldi 牧羊人的传说最为广为流传。据罗马一位语言学家罗士德•奈洛伊（1613—1707）记载：大约公元6世纪时，一个阿拉伯牧羊人名叫卡尔代Kaldi，有一天到伊索比亚草原放牧时，看到每只山羊都显得无比兴奋，雀跃不已，一整夜又蹦又跳，甚至包括年长的山羊。这让他很奇怪，经过细心观察，他发现这些羊是吃了一种红色果实之后才如此兴奋。这是矮小的灌木带有略灰色树皮，鲜亮叶子，细细的树枝，在叶子的底部有一束束小白花并且混合了一串串小浆果，这些浆果有些还是绿色，稍微成熟些的则带有亮黄色，有些已经在大小及形状达到完全成熟，颜色为樱桃红色。处于好奇，卡尔代采摘和品尝了一些浆果，发觉这些果实香甜无比，使他精神焕发并让他可以更长时间保持清醒状态。从此，他便时常去那里，和羊群一同分享这种美味果实所带来的快乐。这种使人体能充沛的浆果很快在这一地区变得人人皆知。有位修道士听说了这种神奇的浆果后，希望可以试验一下这些浆果的效果，于是修道士把浆果烘干以便运到远处的修道院，浆果碾成粉末然后倒入开水做成饮料——这也就是第一杯咖啡的问世。这种饮料使得修道士更长时间保持清醒而不影响他的智力，这让他认识到这种饮料可以使得他在长时间的祈祷中保持清醒。于是他把这个新发现带回到他所在的修道院。不久，咖啡便从这个修道院流传到其他修道院，并且被看作是天使从天堂带给信徒的神圣礼物而变得很有销路。

图14-3 阿拉伯僧侣

这个传说应该是欧洲传说，这个故事的最古老书面资料写成于1671年，由罗马的东方语言学教授 Antoine Faustus Nairon 所完成。在阿拉伯咖啡传说中没有找到相似的故事。在阿拉伯文献中也有很多关于咖啡起源的传说，最广为流传的是大天使加百里为了赐予穆罕默德更多的力量和忍耐力而赐予了他一些咖啡的故事和Sheik Omar在1258年间被驱逐出穆哈城的故事。后者是在回教徒阿布大尔·卡迪1587年出的《咖啡由来书》所记载故事。

话说雪克·欧玛Sheik Omar是阿拉伯半岛上（即指北也门）的守护圣徒雪克·卡尔第的弟子。在摩卡是很受人民尊敬及爱戴的酋长。因与公主过夜治病，被判行为不轨，而被族人驱逐出境，流放到俄萨姆。1258年的一天，欧玛饥肠辘辘地走在山林中，已经饥寒交迫到再走不下去时看见枝头上停着羽毛奇特的小鸟在啄食树上的果实，并发出极为婉转悦耳的啼叫声。这是一种他从未听过，极为悦耳的声音。处于好奇，他将这种果实带回住处并加水熬煮，果然散发出浓郁诱人的香味，喝了一下不但觉得好喝，而且还觉得疲惫的身心也为之一振。于是欧玛采集了许多这种神奇的果实，当遇到有人生病时，就将果实熬成汤汁给他们喝，那些生病的人很快便恢复了精神。最后由于他四处行善，受到广大信徒的喜爱，故乡的人便原谅了他的罪行，不久他的罪被赦免了。让他回到摩卡。回到摩卡后，他因发现这种果实而受到礼赞，并被人们推崇为圣者。而这种神奇的治病良药，据说就是咖啡。

图14-4 德·克利呵护咖啡树

还有一个关于咖啡很富有浪漫色彩的故事，是发生在马提尼克岛（Matinique）的一名法国海军军官加布里埃尔·马蒂厄·德·克利（Gabriel de Clieu）身上的故事（图14-4）。由于某些原因，他即将离开巴黎前往马提尼克岛，然而他舍不得自己的恋人——咖啡，他便设法弄到了一些咖啡树，并决心把它们带到马提尼克岛。大约在1720年或1723年间，他往返两地两次，终于挑选出一棵最茁壮的树苗，从南特（Nantes）启航，并且一路精心呵护。他将树苗保管在甲板上的一个玻璃箱里，这样能防止海水的冲溅并有保温作用。德•克利的日记记述了他的船如何受到突尼斯海盗的威胁，以及如何从一场暴风雨中幸免。日记还提到在船上有个人妒忌他，企图破坏这棵小树，在一次争斗中甚至折断一根枝条。后来船搁浅了，饮用水不能自足，德•克利就用自己喝的水来浇灌这棵树苗。经过多重的艰难险阻，他最终到达了马提尼克岛，这颗树苗似乎也像德•克利一样，有着顽强的生命力，从此扎根并生生不息地繁衍在那里。

除了上面这些传说，还有很多关于咖啡的故事，尽管已无从考究它们的真实性，但是人们还是乐意相信这些传说曾经是发生过的。

小知识

最早种植咖啡（Coffee）并把它作为饮料的是埃塞俄比亚的阿拉伯人，他们把它叫作“Qahwah”，这本来是阿拉伯人对咖法（Kaffa）的称呼，后来逐渐成为“植物饮料”的总称。不久，“Qahwah”一词随着咖啡传入了当时的奥斯曼帝国，也就是现在的土耳其，在土耳其语中这个发音变成了“Quhve”。随后，咖啡（Coffee）通过土耳其传入欧洲。欧洲人按照自己的读音标准，改变了土耳其拉丁语的发音，在18世纪时，将咖啡定名为“Coffee”，流传至今。

二、咖啡的历史

谁在何地发现了咖啡仍然未知，事实表明咖啡植物起源于非洲，从这里传到了也门、阿拉伯半岛和埃及，并在这里发扬光大，进入了人们的日常生活。今天在埃塞俄比亚仍然可以找到野生咖啡，也门的大港口穆哈（摩卡）成为咖啡交易的中心，而现在穆哈（摩卡）的名字也成为咖啡的同义词。

所有的历史学家似乎都同意咖啡的诞生地为埃塞俄比亚的咖发（Kaffa）地区。但最早有计划栽培及食用咖啡的民族则是麦加阿拉伯人，他们将整颗果实放入口中咀嚼，吸取其汁液。后来，阿拉伯人将咖啡豆磨碎与动物脂肪混合，做成可以在长途旅行时补充体力的食品。一直到公元900—1000年，生咖啡豆才在热水中煮沸当作饮料食用。公元13世纪，阿拉伯人开始烘焙及研磨咖啡豆，将咖啡煮成汤来饮用，或是当作胃药。由于可兰经中严禁喝酒，因此阿拉伯人把目光投向了咖啡。由此可见，宗教其实也是促使咖啡在阿拉伯世界广泛流行的一个很大的因素。在当时煮制咖啡是先将生咖啡豆晒干，再烘焙后以棒舂碎，加水煮后，待残渣沉淀，只饮用上层透明部分（图14-5）。此种黑色饮料，以圣地麦加为中心，经由回教徒传开，先由阿拉伯传至埃及，再传至叙利亚、伊朗、土耳其、波斯及北非等地。公元15世纪，饮用咖啡已在阿拉伯国家盛行起来，在伊士坦丁堡和大马士革出现全世界最早期的咖啡屋。顾客常去品尝咖啡、玩西洋棋和扑克牌。当时常去咖啡店的人，就越是不会去清真寺。 随着咖啡的盛行，宗教纪律受到了威胁，信徒曾以禁酒的戒律禁止饮用咖啡。

图14-5 阿拉伯人饮用咖啡

公元1615年，咖啡向欧洲传播开来，那股强势当然在各地掀起摩擦。咖啡屋不断受到迫害，公元1656年，鄂图曼大帝Vizir Koprili下令咖啡屋禁止营业，禁止饮用咖啡，初犯者施以棍刑，再犯者就会被投海，当时被投海的人难以估计。在罗马也引起伊斯兰教徒的饮料带给基督教徒饮用是否合适，赞成与否定分为两个论调。当时意大利国王克莱门八世曾说：“咖啡虽然是恶魔的饮料，却是美味可口。此种饮料只让异教徒独占了，真可惜！”因此接受了咖啡，并让前来施受洗礼的基督教徒饮用。但咖啡民主精神不是到处可见。在英国有无数的咖啡屋，当时只有男性才能进入。咖啡在绅士的社交场所颇受欢迎。男士们在此高谈阔论政治、文学、商业等议题，有些甚至不回家。因此，1674年，有许多主妇提出请愿，要求将咖啡屋关闭。德国皇室亦下命令，只有权贵阶级才能享用咖啡。

1645年，欧洲第一家咖啡馆“波的葛”(Bottega del Caffe)在威尼斯开业。意大利浓缩咖啡ESPRESSO开始出现，由意大利的威尼斯商人在各地经商中渐传开，引起咖啡饮用方式的变化。咖啡以“阿拉伯酒”及“黑色流金”等名义，经由威尼斯及马赛港逐渐地传入欧洲。欧洲人喝咖啡的风气，逐渐成为一种习惯而延续下来。咖啡越来越受到大众的喜爱，因此有兴趣栽培咖啡的人，亦愈来愈多。几十年后，咖啡屋纷纷在伦敦及维也纳相继出现，土耳其的大使于1669年向路易十四国王献上咖啡后，法国上流社会也深受了咖啡的魅力。第一位在巴黎卖咖啡的是亚美利加人Pasiar，他聘请人拿着一壶咖啡在街上叫卖，还送小点心给客人吃。

不过在法国，上等人都喜欢喝红酒(Wine)，他们觉得只有穷人才会喝廉价(Cheap)的咖啡。但于1689年，Mr. Francois Procope在巴黎开了一间名叫普洛可甫(Le Procope)的咖啡馆(图14-6)，所有人便对喝咖啡改观了。因为咖啡店宽敞华丽，高贵的地毯、水晶吊灯及挂墙名画，深深影响巴黎市民的咖啡文化，之后咖啡店越开越多，所有人都追赶潮流去喝咖啡，在咖啡店里诞生了无数的思想家、哲学家及艺术家。文化人不断汇集

图14-6 Le Procope咖啡馆

并交流知识，在咖啡店内高谈阔论。18世纪，欧洲启蒙运动的思想家伏尔泰、卢梭、狄德罗，以及大革命三雄罗伯斯庇尔、丹东和马拉等都是这里的常客。

现在21世纪，咖啡馆随处可见，Cappuccino、Latte等咖啡饮料席卷全球，我们今天可以享受咖啡，应该感谢卡尔代这位牧羊人。

小知识

根据剑桥出版社《英国农业中的食物、能量和娱乐》一书的记载，在16世纪下半叶，人们都相信啤酒是身体的朋友，是属于主食的范围。因此在当时，一个男性磨坊工人平均每天要喝约4夸脱(约4.5升)啤酒。而咖啡因热量很低而无法作为主食。它要流行必须建立在食物富足的基础上。但咖啡却能够帮助醉酒的人很快清醒过来。因此凭借这种直观效果，咖啡获得了饮料世界的一席之位，并且和诸如"清醒""冷静"这样的价值观联系在一起。谢尔维斯特·迪福在17世纪70～80年代写了很多有关饮料的书，他在《茶、咖啡和巧克力礼仪》中说，咖啡最初是作为醒酒剂与葡萄酒、烈酒一起出现在餐桌上的。它的出现预示着酒精饮料统治时代的终结，也意味着人类将从饮料中获得一种全新的体验。

第二节 咖啡的传播与发展

每天清晨世界各地的人们用自己喜欢的方式冲泡出自己钟爱的咖啡，没什么比清晨来一杯香醇的咖啡更让人惬意了。作为早餐上不可或缺的饮品，咖啡成为世界上最普遍的合法兴奋剂。数百年里咖啡一直在社会中担任重要角色，它每到一个地方都会改变当地的文化和生活。起源于埃塞尔比亚的咖啡，如今作为全球仅次于石油的贸易产品，被誉为黑黄金。它是如何传遍全世界的呢？

咖啡出现最确切且最早的时间是公元前8世纪，但是早在荷马的作品和许多古老的阿拉伯传说里，就已记述了一种神奇的、色黑、味苦涩、具有强烈刺激力量的饮料。人们都认为非洲是咖啡的故乡。但实际上咖啡起源于埃塞俄比亚，并且被传到世界各地是通过也门的摩卡(Mocha)港。埃塞俄比亚人种植咖啡的历史始于公元575年，对那些阿拉伯人来说，咖啡就像当时中国的丝绸，属于国宝级的珍品。如果谁能够有幸品尝到这种芳香提神的饮品，那将是无上的荣耀，当时能够享有这种权利的人只有少数宗教人士。人们从15世纪开始植始咖啡。几百年的时间里，阿拉伯半岛的也门是世界上唯一的咖啡出产地，市场对咖啡的需求非常旺盛。但是阿拉伯人严格禁止任何果实型豆子的出口，以至于咖啡在其他地方都没有得以种植。在也门的摩卡港，当咖啡被装船外运时，往往需用重兵保护。同时，阿拉伯人为了避免咖啡被其他国家种植，也门也采取种种措施来杜绝咖啡树苗被携带出境。咖啡豆是咖啡树的果实，但如果剥去外壳的话，它就会变成不可育果实。所以所有的咖啡豆只有经过去壳手续之后才会出口。但是百密终有一疏，1600年，一个名叫巴巴•布丹(Baba Budan)

的穆斯林把7颗咖啡种子贴在肚子上走私出土耳其，并成功地在印度南部的迈索尔山上试种成功。1616年，统治世界海上运输贸易的荷兰人顺利地把一颗咖啡树从也门南部港口城市亚丁运到荷兰。1658年，荷兰人又用这棵树的种子在锡兰（今斯里兰卡）种植咖啡树。1699年，另一个荷兰人把咖啡树从印度南部的马拉巴尔海岸运到印度尼西亚爪哇岛、苏门答腊岛、西里伯斯岛、巴厘岛，马来西亚帝汶岛以及东印度群岛的其他地方，并在这些地方成功种植，于是几年以后，东印度的咖啡产量大到直接决定了世界市场上的咖啡价格。从此，开始了咖啡在世界范围内的传播（图14-7）。

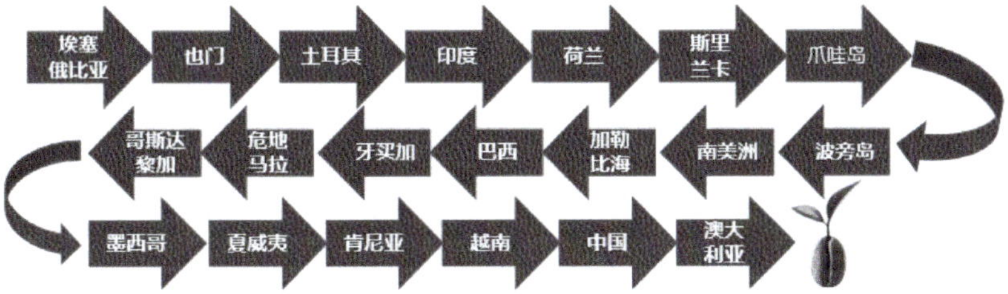

图14-7 咖啡在世界的传播

当时，意大利的威尼斯，有无数的商船队与来自阿拉伯的商人进行香水、茶叶和纺织品交易。这样，咖啡也就通过威尼斯传播到了欧洲的广大地区。对咖啡的强劲需求，为咖啡在原产地以外的其他地区迅速扩展打下了坚实的基础。17世纪，荷兰人将咖啡引到了自己的殖民地印度尼西亚。与此同时，法国人也开始在非洲种植咖啡。18世纪，爪哇咖啡和摩卡咖啡已经成为全世界最著名和最受欢迎的咖啡。直到今天，爪哇和摩卡还是黑咖啡的同义词，然而没想到如今爪哇基本上已经没有高品质咖啡了，而且随着1869年苏伊士运河的完工，摩卡港也丧失了港口的功能。

从一位埃塞俄比亚沙漠的牧羊人第一次发现咖啡，至今已经有1500多年的时间，咖啡的发展充满了艰辛、传奇，是丰富多彩的1500年。

一、咖啡的欧洲之旅

1615年，咖啡以“阿拉伯酒”的名义，经由威尼斯及马赛港第一次传到欧洲。此时其他两种热饮也开始在欧洲悄然兴起。第一种是在1528年由西班牙人从美国带到西班牙的热巧克力；另一种是在1610年第一次在欧洲售卖的茶。开始咖啡被认为具有药用性质，因此主要是由柠檬汽水小贩售卖的。咖啡在欧洲形成传统是14世纪末期中东咖啡烘焙技术开发出来以后。当时是通过奥斯曼土耳其帝国和地中海的贸易商威尼斯商人之间的交易所传入的咖啡的兴盛时期是18世纪。伊斯兰教徒称咖啡为“真主安拉赐给的神药”，所以把咖啡叫作“coffee”或“cavha”，意思是能给人带来活力的饮料。

在17世纪末，确切说是在18世纪初，英国贵族们在家举办咖啡沙龙享受咖啡时光。对社交和艺术活动充满热情的巴黎人的诞生地也是在咖啡馆。就这样咖啡的角色和作用从商业到社交、休闲、创作等文化整体领域逐渐地发散开来。但是咖啡的普及并不只是那么平坦顺畅。这其中也存在着很多反对和压制。历史上，咖啡馆和喝咖啡的生活习惯数次被禁。而且认为咖啡导致失眠的说法也广为接受。尽管如此，被称作“伊斯兰的红酒”或思想家的牛奶的咖啡的普及却更加加速进行。19世纪以后有些国家已经把它作为一个产业来发展了。

咖啡在200年前就已深入欧洲人生活并形成文化，而且人们对咖啡的关心和兴趣浓厚。消费者并不只是非常严格单纯地关心咖啡的品质，他们认为味道上的创造性和相关的专业性、艺术性、历史和经验等所表现出的正宗性和一贯性也是非常重要的。在这里“生产和加工中存在的对环境的关心，流通过程中每一个方面也不存在不利”的选择适当的产物的倾向逐渐形成。

二、咖啡的美洲之旅

1668年，咖啡作为一种时尚饮品风靡美洲，咖啡屋也紧跟其后，分别在纽约、费城、波士顿和其他一些北美城市出现。在1773年发生的曾经轰动一时的波士顿骚动——倾茶党案——就是在一个叫作绿龙的咖啡馆里策划的。今天，著名的华尔街金融区的纽约股票交易所和纽约银行都始于咖啡屋。

也许出人意料的是是荷兰人真正让咖啡作物在美洲中部和南部普及。18世纪20年代，荷兰人最先将咖啡传到了中美洲和南美洲。咖啡由荷兰的殖民地传到了法属圭亚那和巴西，后在1730年又由英国人带到了牙买加。如今这里的蓝山生产着世界上最著名和昂贵的咖啡。在1825年之前，南美和中美洲已经走上了他们的咖啡之路。如今，种植咖啡已成为中美洲和南美洲的传统。此外，夏威夷也开始种植咖啡。值得注意的是夏威夷是美国唯一的咖啡产地，同时这里生产的也是世界上最好的咖啡之一。 巴西早已是世界上最大的咖啡生产国，占全球咖啡产量的约30%；而哥伦比亚则是第二大咖啡生产国，占全球咖啡产量的12%左右。北美目前是咖啡消费量最大的地区。

三、咖啡的亚洲之旅

与亚洲人进行大量贸易交流的阿拉伯人没能将咖啡在亚洲传播开来，反倒是荷兰人让咖啡在亚洲落地生根。在对外殖民的过程中，他们在印度的马拉巴种植咖啡，又在1699年将咖啡带到了现在印尼爪哇的巴达维亚。荷兰的殖民地曾一度成为欧洲咖啡的主要供应地。目前，印度尼西亚是世界上第四大咖啡出口国。

四、咖啡的中国之旅

咖啡传入中国的历史其实并不算长。据史料记载，直到1884年咖啡才在台湾首次种植成功，从而揭开了咖啡在中国发展的序幕。大陆地区最早的咖啡种植则始于云南。在20世纪初期，一个法国传教士将第一批咖啡苗带到云南的宾川县。在以后的近百年里，咖啡种植、消费在幅员辽阔的中国生根发展。

从自然条件上来说，中国的许多地区和拉美、南美以及印度、印度尼西亚等地很接近，有着咖啡种植的先天条件。但中国人喝茶已经有了几千年的历史，作为世界上茶的原产地，人们在消费习惯和观念上对咖啡这种外来的饮料或多或少地存在着一种抵触，因此，在咖啡传入中国后相当长的一段时间内，咖啡种植没有受到足够重视，扩展极其缓慢。

20世纪30年代，上海最早的咖啡馆开在外滩，供那些外国水手们过过咖啡瘾，或许也有解解乡愁的意味。那时的咖啡，被上海人称为“咳嗽药水”。那个时期的上海，还有许多从海外归来的华侨，他们在生活中保持着喝咖啡的习惯。除了去咖啡馆，他们更多的时候会在自家的餐厅或客厅里，品尝香浓的咖啡。在20世纪70年代，需要外汇券付账才能消费的咖啡更是让中国人对这个只有外国人才能买的东西很难产生兴趣。直到20世纪80年代，人们才从“滴滴香浓，意犹未尽！”和“味道好极了！”这两句家喻户晓的广告中熟悉咖啡。那时候，空的“雀巢”或者“麦氏”的玻璃瓶子肯定不会被扔进垃圾箱，反而会被摆在柜子里，或者成为主人在办公室喝水的杯子。其中缘由不一定是因为瓶子厚实耐用。

对于中国人而言，在很长一段时间里，“咖啡”和“速溶咖啡”是两个可以互换的名词。直到诸如美国的“星巴克”和香港的茶餐厅进入，人们开始意识到原来咖啡不是速溶咖啡，而是另外一种东西。咖啡应该是一种让人味觉和身心同时都能享受到一种舒适的神奇饮品。有时哪怕只是手里拿了一个知名咖啡品牌的杯子，这种舒适同时也会产生。估计咖啡的这种“特异功能”很大程度上唯有在中国才能体现。

近年来中国咖啡种植和消费的发展越来越为世界所瞩目。中国的咖啡消费量在逐年攀升，形成巨大潜在消费市场。中国咖啡市场的巨大潜力不容忽视。2010—2015年，咖啡消费市场开始进入高速发展期。中国成为世界上最大的咖啡消费市场。如果每个中国人每天多喝半杯咖啡，那么中国人将左右世界咖啡的价格。

随着咖啡更多地进入了寻常百姓的生活，咖啡的种植也逐步发展起来。我国云南省与哥伦比亚咖啡种植区地理位置十分接近，其中思茅、临沧、德宏、保山等地区已开始发展咖啡种植业，所产的小粒咖啡品质受到国际咖啡组织的充分肯定。业内人士预计，不久的将来，这些地区将在世界咖啡种植版图上弥补中国的空白。如今，在我国云南、海南、广西、广东等省份都有了面积可观的咖啡种植基地。

五、咖啡发展大事记

(1)6世纪，在阿比西尼亚高原，一位名叫卡尔代的牧羊人，有一天赶着山羊到新草原放牧，因山羊的误食，而无意中发现咖啡果。

(2)10世纪初，伊拉克的名医达杰斯医生，他承认并记载了咖啡的药理效果。这是一份有关咖啡最早期的贵重医学记录。

11世纪，阿拉伯人发明将整颗咖啡果熬煮成汤的饮用方式。

13世纪，阿拉伯人发明烘焙咖啡豆的方法。

1454年，雅典圣者盖•马鲁丁公布以往只有小部分宗教家才知道的饮用咖啡的方法。

1616年，荷兰人布鲁克，从阿拉伯的摩卡带咖啡到荷兰。

1640年，荷兰商人乌尔白殷，从摩卡出货到阿姆斯特丹，完成第一笔咖啡交易。

1650年，牛津大学街出现了英国第一家咖啡馆 ——亚可布咖啡馆。

1651年，伦敦的第一家咖啡馆“罗西咖啡馆”开张，此店以“咖啡的好处”为题，印刷宣传单，是世界上第一份咖啡广告单。这份广告传单至今保存在大不列颠博物馆里。

1658年，荷兰人开始在锡兰栽种咖啡。

1665年，在伦敦，一位锁匠率先发明了咖啡研磨机。

1669年，土耳其驻法大使所罗门•阿卡，向法王路易十四献上正统的土耳其式咖啡。

1672年，亚美尼亚人巴斯卡尔在巴黎开了第一间咖啡馆。

1674年，伦敦发生了妇女反对咖啡的请愿活动。妇女向市长提出一份请愿单，指出丈夫们因流连于咖啡馆，大喝咖啡而精力减退，影响夫妻关系。

1683年，维也纳出现第一家咖啡馆。战败的土耳其人留下了一袋袋没来得及喝的咖啡成就了维也纳。

1689年，西西里人弗兰索瓦•普罗可布在巴黎开了“普罗可布咖啡馆”，成为当代作家、思想家、艺术家聚集的文化沙龙，开启了巴黎文化的新纪元。咖啡馆的对面，是对当时的艺术家和表演家具有巨大吸引力的法兰西大剧院。

1714年，阿姆斯特丹市长把一棵咖啡树献给法王路易十四。

1720年，威尼斯的圣马可广场上，开了一家“弗罗里安咖啡馆”，为现存历史最悠久的咖啡馆。

1721年，柏林第一家咖啡馆诞生。

1723年，法国军官加布里尔•克利留，从法王路易十四的植物园取得咖啡树，带到美洲种在加勒比海的马丁尼克岛。

1727年，荷兰少校de Melo Palheta从圭亚那取得咖啡种子，并将种子带到巴西种植。

1730年，英国开始在牙买加栽种咖啡。

1732年，巴赫发表《咖啡清唱剧》(Coffee Cantata)。

1763年，威尼斯咖啡馆的数量超过2000家。

1773年，美国发生“波士顿茶党事件”引发独立战争，由此美国人开始改喝咖啡。

1777年，德国为了国家财政的因素，颁布咖啡的禁令。

1800年，巴黎大主教达贝洛发明水滴式咖啡壶。

1822年，在法国出现世界第一台咖啡萃取样品机。

1840年，英国开始在印度栽种咖啡。同年英国的海洋工程师罗伯•奈毕尔发明虹吸式咖啡壶。

1877年，锡兰和印度的咖啡园，遭受病虫害的侵袭，而大部分都遭摧毁。

1880年，英国商人在东非的肯尼亚、乌干达栽种咖啡。

1908年，德国的梅莉塔•宾兹发明滤纸式咖啡壶。

1946年，意大利人阿其加夏发明蒸汽压力咖啡机。

1960年，日本发明即溶咖啡。

1962年，咖啡生产国与咖啡消费国成立国际咖啡组织。

1969年，日本开始生产罐装咖啡。

1975年，巴西发生致命的黑霜，使数百万棵咖啡树受损，致使咖啡价格上涨。

2000年，咖啡成为世界四大饮料之首，创造了一年消耗4000亿杯的记录。

2009年，咖啡成为全球最流行的饮料。消费量仅次于石油。

思考与练习

1. 简述咖啡的起源。
2. 咖啡除了日常饮用外，还有其他用处吗？
3. 简述咖啡发展过程。

第十五章 咖啡的基础知识

在16世纪，咖啡经由威尼斯逐渐传入欧洲。咖啡果实里面有两粒成对生长的种子，400年来由西方传至东方，流行风潮锐不可当。一杯香气四溢的咖啡带来幸福感的那一刻殊不知它的美味是由小小的咖啡豆一步步酝酿的。我们日常饮用的咖啡是用咖啡豆经适当的烘焙方法烘焙而成咖啡，再配合各种不同的烹煮器具制作出来供作饮用的。

第一节 咖啡豆的定义与咖啡豆的加工

一、咖啡豆的定义

咖啡树是属茜草科常绿小乔木，原产于埃塞俄比亚，为热带、亚热带的常绿小乔木或灌木。叶长卵形，花白色，结深红色浆果（图15-1）。有小果、中果、大果咖啡等。咖啡属的植物约有40种，但能够生产出具有商品价值咖啡豆的只有阿拉比卡种（Coffee Arabica）、罗布斯塔种（Coffee Robusta）和利比里亚种（Coffee Liberica）。这三种也称为"咖啡三大原生种"，其比较见表15-1。

咖啡三大原生种　　表15-1

品　种	阿拉比卡种	罗布斯塔种	利比里亚种
口味与香气	优质的香味	酸味不明显	苦味重
豆子形状	扁平、椭圆形	比较圆	汤匙状
树高	5～6 米	5米左右	10米
栽培高度	500～2000米	500米以下	200米以下
适合温度	不耐低温、高温	耐高温	耐低温、高温
适合雨量	不耐多雨、少雨	耐多雨	耐多雨、少雨
耐腐性	弱	强	强
抗虫霜能力	弱	强	强
结果期	3年内	3年	5年
占世界产量	70%～80%	20%～30%	稀少
栽培地区	中南美洲，东非，亚洲	印尼，越南，西非	西非

成熟的咖啡果呈深红色，顾又有"红樱桃"之称。摘下咖啡果将其外皮除掉后，会露出里面黄色的果肉。果肉味道微甜，在中心有一对种子呈对称分布。把果肉晒干后便会看到内果皮。剥掉内果皮后就会看到裹着银皮的种子，这就是生豆，见图15-2。

图 15-1　咖啡果实的外形

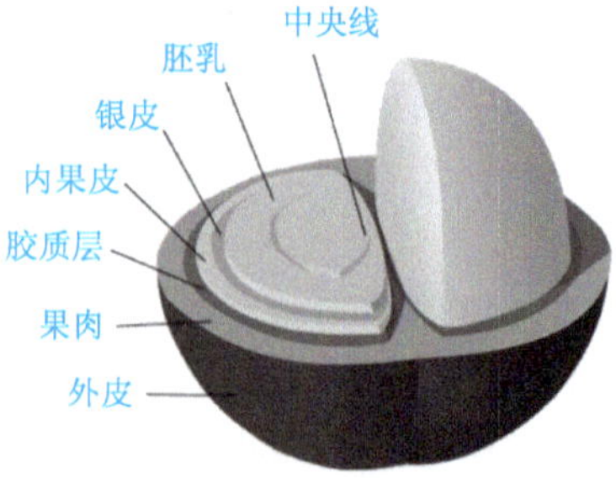

图 15-2　咖啡果内部构成

埃塞俄比亚原产的阿拉比卡类占全产量的70% ～ 80%。它的风味与香气，使它成为原生种中唯一可以直接饮用的咖啡。从17世纪初期开始传播，从现在的沙特阿拉伯移植到印度，从此以后扩展到现在的生产国。世界闻名的“巴西咖啡”“哥伦比亚咖啡”等品牌都是采用阿拉比卡类咖啡豆生产出来的。

二、咖啡豆的种类

（一）阿拉比卡咖啡（Coffee Arabica）

1. 阿拉比卡种简介

阿拉比卡种（学名Coffee Arabica）原产地是衣索比亚（即埃塞俄比亚）的阿比西尼亚高原（即现在的埃塞俄比亚高原），初期主要用做药物来食用，13世纪培养出烘焙饮用的习惯，16世纪经过阿拉伯世界传入欧洲，进一步成为全世界人们共同喜爱的饮料。

全世界的咖啡豆中，阿拉比卡种的咖啡占75% ～ 80%，它绝佳的风味与香气，使其成为这些原生种中唯一能够直接、单独饮用的咖啡。但其对干燥、霜害、病虫害等，特别是对咖啡最大的天敌——叶锈病抵抗力较低，因而各生产国无不致力于改良品种。比如，过去斯里兰卡曾是远近闻名的咖啡生产国之一，19世纪末却因为叶锈病的肆虐，咖啡庄园无一幸免。此后，斯里兰卡转而发展红茶，并于印度同为红茶王国。

阿拉比卡种属较大的灌木，叶子呈椭圆形、深绿色，果实也是椭圆形，一般有两颗略微扁平的豆子，豆身小而浑圆，正面呈长椭圆形，中间裂纹窄而弯曲呈S形，豆子背面的圆弧形较平整，见图15-3。咖啡因含量为1% ～ 1.7%。

图 15-3　阿拉比卡种

阿拉比卡种咖啡树多生长在海拔900～2000米高度；较耐寒，适宜的生长温度为15～24℃；需较大的湿度，年降雨量不少于1500毫升。同时，对栽培技术和条件也有较高的要求。

阿拉比卡种咖啡豆主要产地为南美洲（阿根廷及巴西部分区域除外）、中美洲各国、非洲（肯尼亚、衣索比卡等地，主要是东非）、亚洲（包括也门、印度、巴布亚新几内亚的部分区域），我国的云南、海南、台湾地区也有种植。

2. 阿拉比卡咖啡豆的风味特色

阿拉比卡咖啡拥有多变而宽广的潜在风味。不同地区、不同海拔高度、不同气候产地生产的阿拉比卡咖啡通常具有各自的特色，未经烘焙时闻起来是如同青草般的清香气味，经过适当的烘焙后，展现出果香（中浅焙）与焦糖甜香（深烘焙）。

（二）罗布斯塔咖啡（Coffee Robusta）

1. 罗布斯塔种简介

罗布斯塔种（学名Coffee Robusta）是在非洲刚果发现的耐叶锈病品种，和阿拉比卡种相比有更强的抗病力，见图15-4。人们大都喜欢将罗布斯塔种和阿拉比卡种咖啡豆相提并论，事实上罗布斯塔种原是刚果种（学名：Coffee Canephora）的突变品种，因此，该和阿拉比卡相提并论的应该是刚果种。然而时至今日，罗布斯塔种已为一般人常用，把它视为刚果种的同一种类而不知其其实是刚果种的变异种类。

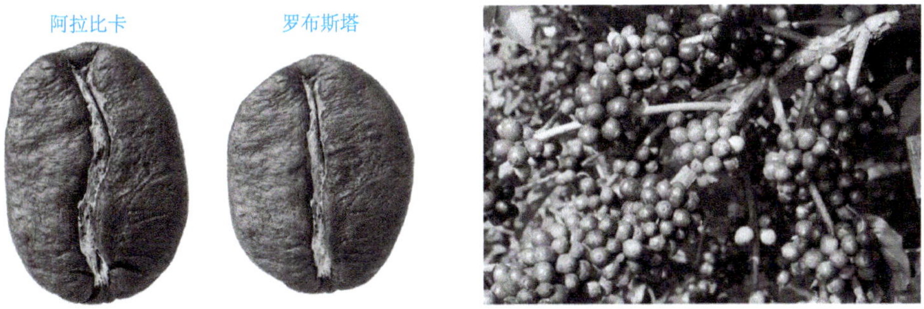

图15-4 罗布斯塔种及其与阿拉比卡咖啡豆对比

阿拉比卡种咖啡豆生长在热带地方较冷的高海拔地区，那些不适合阿拉比卡种生长的高温低海拔地带，便是罗布斯塔种的天地了。罗布斯塔多种植在海拔200～600米的低地，喜欢温暖的气候，要求温度是24～29℃，对降雨量的要求并不高，但是，该品种要靠昆虫或风力传授花粉，所以，咖啡从授粉到结果要9～11个月时间，相对阿拉比卡种要长。

2. 风味特色

罗布斯塔咖啡俗称粗壮豆，通常风味较为平凡、呆板，不同地区与不同气候产生的风味差异并不太大，未经烘焙时闻起来如同生花生般的气味，烘焙后的味道通常介于麦仔茶味（中浅烘焙）与橡胶轮胎味（深烘焙），难以展现细致的风味。

罗布斯塔种具有独特的香味（被称为“罗布味”，有些人认为是霉臭味）与苦味，如果取2%～3%的比例混合到其他咖啡里，那整杯咖啡都成了罗布味，因此，罗布斯塔种咖啡豆是不可以作为单品咖啡豆饮用的。它的风味是如此鲜明强烈，若想直接品尝它，恐怕得先有心理准备。一般情况，罗布斯塔咖啡被用于即溶咖啡（其萃取出的咖啡液大约是阿拉比卡种的两倍）、罐装咖啡、液体咖啡等工业生产咖啡上。其咖啡因的含量大约为3.2%，远高于阿拉比卡种。

（三）利比里亚咖啡（Coffee Liberica）

1. 利比里亚种简介

西部非洲为利比里亚种（学名Coffee Liberica）咖啡的原产地。其广植于热带低海拔地区，常绿乔木，高达10米左右，枝条扩展。叶厚革质，大型，椭圆形，倒卵状椭圆形。花白色，结果少，一般一节只有3～6个。果实大，成熟时淡红色，果皮和果肉硬而厚，见图15-5。对于高温或低温、潮湿或干燥等各种环境，皆有很强的适应能力，唯独不耐叶锈病，因此只在西非部分国家（利比亚、科特迪瓦等）国内交易买卖或栽种来供研究使用。在我国海南岛有少量栽培。

图15-5　利比里亚种

2. 风味特色

利比里亚种咖啡主根粗长，耐旱、抗风、抗寒力较强，但抗病力弱，最易感染叶锈病。产品味浓而热，刺激性大，质量也较差且风味又较阿拉比卡种差。

三、咖啡豆的采摘

咖啡树一般3～4年才会开花，在每年2～3月，外观和气味与茉莉花相似，开花时紧生于树枝呈簇状，花期3～5天。花开后，便结出绿色小果，几个月后成熟变红成为可采摘的熟果，见图15-6。

图15-6　咖啡树开花结果

成熟的果实外皮呈红色，由于形状和颜色与樱桃相似，很多地方称成熟咖啡果实为咖啡樱桃（Coffee Cherry）。在鲜红的外果皮下，是果皮、果肉及一种甜甜的黏黄物质包住咖啡豆。

正常情况下，每颗果实有两粒咖啡豆，扁平面相对。也有咖啡树有时会长出一些较小果实，里面只有一粒咖啡豆，这种单粒咖啡豆有不同的名称——圆豆（Peaberry）、单豆或宝拉

(Perla),它没有扁平的面,几乎成圆形,见图15-7。由于其量非常少,且必须特别地挑选、搜集在一起,因此价格比普通咖啡豆高出很多。很多人觉得圆豆的味道特别好,因其圆形的豆形能将咖啡的原味紧密包于豆中,味道极为浓烈,被视为咖啡豆中的极品。

图15-7 单粒咖啡豆

大多数阿拉比卡咖啡豆的成熟期是6～8月,罗巴斯塔咖啡豆是9～10月。因此,虽然在一些干湿季不明显的国家,如哥伦比亚、肯尼亚,一年有两次花期,即有大小两次收成,但严格意义上说一年只有一次。

由于地区不同,咖啡的收获时期也各不相同。赤道以北(如埃塞俄比亚和中美洲)的地区一般在9～11月收获一次。赤道以南,如巴西和津巴布韦地区,尽管收获期能持续到8月,但主要的一次是在4月或5月。赤道地区的国家,如乌干达和哥伦比亚,全年都能收获,尤其是那些能善于利用各种不同海拔高度的种植园。因此,一年的多数时间都可能有新收的咖啡豆。

咖啡果实成熟要立即采收,而且由于同一株树上会出现不同成熟期的果实,采收就相当不容易。一般来说,从初期采收到完全采收要长达4～5个月。如果将成熟与未成熟果实同时采收,会降低咖啡的品质。因此,品质好的咖啡都是以手工方式一颗一颗摘取,以保持最完美的咖啡味道。

咖啡豆的采摘一般有4种方法,即人工采摘法、机器采摘法、搓枝法以及摇树法。

1. 人工采摘法

由于所有的果实不会一次成熟,树枝上通常会同时有红色与青色的果实。人工采收时,只摘取艳红成熟的果实,因而果实质量好,但劳动量较大,采摘成本高,一般只运用于阿拉比卡种,尤其是水洗处理的阿拉比卡种咖啡豆。

2. 机器采摘法

机器采摘法又称成片采摘,是无选择的采摘。利用自动化的机器采收咖啡果实,会采收到树枝与树叶等杂物,而且成熟与未成熟的果实也会统统采下,因此不能保证好的品质。

3. 搓枝法

搓枝法是采收人员在腰间佩戴一个篮子,将树枝拉直,用手指沿着树枝由下往上搓,使得整根树枝上的果实全部掉落在篮子里(图15-8)。同时,成熟与未成熟的果实也会一并采收,对品质有负面影响。

图 15-8　搓枝法采摘咖啡豆

4. 摇树法

摇树法就是采收人员用力摇动树干，果实掉落地面，人工捡拾起来的方法。这种方法不一定能正确收到刚好成熟的果实，通常会将过熟且已显干枯的果实也一起采收。

四、生咖啡豆的加工

咖啡除了栽种、采收费时外，要坚持高品质的加工方法，过程亦非常繁琐。咖啡浆果必须在采摘后立刻加工处理，以防止果肉发酵和腐烂。咖啡豆的加工方式有两种，分别是水洗法（湿法， Wet Method）和干燥法（Dry or Unwashed Method）。

1. 水洗法

水洗法是目前最流行也是应用最广泛的生豆处理法，大多数的精品咖啡豆都会选择水洗法（图 15-9）。在南美洲，除了巴西之外的所有国家都会选择水洗法来处理生豆。

图 15-9　水洗法

水洗法是所有处理方法中科技含量最高的一种处理方法，通过多重的筛选来保证咖啡豆品质的均一稳定。首先依然要将豆子放入水槽内，然后去掉浮起的豆子，将沉入槽底的豆子放入果肉剔除机内。果肉剔除机不但可以剔除掉果肉，更重要的是它巧妙地利用了压力来将未成熟的豆子彻底地过滤掉。然后会将豆子放入发酵槽内进行最重要的水洗发酵处理。水洗发酵的目的是去掉豆子上的果胶，需要 16 ～ 32 个小时的发酵时间。在发酵过程中还会产生许多酸性物质，适当的醋酸不仅可以让咖啡豆更加不易发霉，还会增加咖啡的风味。但是发酵过度的豆子也会被染上酸涩味，从而变成劣质的咖啡。

水洗法的咖啡豆含水率一般在16%左右，豆子的品相较好，而且相对的杂味较少，口感清澈，果酸味明亮。

2. 干燥法

干燥法又称“天然法”。将咖啡浆果平铺在太阳底下干燥，用自然阳光来干燥咖啡的果实和生豆，因此也得名“自然干燥法”（图15-10）。由于过程中使用人工和自然的处理方法，所以日晒干燥法的豆子在外观上看来较不整齐，卖相较不讨好。处理方法是在种植园中，每公顷地面上平铺50平方米的咖啡浆果，将咖啡樱桃广布在曝晒场上两个星期，每天用耙扫过几次，使咖啡豆可以干得比较均匀，或者将果实放在特殊的干燥器中进行干燥。当晒干之后，咖啡豆会与外皮分开，以脱壳机将干掉的果肉和果皮去除，然后经过筛选并分成不同的等级。最后按照咖啡豆的形状大小筛选出类似的豆子，包装上市。最后的筛选过程中，圆豆（Perla/Caracolito）会被筛选出来，单独销售。

图15-10 干燥法

水洗式或干燥式都能生产出最优质的咖啡。水洗式咖啡一般来讲会有比较鲜明的酸度和一致的风味；干燥式咖啡的酸度则比较低，风味也比较多变化。哥伦比亚、肯亚、哥斯达黎加、瓜地马拉、墨西哥和夏威夷等地都用水洗式的方法。而巴西和印度尼西亚生产的咖啡大部分都是用干燥式处理法，但是也有生产一些水洗式的咖啡。

日晒法的豆子有完整的自然醇味，温柔的香气与较多的胶质；水洗法则有不错的醇味，高度的香气和活泼的酸味。醇味是浓缩咖啡的重要条件，会产生如酒般浓烈的香醇与滑润的感觉，浓缩咖啡的爱好者可以加重日晒法豆子的分量；水洗法的豆子干净如清澈的风铃，因较少杂味。另外水洗豆有不错的酸味，是浓缩咖啡里甜味的主要来源。

五、咖啡豆的成分与特性

1. 咖啡因

咖啡因是咖啡所有成分中最引人注目的。它属于植物黄质（动物肌肉成分）的一种，性质和可可内含的可可碱、绿茶内含的茶碱相同，烘焙后减少的百分比极微小，咖啡因的作用极为广泛，会影响人体脑部、心脏、血管、胃肠、肌肉及肾脏等各部位，适量的咖啡因会刺激大脑皮层，促进感觉判断、记忆、感情活动，让心肌机能变得较活泼，血管扩张血液循环增强，并提高新陈代谢机能，咖啡因也可减轻肌肉疲劳，促进消化液分泌。

咖啡因也会促进肾脏机能，帮助排出体内多余的钠离子（阻碍水分子代谢的化学成分），而且在利尿作用提高下，咖啡因不会像其他麻醉性、兴奋性物(麻醉药品、油漆溶剂、兴奋剂之类)积在体内，约在两个小时之后，便会被排泄掉。咖啡风味中的最大特质——苦味，就是咖啡因所造成的。

2. 丹宁酸

经提炼后，丹宁酸会变成淡黄色的粉末，很容易融入水，经煮沸它会分解而产生焦棓酸，使咖啡味道变差，而如果冲泡好又放上好几个小时，咖啡颜色会变得比刚泡好时浓，而且也较不够味，所以才会有“冲泡好最好尽快喝完”的说法。

3. 脂肪

咖啡内含的脂肪，在风味上占极为重要的角色，分析发现咖啡内含的脂肪分为好多种，而其中最主要的是酸性脂肪和挥发性脂肪。酸性脂肪是指脂肪中含有酸，其强弱会因咖啡种类不同而异；挥发性脂肪是咖啡香气主要来源。烘焙过的咖啡豆内所含的脂肪一旦接触到空气，会发生化学变化，味道会变差。

4. 蛋白质

卡路里的主要来源是蛋白质，而像是滴落式冲泡出来的咖啡，蛋白质多半不会溶出来，所以咖啡喝再多摄取到的营养也是有限，基于此咖啡便成为减肥者的圣品。

5. 糖分

在不加糖的情况下，除了会感受到咖啡因的苦味、丹宁酸的酸味，还会感受到甜味，这便是咖啡本身所含的糖分所造成的。烘焙后糖分大部分会转为焦糖，为咖啡带来独特的褐色。

6. 矿物质

咖啡中所含矿物质有石灰、铁、硫磺、碳酸钠、磷、氯、硅等，所占的比例极少，对咖啡风味的影响并不大，综合起来只是添加稍许涩味。

7. 粗纤维

生豆的纤维质烘焙后会炭化，这种炭质和糖分的焦糖化互相结合，形成咖啡的色调，但化为粉末的纤维质会带给咖啡风味上相当程度的影响。因此，并不鼓励购买粉状咖啡豆，因为这样无法尝到咖啡的风味。

8. 咖啡的香苦酸醇

咖啡的颜色、香气、味道是通过烘焙过程中发生的一系列复杂的化学变化造成的。所以生豆必须经过适当的化学程序，让它的必要成分达到最均衡的状态，才能算得上是最好的烘焙豆。咖啡香味会随热度起变化，所以烘焙时间宜尽量缩短，而且热度控制在可让咖啡豆产生有效化学构成的最低限温度，亦即得以最短过程的时间和热度，让咖啡豆产生最适合的成分比。

9. 香味

香味是咖啡品质的生命，也最能表现咖啡生产过程和烘焙技术。其中，生产地的气候、海拔、品种、精制处理、收成、储藏、消费国的烘焙技术是否适当等，是左右咖啡豆香味的条件。咖啡的香味经色谱法气体分析结果，证明是由酸、醇、乙醛、酮、酯、硫黄化合物、苯酚、氮化合物等数百种挥发成分复合而成。

大致上说，脂肪、蛋白质、糖类是香气的重要来源，而脂质成分则会和咖啡的酸苦调和，形成滑润的味道。因此香味的消失正意味着品质变差，香气和品质的关系极为密切。

第二节 咖啡豆的烘烤与研磨

一、咖啡豆的烘焙

（一）咖啡烘焙的定义

将咖啡味道及香气发挥到极致的就是烘焙。只有经过烘焙、研磨、冲泡等程序，才会产生真正的咖啡味道。一般来说，烘焙对咖啡的影响比产地与品种对其影响更大，可以说它左右着咖啡的味道。

生咖啡豆，也被称为“青豌豆”，颜色呈浅绿色。但是烘焙后，会带有褐色，这是因为氨基酸、绿原酸及含糖物质等成分发生了化学变化。在烘焙过程中纤维素等物质会被不同程度地炭化，水分和二氧化碳会挥发掉，蛋白质会转化成酶和脂肪，剩余物质会结合在一起，在咖啡豆表面形成油膜层，并在此过程中生成咖啡的酸、苦、甘等多种味道，形成醇度和色调，将生豆转化为深褐色豆。

由于烘焙过程中温度、热量等各种微小的变化便可改变豆子的味道，不同的豆子又具有不同的特点。因此，烘焙必须准确预算烘焙过程并适时调整。咖啡的涩度、浓度及香味因烘焙方法不同而不同。烘焙程度越深，涩度、浓度及香味越深。

（二）咖啡烘焙的流程

在咖啡的处理过程中，烘焙是最难的一个环节，它是一种科学技术，也是一种艺术。在欧美国家里，有经验的烘焙师傅极受尊重。烘焙大致分为三个阶段。

第一阶段：烘干

在烘焙的初期，生豆开始吸热，内部的水分逐渐蒸发。颜色渐渐由绿色转为黄色或浅褐色，银膜开始脱落，可闻到淡淡的草香味道。

第二阶段：高温分解

烘焙温度达到 160℃左右，豆内的水分会蒸发为气体。生豆内部由吸热转为放热，出现第一次爆裂声。在爆裂声之后，又会转为吸热，咖啡豆内部产生极高压力，可达 25 个大气压力。高温与压力开始解构原有的组织，形成新的化合物，造就咖啡的口感与味道；到 190℃左右，吸热与放热的转换再度发生。咖啡豆由褐色转成深褐色，渐渐进入重烘焙的阶段。

第三阶段：冷却

咖啡在烘焙之后，一定要立即冷却，迅速停止高温裂解作用，将风味锁住。否则，豆内的高温将会烧掉芳香的物质。

冷却的方法有两种：一为气冷式，一为水冷式。气冷式需要大量的冷空气，在 3 ～ 5 分钟之内迅速为咖啡豆降温。水冷式速度虽慢，但干净而不污染，较能保留咖啡的香醇，为精选咖啡业者所采用。

（三）烘焙工具

近年来兴起小量烘焙咖啡豆的热潮，市面上出现了不少家用烘焙机，自己烘焙咖啡豆变成相当简单的事。目前的家用烘焙器大致上可以分为3类：直火式、热风式与滚筒式。虽然，这些都不是很精密的专业机型，但只要操作得当，所烘焙出来的咖啡豆依然香醇。

1. 直火式：陶瓷烘焙器或平底锅

直火式的器具最简单，可以是平底锅，或是日本制的长柄陶瓷烘焙器，见图15-11。陶瓷烘焙器成封闭式，有焖煮的效果，能烘焙出滋味鲜美且口感复杂的咖啡；它的口味最自然，而且厚实。现在，在日本以外的地区，也常可以买到这种陶瓷烘焙器。平底锅效果不佳，因此不建议使用这种器具。陶瓷烘焙器的烘焙方法很简单，首先将生豆放入锅里，然后手持长柄在瓦斯炉上不断地摇晃。烘焙者可以自己控制火力的大小，掌握烘焙时间。

这种工具的缺点是没有热风吹掉银膜与碎屑，较容易有杂味；此外，它也没有冷却功能，烘焙后得将豆子倒入篮子里，自己用扇子或电扇来冷却，比较麻烦。

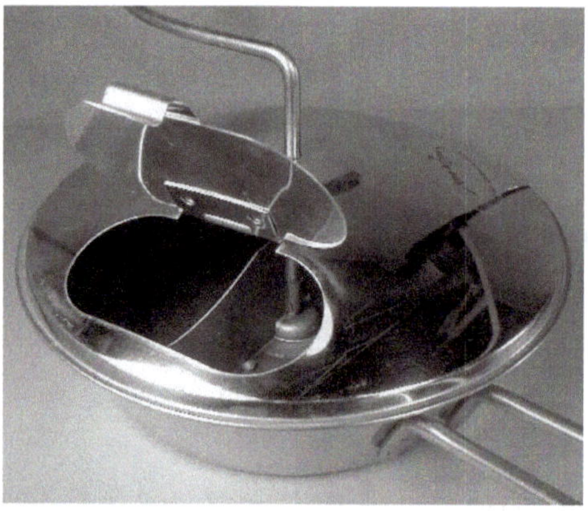

图15-11　直火式器具

2. 热风式：热风式爆米花机或热风式家用烘焙机

热风式爆米花机本来是爆米花用的，随后有人用来烘焙咖啡豆，且效果尚佳，曾经风靡一时。它的缺点是：没有收集碎屑的功能，热风吹得碎屑膜到处飞扬，事后需费功夫清理；而且加热速度太快，4～5分钟便可听到第一次爆裂声，水分没有完全蒸发，口感不够饱满，略微偏酸。爆米花机一次可以烘焙100克的生豆，不足或超出太多便无法烘焙。它没有自动停机的功能，使用时要在一旁照看，否则可能会烧掉整锅豆子。

在咖啡风气较盛的地区，在咖啡专卖店或网站上都可以买到这些机器。使用时，只要放入生豆，设定烘焙度，按下启动钮即可，从烘焙到冷却均自动完成。

热风式家用烘焙机都有收集碎屑及冷却的功能，能产生干净的烘焙豆，见图15-12。理想的烘焙度设定应该是能判断温度，然后自动停止烘焙。不过，这些机器的烘焙度设定功能只是一个计时器而已，时间到了，便自动切换到冷却阶段。由于冬天与夏天的气温相差很多，烘焙咖啡所需的时间也不同，设定烘焙刻度时可能会相差一个刻度以上。

3. 滚筒式

传统的烘焙机都是滚筒式，由火源烘烤不停转动的滚筒，见图15-13。这种烘焙方式具有焖烧的特性，会使咖啡豆风味较老成，口感较饱满，与陶锅的效果相似。目前，市面上已有Swissmar公司所制造出品的AIpenrost机种，属于家用的滚筒式烘焙机。它一次可以烘焙半磅的咖啡豆，一次的烘焙时间(含冷却与出豆)需21～25分钟，烘焙度越深，所需的时间越长。

图15-12　热风式器具

图15-13　滚筒式器具

使用时，只要放入生豆，设定烘焙度，按下启动钮即可，从烘焙到冷却均自动完成。该机所建议的烘焙度都是以半磅生豆为基准，若烘焙量小于半磅，烘焙所需的实际时间较短，这时就需要人为介入，在到达所要的烘焙度时，按下"冷却"钮，否则会烧坏一锅豆子；若烘焙量超过半磅，则可能发生不熟的情形。此外，它的加温速度较慢，13～15分钟才会听到第一次爆裂声，因此有足够的时间蒸发水分，然后才进入高温裂解阶段，使得咖啡豆的内外均可熟透，形成较丰厚的质感。所以，大部分的烘焙师都认为它比较接近商用的专业烘焙机，因此，Alpenrost在北美有不错的销路。

这种机器的烘焙度设定功能也只是一个计时器而已，时间到了便会自动切换到冷却阶段。由于冬天与夏天的气温相差很多，烘焙咖啡所需的时间也不同，在设定烘焙刻度时可能会相差一个刻度以上。

在冬天，加热的速度太慢，这种机器无法使半磅的生豆达到Espresso的烘焙度。因此，若想要有重烘焙的咖啡豆，应适度减量。另外，它的碎屑收集功能只是底部的一个小盘子，让碎屑与银膜自动掉落到盘子里，并没有热风吹赶碎屑，因此，若烘焙豆的碎屑很多，建议用铁网筛除碎屑，否则会产生较多的杂味；其次，内部的死角较多，焖烧的烟雾容易留下油污，事后的清洁工作很费时间。

(四)烘焙程度及特征

所谓"烘焙"是指生咖啡豆用火烤，并非把咖啡豆烤焦。在咖啡中有适合浅度烘焙的咖啡豆，也有适合深度烘焙的咖啡豆。选择何种烘焙程度，要看咖啡豆本身的特性，对于本身苦味较强和酸味较淡的咖啡豆，一般都是选用中度较浅的烘焙程度。要发挥出每种咖啡豆本身具有的味道，懂得烘焙程度是很必要的。

测量烘焙程度的标准一般是烘焙表，被广泛采用的是美国式的烘焙方式。烘焙的程度依次是：极浅烘焙、肉桂烘焙、中度烘焙、中高度烘焙、城市烘焙、全城市烘焙、法式烘焙、意式烘焙等，共8个阶段，见表15-2。从烘焙程度来看，烘焙程度越深，苦味越浓；烘焙程度越浅，酸味就越浓。

咖啡豆烘焙的8个阶段和味道的特征　　表15-2

浅度烘焙	苦味弱、酸味强		极浅烘焙(Llght Roast) 最轻度的煎培,无香味及浓度可言,豆还未熟,有生豆的青味,不适合研磨饮用。用于专家做检测,一般不饮用而用作试验
			肉桂烘焙(Cinnamon Roast) 一般通俗的煎培程度,酸味纯正。豆子颜色与肉桂相当接近,所以又称为肉桂烘焙,酸味加重。为美国西部人士所喜好。适合做黑咖啡
中度烘焙	苦味、酸味平衡		中度烘焙(Medium Roast) 颜色加深,容易提取出咖啡豆的原味,香醇。有强烈酸味、苦味。主要用于混合咖啡
			中高度烘焙(High Roast) 咖啡的味道更浓,酸味、苦味开始平衡,这是一般咖啡豆的烘焙方法,也是最好喝的烘焙程度。日本和北欧人士比较喜爱此程度的咖啡
			城市烘焙(City Roast) 较深的中度烘焙。苦味较酸味为浓,几乎没有酸味,味道丰富,香味独特。适合哥伦比亚及巴西的咖啡,由于在纽约受到欢迎,因此被命名为"城市烘焙"
深度烘焙	苦味强、酸味弱		全城市烘焙(Full-city Roast) 正常的烘焙。无酸味,以苦味为主,苦味会加重,但优质的豆会有甜味。渗出薄薄的油迹,特征是具有很深的纯度和苦味,适合冲泡冰咖啡。为中南美人士所喜好
			法式烘焙(French Roast) 接近黑色,表明泛油,苦味和浓度都加深。适合做成用于蒸气加压器煮的咖啡和牛奶咖啡
		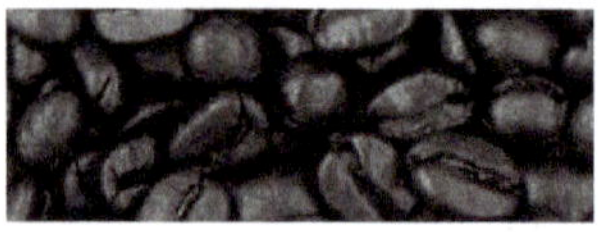	意式烘焙(Italian Roast) 最深的烘焙程度,豆子乌黑透亮,表面有油脂渗出,无酸味,苦味很强烈。这个阶段咖啡豆已经很严重的炭化了,一种咖啡豆与另一种咖啡豆的口味已经很难辨出。适合做成意大利式蒸气加压浓缩咖啡

二、咖啡的研磨

(一)咖啡研磨过程

将烘焙后的咖啡豆粉碎成粉的作业叫研磨。研磨咖啡最理想的时间,是在烹煮之前。因为磨成粉的咖啡容易氧化散失香味,尤其在没有妥善适当的储存时,咖啡粉很容易变味,自然无法烹煮出香醇的咖啡。研磨豆子时，粉末的粗细要视烹煮的方式而定。一般而言，烹煮的时间越短，研磨的粉末就要越细；烹煮的时间越长，研磨的粉末就要越粗。以实际烹煮的方式来说，Espresso机器制作咖啡所需的时间很短，因此磨粉最细，咖啡粉细得像面粉一般；用塞风方式（法式壶）烹煮咖啡，大约需要一分多钟，咖啡粉属中等粗细的研磨；美式滤滴咖啡制作时间长，因此咖啡粉的研磨是最粗的。

研磨粗细适当的咖啡粉末，对想做一杯好咖啡是十分重要的，因为咖啡粉中水溶性物质的萃取有它理想的时间，如果粉末很细，又烹煮长久，造成过度萃取，则咖啡可能非常浓苦而失去芳香；反之，若是粉末很粗而且又烹煮太快，导致萃取不足，那么咖啡就会淡而无味，因为来不及把粉末中水溶性的物质溶解出来。

（二）研磨的原则

一般而言，好的研磨方法应包含以下4个基本原则：

（1）应选择适合冲煮方法的研磨度。

（2）研磨时所产生的温度要低。

（3）研磨后的粉粒要均匀。

（4）冲煮之前才研磨。

不管使用什么样的研磨机，在运作时一定会摩擦生热。优良物质大多具有高度挥发性，研磨的热度会增加挥发的速度，使咖啡的香醇散失于空气中。咖啡豆在研磨之后，细胞壁会完全崩解，这时与空气接触的面积会增加很多，氧化与变质的速度变快，咖啡在30秒到2分钟之内就会丧失风味。因此，建议不要买咖啡粉，最好买咖啡豆，在喝前才研磨，磨好则应赶快冲泡。

在磨豆机发明之前，人类使用石制的杵和钵研磨咖啡豆。曾经实验这种古老的工具，并与现代化的磨豆机做比较，得出的结论是捣杵和石钵所磨出的咖啡粉，最能泡出香醇风味。因为捣杵以撞击方式使咖啡豆自然裂开，应该不会破坏细胞壁，留住咖啡的优良物质。可是，在现代化的生活里，使用捣杵和石钵来研磨咖啡豆已经是不可能的了，因此，选择优良的磨豆机就显得格外重要。

（三）研磨的方法

咖啡豆的研磨方法根据其大小可以分为粗研磨、中研磨与细研磨三种，见图15-14。依咖啡器具不同而使用合适的研磨方法。另外，还有中细研磨或比细研磨更细的极细研磨（成粉状咖啡粉）。

（1）细度研磨（Fine Grind）：颗粒细，像细砂糖一样大小。一般家庭咖啡研磨机都可以达到的程度。适合水滴咖啡。

（2）中度研磨（Medium Grind）：颗粒介于细砂糖和粗砂糖之间。出售的研磨咖啡豆大多以此为标准研磨。适合滴滤法和虹吸壶。

（3）粗度研磨（Course Grind）：颗粒粗，像粗白砂糖一样大小。它是最粗的一种研磨方法。适合过滤器来萃取咖啡。

a)细度　　b)中度　　c)粗度

图15-14　三种研磨方法

（四）咖啡研磨器具

磨豆机有各种不同的品牌与型号，能够调整磨豆粗细的研磨机是比较理想的。用磨豆机研磨时，不要一次磨太多，够一次使用的分量就好了。因为磨豆机一次使用越久，越容易发热，间接使咖啡豆被加热而导致芳香流失，从而影响咖啡的香味。

1. 螺旋桨式磨豆机

这种磨豆机是利用电动机带动螺旋桨式的刀片，将咖啡豆削成粉，见图15-15。咖啡豆被砍得支离破碎，风味会流失很多。因此，这种螺旋桨式磨豆机在商业上并不常用。不过，因为其价格便宜，且体积很小，不占空间，一些家庭与办公室还是会经常使用。这种磨豆机相较于其他磨豆机来说，转速最快，与咖啡豆高速摩擦之后，容易形成高温。然而，芳香物质的沸点都很低，因此，咖啡的香醇会流失在研磨过程的高温中，从而让咖啡失色。另外，研磨不均是这个类型研磨机的又一缺点。研磨形成的粉粒不是过粗，就是过细（过细的咖啡粉将会产生苦味），难以均匀。尤其在大量研磨时，经常浮在上层的豆子，容易产生过粗的咖啡粒。这样往往会形成一个随机的分布，过细与过粗的粉粒所占的比例都很高。因此研磨时应采用小量研磨，并且要手持磨豆机，用拇指扣住上面的盖子上下摇晃，这样才能使刀片均匀地削到咖啡粒。

图15-15　螺旋桨式磨豆机

2. 手摇式磨豆机

100多年来，手摇式磨豆机的设计几乎没有什么改变，古典而雅致的造型大行其道。这种磨豆机需要用手旋转摇杆，转动内部铁制的磨刀，将咖啡豆压裂成细粉状，掉落在下面的盒子里，见图15-16。严格来说，内部的磨刀不是刀，因为它没有锋利的刀锋或锯齿，而是一块有角度的锥形磨铁。它以辗压的方式将咖啡豆磨碎，这种方法类似古代的研钵和捣杵，也最能留住咖啡的香醇。

但是研磨时体力辛苦，而且速度不快是手摇式的缺点。不过它能研磨出颗粒均匀的咖啡粉，不易破坏咖啡的美味。除此之外，手摇式磨豆机所造成的声响最小，因此一直是冲泡咖啡者的最爱。

图 15-16　手摇式磨豆机

3. 锯齿式磨豆机

锯齿式磨豆机(图 15-17)能迅速而稳定地磨出均匀的咖啡粉，只是价格较高。这种磨豆机的操作方法相当简单。一般而言，它有两个设定功能，一是研磨度设定，二是研磨时间设定。研磨度大多以阿拉伯数字表示，数字越小表示研磨越细。有些则更加清楚地标示各种冲泡方法的研磨范围。例如：Filter、Espresso 等。Filter 的范围适合滴滤式与滤泡式的冲泡方法；Espresso 则适合浓缩咖啡。说明书上也会详细说明各种研磨度的适用情形。只要遵照说明书上的导引，就能轻松使用。

图 15-17　锯齿式磨豆机

这种磨豆机上面有一个漏斗形的容箱，盛装尚未研磨的豆子。时间设定越久，将有越多豆子落入研磨机里，自然能磨出越多的咖啡粉。由于容箱的保鲜效果并不好，建议尽可能量好一次的饮用量，并且一次磨完喝掉。其他豆子则可以保存在真空罐或者保鲜袋里，待下次再拿出来研磨。

第三节 咖啡豆的品鉴

一、咖啡豆的规格与等级

咖啡豆的品质分级并没有一个国际通行的标准，不同的国家根据不同的等级系统对咖啡豆进行分等。各国家之间的不同分级和术语表述不同，所以咖啡质量的标准仅和该国生产的咖啡种类相关，如果不熟悉一个国家原始的分类标准，了解咖啡的真正质量是很难的。一般根据咖啡豆的大小、生产地的高度、瑕疵豆的点数等进行综合评价，从而对咖啡豆进行分级。至少每个国家之间还有一个固定统一的参考：都以标准化的筛子来决定咖啡豆的大小（表15-3），所以购买者不必从生产者的角度来看咖啡豆。

以咖啡豆的大小作为标准的各国分级表　表15-3

国　家	咖啡豆大小	分级(Grade)
哥伦比亚	大于17厘米	特级
	14～16厘米	优级
坦桑尼亚	大于17厘米	AA
	15～16厘米	AB
肯尼亚	大于18厘米	AA
	15～17厘米	AB

筛网编号即生豆的大小。这种分级法是以各种有孔的筛网进行分级，筛网有各种孔格，编号与网孔是相关联的。网孔的大小以0.4厘米为计算单位，对生豆的大小进行测试。许多咖啡的生产国都采用这样方式，豆越大，评价越高。

瑕疵豆的点数标准是指评价生豆中含有的许多不纯物。一般以300克的生豆作为标准，计算出里面混杂的小石子、树枝等异物，还有一些长得不饱满的瑕疵豆的个数。

咖啡生产大国巴西对咖啡豆的分级非常复杂。除了生豆的大小和瑕疵豆的点数是考量因素外，还有分为6个阶段的口味测试（表15-4～表15-8）。

巴西咖啡豆的分级　表15-4

超大豆(Very Large Bean)	筛网编号20(8毫米)
特大豆(Extra Large Bean)	筛网编号19(7.6毫米)
大豆(Large Bean)	筛网编号18(7.2毫米)
粗豆(Bolad Bean)	筛网编号 17(6.8毫米)
好豆(Good Bean)	筛网编号 16(6.4毫米)
中豆(Medium Bean)	筛网编号15(6毫米)
圆豆(PB)	筛网编号 15 (5.6 毫米)

注：筛网的编号( )内的数值是以1/64英寸为0.4厘米来计算的。

杯测(味觉测试)　　表15-5

Strictly Soft(SS)	极醇/温和
Soft(s)	醇/温和
Softish(St)	柔和
Hard(H)	苦
Rio(R)	轻微碘味
Rioy(Rz)	浓烈碘味

瑕疵豆点数的分级　　表15-6

混　入　物	个　　数	点　　数
石子、木片、土(大)	1个	5点
石子、木片、土(中)	1个	2点
石子、木片、土(小)	1个	1点
黑豆	1个	1点
带壳豆	2个	1点
咖啡皮(大)	1个	1点
咖啡皮(小)	2～3个	1点
干果	1个	1点
发酵豆	2个	1点
虫蛀豆	2～3个	1点
干瘪豆	5个	1点
贝壳豆	3个	1点
瑕疵豆	5个	1点
发育不良豆	5个	1点

瑕疵豆点数为标准的评价对照表　　表15-7

NO. 2	4点以下
NO.3	12点以下
NO.4	26点以下
NO.5	46点以下
NO.6	86点以下
NO.7	120点以下
NO.8	280～360点

瑕疵豆与品质好的咖啡豆　　表15-8

种　　类		形成原因
贝壳豆		咖啡成长不全，营养、果酸欠佳，是咖啡豆中等级较低种类
腐烂豆		虫害或发酵处理不当等原因，导致咖啡豆为此，这样的咖啡豆若含量较高，会严重影响咖啡的风味，因为它更多体现出来的是怪味、腐烂味

续上表

种类		形成原因
未成熟的咖啡豆		一般因为采摘方式的原因，或者树顶的咖啡豆，会导致这样的情况，也应避免此类出现，主要会在咖啡中增加涩味，影响咖啡豆质量
残缺豆		在去皮、烘焙、运输时导致的现象，这样的咖啡豆，口感无大碍，但影响外观形状，消费者也比较排斥，因此一般咖啡公司会拿来生产成品咖啡粉，直接销售给顾客
颗粒肥壮、均匀、饱满的品质好的啡豆		—

如一款巴西咖啡的标示为“巴西　桑托斯　NO.2　SC19　SS”。这个标示可解读为：

（1）巴西——生产国名。

（2）桑托斯——输出港口。

（3）NO.2——瑕疵豆混入数量。NO.2 是最高等级。

（4）SC19—— 豆子的尺寸大小。SC19表示19号网筛。

（5）SS—— 杯测等级。 SS是极温和、极醇的最高等级。

此外，与巴西这样在平坦的高原上进行咖啡的栽培不同，大部分加勒比地区和中美洲国家主要是在山岳地带的斜坡进行咖啡种植。因此，在这些地方，咖啡生长速度缓慢。加之昼夜温差大，使得这些地方出产的咖啡豆密度较高，质地坚硬，从而更具醇厚芬芳。到收获咖啡果实时节时，只能采取手摘法。虽然费时费工，但却能生产出杂质较少的优质咖啡。这些地区咖啡主要以海拔为评定标准，见表15-9和表15-10。种植海拔越高，豆子越硬，价格就越高。

危地马拉咖啡豆的分级　　表15-9

名称	缩写	海拔(米)
极硬豆(Strictly Hard Bean)	SHB	1400以上
硬豆(Hard Bean)	HB	1200～1400
半硬豆(Semi Hard Bean)	SH	1100～1200
特优质水洗豆(Extra Prime Washed)	EPW	900～1100
优质水洗豆(Prime Washed)	PW	800～900
特良质水洗豆(Extra Good Washed)	EGW	600～800
良质水洗豆(Good Washed)	GW	600以下

牙买加咖啡豆的品质与分级　　表15-10

等级	海拔高度	筛网	瑕疵豆比例(300克中)
蓝山NO.1 (Blue Mountain NO. 1)	1000～2000米	S-17/18	最多2%
蓝山NO.2 (Blue Mountain NO. 2)		S-16/17	最多2%

续上表

等　级	海拔高度	筛　网	瑕疵豆比例(300克中)
蓝山NO.3 (Blue Mountain NO. 3)	1000～2000米	S-15/16	最多2%
蓝山精选 (Blue Mountain Triage)		S-15/18	最多4%
圆豆 (Blue Mountain P.B.)		S-10MS	最多2%
高山 (High Mountain)		S-17/18	最多2%
牙买加优质 (Jamaica Prime)		S-16/18	最多2%
牙买加精选 (Jamaica Select)		S-15/18	最多4%

二、精品咖啡

“光靠咖啡生产国的分级规格，无法正确评价咖啡的味道！”于是以味道评价为标准的新分级法逐步浮出水面。这就是“精品咖啡”(Specialty Coffee)最初概念。这个概念最早由人称“精品咖啡教母”的娥娜·努森女士[Erna Knustsen，美国精选咖啡协会SCAA——Specialty Coffee Association of America(15-18)终身贡献奖获得者及董事]于1974年率先在《茶与咖啡月刊》(Tea& Coffee Trade Journal)上提出，彰显“只有在最有利的微型气候与水土下，才能栽培出风味独特的精品咖啡”，旨在与纽约期货交易市场的大宗商用咖啡作区别；用以形容风味绝佳的高级咖啡豆，有别于注重营销不重视质量的商业咖啡。咖啡的品质是依据商品咖啡豆内质的芳香味、酸味、醇厚度、滋味、后味和平衡度等综合口感来确定的(图15-19)，美国咖啡精品协会(SCAA)目前通行的标准如下：

SPECIALTY COFFEE ASSOCIATION OF AMERICA

图15-18　美国精选咖啡协会

(1)是否具有丰富的干香气(Fragrance)。干香气是指咖啡烘焙后或者研磨后的香气。

(2)是否具有丰富的湿香气(Aroma)。湿香气是指咖啡萃取液的香气。

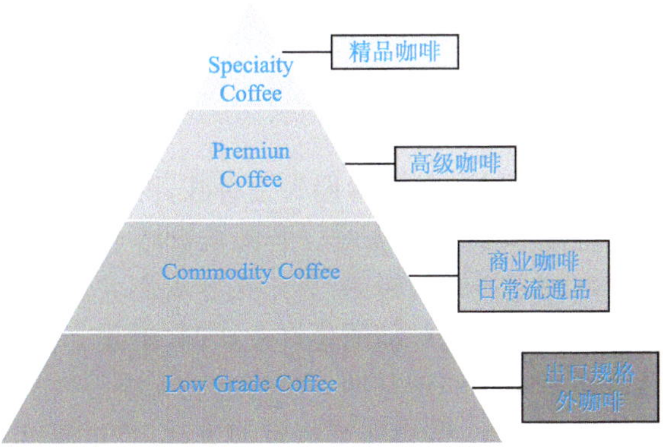

图15-19　咖啡质量等级

(3)是否具有丰富的酸度(Acidity)。酸度是指咖啡的酸味，丰富的酸味和糖分结合能够增加咖啡液的甘甜味。

(4)是否具有丰富的醇厚度(Body)。醇厚度是指咖啡液的浓度与重量感。

(5)是否具有丰富的余韵(Aftertaste)。余韵是指咖啡的余韵，根据喝下或者吐出后的风味如何作评价。

(6)是否具有丰富的滋味(Flavor)。滋味是指以上腭感受咖啡液的香气与味道，了解咖啡的滋味。

（7）味道是否平衡。是指咖啡各种味道之间的均衡度和结合度。

其实精品咖啡的观念不是努森创立的，它起源于100多年前的一种咖啡经营模式。19世纪与20世纪交替之际，一些懂咖啡的家传老店都在销售足以自豪的高级咖啡豆，老师傅在咖啡柜台后面自己烘焙豆子，然后立即从前面卖出去，因此顾客拿到的保证是新鲜的好咖啡，不过，由于工业革命的成功，人们从家庭走入工厂与办公室，生活步调变得紧张而繁忙，一切开始贪求便利与快速，再加上商业咖啡的宣传，这种精选咖啡被人渐渐遗落，直到20世纪70年代后，才被一群人心中唤起，并快速地升高市场占有率。

精品咖啡不是一个商标，也不是一个品种。即使是同一产地、同一农园里栽培出来的咖啡树，由于局部气候或各种条件不同，咖啡会产生不同的味道。不过，“非精品咖啡就不算是咖啡”这种极端的思想是不正确的。

第四节 咖啡豆的储存

焙制完成后，咖啡就可以用了。喝咖啡讲的是新鲜，而咖啡豆如果保存不当，则会加速其香气流失，从而影响咖啡的口味。与空气接触后，空气中的水分和氧气加速了氧化过程，使咖啡品质变差。因此咖啡豆的保存是个重点。尽快包装好很重要，以避免香气的损失和保持新鲜。

一、影响咖啡豆品质的因素

水是存储咖啡的大敌。咖啡油是水溶性的，它使咖啡更具风味，而潮湿的环境会腐坏咖啡油。

咖啡豆的另一个敌人是氧气，它可以氧化易挥发的气味。这就是为什么要在冲调咖啡之前才研磨咖啡豆的道理。当咖啡豆被研磨后，它的大部分表面就暴露在空气中。这意味着咖啡油开始蒸发，味道也将逐渐消失在稀薄的空气中。

不要把咖啡靠近其他具有强烈气味的物品（如茶）。因为咖啡会很快吸收其他气味，所以请把咖啡放在干净的密封容器中。

二、咖啡豆的储存方法

尚未烘焙或炒过的豆子越沉越好，咖啡豆一旦被烘焙，就会慢慢失去香味，两星期后香味就荡然无存。因此一次买少量即可，或买少量已经研磨好的咖啡。若邮购咖啡豆专卖店的咖啡，最好买未磨的豆子。新鲜的咖啡对储存环境是极端敏锐的，近年来专家们大力推荐采用铝箔的包装材质（不透光）搭配单向排气阀，为国内外大厂们所称许及认同，阻隔了氧气的侵入且能够排出二氧化碳，大幅度延长了品尝新鲜咖啡的蜜月期。烘焙过的咖啡豆，很容易受到空气中的氧气产生氧化作用，使得所含的油质劣化，芳香味亦挥发消失，再经过温度、湿度、日光等而加速变质。因此，咖啡豆的保存方法通常是要求密闭、低温和避光。

1. 适合存储咖啡的地方

咖啡应该存储在干燥、阴凉的地方，一定不要放在冰箱里，以免吸收湿气。咖啡豆和研磨咖啡可以冰冻，唯一需要注意的是，从冷冻柜中拿出咖啡时，需要避免冰冻的部分化开而使袋中咖啡受潮。美国人认为咖啡放在冰箱里比较好。不过时间不会超过1个月。他们从冷冻室取出要喝的咖啡豆分量，趁尚未解冻便开始研磨，煮来饮用。

2. 咖啡存储的包装

生豆的保存方法相对比较简单，只要将生豆放入较厚的纸袋或是密封罐里，存放在阳光不能直射的地方而且有良好的通风就可以了。

而烘焙过的咖啡豆或是研磨过的咖啡就需要更注意保存方式了。可以用玻璃罐、纸袋或塑料容器来包装豆子、粉末（图15-20）。这些是最普通的包装，所以保存性低，且因无时无刻不与空气接触，需尽快饮用，饮用期间为1周左右。

图15-20 玻璃罐存储咖啡豆

真空包装是市面上见到比较多的一种咖啡豆存储方式（图15-21）。罐、铝箔袋、胶袋在填充咖啡后，将容器内的空气抽出来达到保鲜的目的。虽名为真空，但事实上顶多去除了90%的空气，且咖啡粉的面积比咖啡豆的表面积大，即使是剩余的一点空气，也很容易地与粉末结合而影响风味。

图15-21 真空包装咖啡

当然，将由脱氧素、脱碳素所制成的吸着剂放入包装袋中，包装内的空气可被轻易地吸收，且咖啡所产生的碳酸气亦能被吸入。不过这样咖啡的香气也会被吸走，这是这种包装的缺点。

总之，咖啡最重要的就是新鲜。拆封的咖啡请于两周内喝完。如果有条件，最好是备有磨豆机，在冲煮咖啡前磨豆子，如果是在购买时请咖啡店代为磨粉，咖啡粉的保鲜时间会缩短，要尽快饮用。因为咖啡磨成粉增大了咖啡与空气的接触面积，香味与风味会更快地挥发。

第五节 咖啡的产地与世界著名咖啡

咖啡的生产地带（俗称为咖啡带）介于北纬25度到南纬30度，涵盖了中西非、中东南亚、太平洋、拉丁美洲、加勒比海的许多国家。咖啡的种植之所以集中在此一带状区域，主要是受到气温的限制。因为咖啡树很容易受到霜害，纬度偏北或偏南皆不合适，以热带地区为宜，此地区的热度和湿度为理想。目前世界重要的咖啡豆主要来自阿拉伯种咖啡，品质较好，价格亦较贵。

一、咖啡的知名产地

1. 中美洲及加勒比海

（1）墨西哥

墨西哥是中美洲主要的咖啡生产国，是世界上第四大咖啡生产地，年产咖啡约500万袋。其大部分咖啡是由近10万户的小耕农生产的，曾经操纵咖啡业的大庄园已不多见了。墨西哥咖啡每公顷产量为630千克左右。

这里的咖啡口感舒适，味道芳香。墨西哥最好的咖啡产地是该国南部的恰帕斯（Chiapas），这里种植的咖啡品种包括塔潘楚拉（Tapanchula）和维斯特拉（Huixtla）。瓦哈卡地区也出产上等咖啡豆，靠自然条件生长的普卢马科伊斯特派克（Pluma Coixtepec）咖啡豆是其中极品。瓦哈卡地区还出产阿尔图拉奥里萨巴（Altura Orizaba）咖啡和阿尔图拉瓦图斯科（Altura Huatusco）咖啡。阿尔图拉科阿塔帕克地区出产韦拉克鲁斯（Veracruz）咖啡。墨西哥最好的巨型咖啡豆是利基丹巴尔（Liquidambar MS）咖啡豆。

（2）牙买加

几乎所有人都知道牙买加（Jamaica）蓝山咖啡是世界上最贵的咖啡。1725年，尼古拉•分斯爵士（Sir Nicholas Lawes）将第一批蓝山咖啡树种从马提尼克岛（Martinique）带到牙买加，种植在圣安德鲁（St. Andrew）地区。今天的圣安德鲁产区仍然是蓝山咖啡的三大产区之一，其他两大产区是波特兰（Portland）产区和圣•托马斯（St. Thomas）产区。

今天的蓝山地区是一个仅有6000公顷种植面积的小地方，不可能所有标有“蓝山”字样的咖啡都在那里种植。另外的12000公顷土地用于种植其他两种类型的咖啡（非蓝山咖啡）：高山顶级咖啡（High Mountain Supreme）和牙买加优洗咖啡（Prime Washed Jamaican）。

蓝山咖啡无疑是品质最好的咖啡之一。这种咖啡喝起来要比看上去昂贵，要想品尝到它最好的风味，所放入的咖啡豆必须比饮用其他咖啡时多，否则风味就会有所欠缺。这样就要比其他咖啡多加10%～15%的咖啡豆。

真正的蓝山咖啡是世界上种植条件最优越的咖啡之一，牙买加的天气、地质结构和地势共同提供了得天独厚的理想场所。横贯牙买加的山脊一直延伸至小岛东部，蓝山山脉高达2100m以上。天气凉爽、多雾、降雨频繁，使得这方富饶的土地雨水调和。在这里人们使用混合种植法种植咖啡树，使之在梯田里与香蕉树和鳄梨树相依相傍。

现在，收获后的蓝山咖啡90%为日本人所购买。由于世界其他地方只能获得蓝山咖啡产量的10%，因此不管价格高低，蓝山咖啡总是供不应求。

（3）古巴

古巴人喝咖啡的文化是法国移民带入的，早期咖啡在古巴上流社会就已经盛行了，目前古巴咖啡豆大多被日本及法国市场所收购，尤其是日本。古巴咖啡分为9个等级，Crystal Mountain是最高级的。其甘甜爽口，香气直抵鼻腔，酸质细腻，口感圆润，黏度佳。古巴蓝山是一种带有加勒比海风情的咖啡，算是特色十分均匀的豆子，纯品优质的古巴蓝山，其香气甜味、酸味、苦味平衡，口感甘甜，柔润顺口，略带酸味，为咖啡中之极品，媲美牙买加蓝山。

古巴出口的生豆，按不同的等级有不同的价格，第一优先的买主是日本、法国，然后是意大利、西班牙、德国、加拿大、瑞士和荷兰。假如不受政治气候的影响，毫无疑问古巴将成为美国和日本的咖啡重要供应地。

2. 南美洲

（1）巴西

巴西被形象地比喻为咖啡世界的“巨人”和“君主”。那儿大约有39亿7000万棵咖啡树，小农场主们现在种植的咖啡占全国总产量的75%。巴西从事咖啡生产的人数是哥伦比亚的2倍甚至3倍，而哥伦比亚是世界上第二大咖啡生产国。

由于巴西咖啡种类繁多，不能只用“巴西咖啡”（Brazilian）一词便囊而括之。绝大多数巴西咖啡未经清洗而且是晒干的，它们根据产地州名和运输港进行分类。巴西有21个州，17个州出产咖啡，但其中有4个州的产量最大，加起来占全国总产量的98%，它们是：巴拉那（Parana）州、圣保罗（Sao Paulo）州、米拉斯吉拉斯（Minas Gerais）州和圣埃斯皮里图（Espirito Santo）州，南部巴拉那州的产量最为惊人，占总产量的50%。

虽然巴西咖啡的特色具有多样性，但巴西咖啡却适合大众的口味。比如：北部沿海地区生产的咖啡具有典型的碘味，饮后使人联想到大海。这种咖啡出口到北美、中东和东欧。

巴西现在的经济较少依赖咖啡，咖啡仅占国民生产总值的8%～10%。但是该国对全世界咖啡的影响，尤其是对咖啡价格的影响，却是举足轻重的，如1994年的两次霜害就曾引起全球咖啡价格的暴涨。

（2）哥伦比亚

1808年，咖啡首次被引入哥伦比亚（Colombia），那是由一名牧师从法属安的列斯（Antilles）经委内瑞拉带来的。今天该国是继巴西后的第二大生产国。

哥伦比亚咖啡是少数冠以国名在世界上出售的原味咖啡之一。在质量方面，它获得了其他咖啡无法企及的赞誉。该国是世上最大的阿拉伯咖啡豆出口国，而罗百氏特咖啡却很少种植。它也是世界上最大的水洗咖啡豆（Washed beans）出口国。与其他生产国相比，哥伦比亚更关心开发产品和促进生产。正是这一点再加上其优越的地理条件和气候条件，使得哥伦比亚咖啡质优味美，誉满全球。

该国的咖啡生产区位于安第斯(Andes)山麓，那里气候温和，空气潮湿。哥伦比亚有三条科迪耶拉(Cordilleras)山脉(次山系)南北向纵贯，正好伸向安第斯山。沿着这些山脉的高地种植着咖啡，山阶提供了多样性气候，这意味着整年都是收获季节，在不同时期不同种类的咖啡相继成熟。哥伦比亚大约有27亿株咖啡树，其中66%以现代化栽植方式种植在种植园内，其余的种植在传统经营的小型农场里。

哥伦比亚的主要生产地区处在中部山脉和东部山脉地带。沿着中部山脉分布的最重要种植园位于麦德林(Medellin)、阿尔梅尼亚(Armenia)和马尼萨莱斯(Manizales)地区，在上述三个地区中，麦德林地区的咖啡质量最佳、售价也高，其特点是：颗粒饱满、营养丰富、香味浓郁、酸度适中。这三个地区合起来简称MAM（是三个地区主要城市名称的首字母）。在供出口的哥伦比亚顶级咖啡中，大多数的产地是MAM。沿着东部山脉，两个最好的地区是在波哥大(Bogota)周围，再向北在布卡拉曼加(Bucaramanga)周围。波哥大咖啡比麦德林咖啡酸度低，但两者质量相当。

哥伦比亚咖啡等级分为顶级(Supremo)、优秀(Excelso)和极品(UGQ，Unusual Good Quality)三等，优秀等级中的克罗斯(Klauss)咖啡出口到德国，欧罗巴(Europa)咖啡出口到北欧国家。在多数咖啡店都能买到优秀等级的咖啡和顶级咖啡。二者的专业规定区别为：顶级咖啡所用的咖啡豆较大，其原料取自于新收获的咖啡豆，这样更容易保证产品的质量。优秀等级咖啡通常比顶级咖啡口感柔和，酸度也略高，但二者均属芳香型咖啡，颗粒适中，果实优良。哥伦比亚咖啡经常被描述为具有丝一般柔滑的口感，在所有的咖啡中，它的均衡度最好，口味绵软、柔滑，可以随时饮用。

(3)委内瑞拉

早在1730年委内瑞拉就从马提尼克岛引进了咖啡树，但在石油业鼎盛时期，咖啡生产几乎被放弃了。近来咖啡种植园已开始复苏，原来种植的蒂皮卡(Tipica)和波旁咖啡树以及新辟的种植园为咖啡出口奠定了基础。

委内瑞拉最好的咖啡产区是位于西南部的塔奇拉(Tachira)州。但是，塔奇拉这个名字已被不加区别地用于全国的咖啡豆。

委内瑞拉的咖啡口味不同于拉丁美洲的其他咖啡，它味美、清淡，比传统咖啡少了一些酸味，这使得它不仅可以混合也可自成特色。

目前，委内瑞拉的咖啡大都出口到俄罗斯和哥伦比亚，然后在那里重新包装。许多新近重建的小种植园也开始自行出口咖啡。咖啡业在该国众多行业中并不十分突出。

3. 非洲

(1)埃塞俄比亚

咖啡树源于埃塞俄比亚，它原先是这里的野生植物，“咖啡”这个名字源于埃塞俄比亚的小镇——“喀法”(Kaffa)。事实上，埃塞俄比亚许多咖啡树现在仍然是野生植物，这种咖啡树上生长的咖啡颗粒饱满，略带酒香。

今天，埃塞俄比亚是重要的咖啡生产国，大约有1200万人从事咖啡生产，是非洲主要的阿拉伯咖啡豆出口国。这里的优质咖啡品质卓绝，值得找寻。

埃塞俄比亚咖啡的风味较难描述，它既不浓烈，酸味也不甚明显。因此，不适于深度烘烤，否则很容易失去其特色。说到特色，埃塞俄比亚咖啡倒是与著名的摩卡咖啡有些相似。当然，优质的埃塞俄比亚咖啡可与来自世界各地的最好咖啡相比，包括其可观的价格。

咖啡业由埃塞俄比亚咖啡经营公司（the Ethiopian Coffee Marketing Corporation，简称ECMC）管理，该组织控制着90%的出口市场。埃塞俄比亚咖啡经营公司控制权有可能放松，而使地方得到较大权力，这一举措会使咖啡业整体受益，尤其是个体商人。埃塞俄比亚咖啡在每日拍卖中出售，大多出口德国、美国、法国和日本。

（2）也门

公元6世纪前，也门一直被称为阿拉伯，因而从也门运至其他地方的咖啡树也被称为阿拉伯咖啡树。但是这些树的原产地是埃塞俄比亚，是荷兰人把这些咖啡树散播到世界各地的。向东航行绕过好望角的荷兰商人，在他们开始长途跋涉到达印度以前，要先经过非洲的东海岸行至也门的摩卡港。1696年，荷兰人把咖啡树引入锡兰（现名斯里兰卡），然后又引入到爪哇的巴塔维亚。

摩卡咖啡豆比绝大多数咖啡豆更小更圆，这使得摩卡咖啡豆看起来很像豌豆——事实上豆形浆果咖啡豆（Peaberrybean）有时也被称为摩卡咖啡豆。摩卡咖啡豆的外形又与埃塞俄比亚的哈拉（H arrar）咖啡豆相似，它颗粒小、酸度高，还混合着一种奇异而不可名状的辛辣味道，仔细品尝，还能辨别出一点巧克力味，因此，把巧克力加入咖啡的尝试是一个很自然的过程。

在也门，咖啡种植者栽种杨树来给咖啡提供生长所需要的荫凉，如同过去一样，这些树种植在陡峭的梯田上，以便能够最大限度地利用较少的降雨和有限的土地资源。除了蒂皮卡咖啡树和波旁咖啡树以外，还有十多种原产于埃塞俄比亚的不同咖啡树种在也门种植。但是，即使是上好的咖啡，如优等摩卡咖啡，风干后果皮都和豆连在一起。也门直到现在还经常使用传统的石磨除去干硬的果壳，这样一来就使咖啡豆的形状很不规则，而且经常损伤咖啡豆。

尽管也门咖啡质量上乘，滑腻芳香，但是也有不尽人意的地方，那就是质量不能得到持续保证，其咖啡豆等级的划分也是不确定的。传统上认为，也门最好的咖啡豆来自马塔里，沙尔奇次之，然后是萨那尼。这些咖啡豆咖啡因含量低，在12月到次年 4 月出口。过去一直存在的问题是产自北方的咖啡在从南部港口亚当装运前就被掺入劣质之物。只有从霍德达港口装运的咖啡才能被确定为真正产自北方。也门的咖啡绝大多数靠自然条件生长，这主要由于种植者缺少资金的缘故。

（3）坦桑尼亚

坦桑尼亚的咖啡出口在整个国民经济中占有重要的地位。豆形浆果咖啡的出产量很大，而且据说比普通的咖啡更香浓。大体上说，坦桑尼亚的咖啡豆具有不同凡响的品质。例如在临近乞力马扎罗山的莫希区出产的上乘坦桑尼亚查格AA级咖啡（Chagga AA），便以其颗粒饱满芳香四溢的品质而闻名。较好的克里曼佳罗和普通的肯亚类似，具有浓厚的质感，通常它的酸性要比肯亚温和，并且均匀地刺激舌头后部中间和两侧的味蕾，喝起来的感觉和番茄或汽水的酸味有点像。至于南方的豆子，则和次级的水洗摩卡相当，有柔和的弱酸、圆润的口感，以及中等的质感。

在过去，坦桑尼亚咖啡业一直是庄园种植占主导地位，而现在85%以上是由小耕农种植。许多小耕农组合成合作组织，其中最重要的合作组织是乞力马扎罗合作联盟（Kilimanjaro Cooperative Union，简称KNCU）。坦桑尼亚咖啡以拍卖的形式由坦桑尼亚咖啡经营委员会（Tanzanian Coffee Marketing Board，简称TCMB）出售给私人出口商。在20世纪80年代，坦桑尼亚的大部分咖啡销售从拍卖的形式转为直接出售给坦桑尼亚的咖啡经营委员会，现在这种情况已有所改变，因为咖啡业正在改革，以便将来允许个人或团体购买咖啡，到时咖啡还要按不同的方式区分等级，以便吸引来自德国、芬兰、比利时和日本的购买者。

4. 亚洲及印度边缘地区

（1）印度尼西亚

17世纪中期，咖啡树由荷兰人引入印度尼西亚。1712年，第一批来自爪哇的咖啡销到阿姆斯特丹。然而，1877年，所有种植园的咖啡树均被咖啡锈病毁坏，而不得不从非洲引进罗百氏特咖啡树替代原有树种。如今只有6%～10%的咖啡豆是阿拉伯咖啡豆。印度尼西亚是世界上罗百氏特咖啡的主要生产国，大半咖啡出自小种植园，约占总产量的90%。

从整体上看，印度尼西亚咖啡味道很浓，口味香醇，略带糖浆味，酸度极好。吸引消费者的是它那阿拉伯咖啡豆特有的上乘品质。可将牛奶或奶油加入高品质的印度尼西亚咖啡中而不必担心会影响其味道。印度尼西亚咖啡共分6等，最好的是AP。

印度尼西亚咖啡的两个主要出口市场是德国和日本，这从侧面反映了该咖啡的优异质量。尽管印度尼西亚出产如此之多令人叫好的咖啡，但令人不解的是当地居民更喜欢饮用土耳其风味的咖啡，而不是其久负盛名的欧洲风味的咖啡。

轮船取代帆船之后，这些岛屿出产的咖啡面临着与来自迈索尔（Mysore）的印度咖啡同样的问题——消费者已经习惯于受长途旅行影响的咖啡，因而他们不愿接受这种"新鲜"咖啡的口味。为了解决这一问题，印尼政府竭力仿制受长途旅行影响的咖啡，他们把咖啡豆"储存"多达1年之久。然而不尽人意的是这种经过湿润处理的咖啡，味道未被广泛接受，以至于影响了其咖啡的良好声誉。然而，印度尼西亚的"储存"咖啡或叫"旅途"咖啡至今仍在生产。其中"昔日政府"（Old Government）和"老布朗"（Old Brown）仍有着良好的市场。

（2）越南

越南地理位置十分有利于咖啡种植，越南南部属湿热的热带气候，适合种植罗布斯塔咖啡，北部适于种植阿拉比卡咖啡。西贡咖啡现生产的产品所用的每粒咖啡豆都是来自越南高原最好咖啡区精选出来，以特殊奶油精致烘焙而成，奶香突出、咖啡醇厚，咖啡香味突出及西贡咖啡特有的味道，口感回味悠长。

也许是受法国殖民统治的影响，越南种植的咖啡具有法国风味，阿拉伯咖啡由法国传教士首先带到越南，1865—1876年40多万株咖啡树被引入越南，种植在东京湾附近，大都是爪哇或波旁品种。

目前，越南的咖啡产量在不断增长。越南的出口新产品中，茶叶居第一位，咖啡居第二位，1982年出口66000袋，1994年猛增到20多万吨。越南的咖啡每公顷产量高达950千克，许多新种植的咖啡树是由日本人投资的。

传统的越南咖啡都是咖啡加炼乳的喝法，香精很多香味很浓，比较腻且奶香基本盖住了咖啡原有的香味、酸味、咖啡特有的焦香余味。而西贡咖啡又略不同于传统的越南咖啡，其独特的生产加工技术和高标准的用料，还原咖啡纯正香浓的味道，让广大消费者喝到纯正越南原味咖啡。

5. 澳大利亚及太平洋边缘地区

夏威夷产的科纳(Kona)咖啡豆具有最完美的外表,它的果实异常饱满,而且光泽鲜亮。咖啡的口味浓郁芳香,并带有肉桂香料的味道,酸度也较均衡适度。夏威夷的咖啡是美国50个州中所出产的唯一顶级品种。

夏威夷的咖啡业不得不与日益扩展的旅游业竞争空间。多数咖啡被种植在冒纳罗亚(Mauna Loa)山坡。冒纳罗亚原本是座火山,位于夏威夷岛科纳地区的西部。该咖啡产区的长度约为30公里,其种植区主要集中在该地区的北部和南部。咖啡树种植在相对荒凉的地带,但是其土质肥沃,含有火山灰。虽然开始种植时需投入强体力劳动,经营又很艰难,但令人欣慰的是,科纳的咖啡树(至少是那些生长在海拔90米以上的咖啡树)似乎不受任何病虫害的影响。

尽管夏威夷经常受到龙卷风的影响,但是气候条件对咖啡种植业来说却是非常适宜的。这里有充足的降水和阳光,又无霜害之忧。除此之外,还有一种被称为"免费荫凉"的奇特自然现象。在多数日子里,大约下午两点,天空便会浮现出朵朵白云,为咖啡树提供了必需的荫凉。事实上正是如此优越的自然条件使得科纳地区的阿拉伯品种咖啡产量比世界上其他任何种植园的都高,而且一直保持着高质量。

比如,在拉丁美洲每公顷产560～900千克,而在科纳每公顷则产2240千克。而令咖啡迷们不快的是,只有大约1400公顷的地方出产科纳咖啡。真正的科纳咖啡确实是世间珍品,不易找到。最佳的科纳咖啡分为三等:特好(Extra Fancy)、好(Fancy)和一号(Number One)。这三等咖啡在庄园和自然条件下都有出产。现在市面上大多数自称为"科纳"的咖啡只含有不到5%的真正夏威夷科纳咖啡。

二、著名咖啡

1. Blue Mountain Coffee(蓝山咖啡)

蓝山咖啡是一种大众知名度较高的咖啡,只产于中美洲牙买加的蓝山地区,蓝山因反射加勒比海蔚蓝的海水而发出的蓝光而得名。只有种植在海拔1800米以上的蓝山地区的咖啡才能授权使用"牙买加蓝山咖啡(Blue Mountain Coffee)"的标志(图15-22),占牙买加蓝山咖啡总产量的15%。而种植在海拔457～1524米的咖啡被称为高山咖啡,种植在海拔274～457米的咖啡称为牙买加咖啡。蓝山咖啡拥有香醇、苦中略带甘甜、柔润顺口的特性,而且稍微带有酸味,能让味觉感官更为灵敏,品尝出其独特的滋味,是为咖啡之极品。因此,一般都是单品引用。蓝山咖啡通常都附上精制工厂的标志和保证书,然后装入类似大型啤酒木桶的大桶内出口。可以说,为了保证咖啡在运输过程中的质量,牙买加是最后一个仍然使用传统木桶包装运输咖啡的国家了。

图15-22 "牙买加蓝山咖啡"标志

2. Cubita(琥爵咖啡)

水晶山咖啡产自古巴水晶山上,因为这片地区除了种植咖啡外,还有石英,水晶等珍贵矿物出产所以叫水晶山。水晶山咖啡是顶级古巴咖啡的代名词,产于古巴水晶山的琥爵咖啡在咖啡行业同样具有很高的声誉(图15-23)。古巴水晶山咖啡世界排名在前几位,水晶山与牙买加的蓝山山脉地理位置相邻,气候条件相仿,可媲美牙买加蓝山咖啡。水晶山咖啡的一个显著特征是颗粒大,而且咖啡豆的颜色为明亮的绿色。它风味口感特征:颗粒饱满,口感均匀,具有烟草味。其为全世界最“柔和”的咖啡品种,以口感平衡细致而著名。人称咖啡中“优雅的公主”。琥爵坚持完美咖啡的原则,只做单品咖啡,咖啡豆的采摘是以手工完成的,加上水洗式处理咖啡豆,以确保咖啡的质量。

图15-23 琥爵咖啡

3. KopiLuwak(猫屎咖啡)

猫屎咖啡产于印度尼西亚,是世界最贵咖啡的一种,也是名副其实世界上最贵的“猫的粪便”。印尼种植大量的咖啡作物,有种野生的叫作麝香猫的动物,最喜欢的食物就是新鲜的咖啡豆,咖啡豆通过在其体内的发酵和消化,最终成为猫粪便排除来,见图5-24。粪便就是一粒粒的咖啡豆,也成为世界上最昂贵的粪便。当地人在麝香猫粪便中取出咖啡豆后再做加工处理,也就是所谓的“猫屎”咖啡(图15-25),此咖啡味道独特,口感不同,但习惯这种味道的人会终生难忘。由于数量非常的稀少,而且野生环境的逐步恶劣,麝香猫的数量也在慢慢减少,导致这种咖啡的产量也相当有限,所以价格非常的昂贵。当地的咖啡农,为了追逐高额利润,将野生的麝香猫捉回家中饲养,以便可以产出更多的猫屎咖啡。但是,养殖麝香猫产出的猫屎咖啡,成色味道也会相应的逊色很多。即使是这样,这种咖啡的产量仍然十分稀少,并不是所有喜欢咖啡的人可以消费的起的。

图15-24 麝香猫吃咖啡豆

4. Mocha(摩卡咖啡)

真正的摩卡咖啡(图15-26)产于阿拉伯半岛西南方的也门共和国,生长在海拔

900～2400米的陡峭山侧地带，也是世界上最古老的咖啡。此品种的豆子较小而香气甚浓，拥有独特的酸味和柑橘的清香气息，更为芳香迷人，而且甘醇中带有令人陶醉的丰润余味，独特的香气以及柔和的酸、甘味。

有人说：在咖啡中，蓝山可以称王，摩卡可以封后。摩卡咖啡拥有全世界最独特、最丰富、最令人着迷的复杂风味：红酒香、狂野味、干果味、蓝莓、葡萄、肉桂、烟草、甜香料、原木味，甚至巧克力味。摩卡咖啡口感特殊，层次多变，就好像体验一位成熟女人的心情，慢慢品尝时你所能体验到的感受从头到尾都不会重复，变化不断，越品越如同品饮一杯红酒。有人曾经这样形容：如果说墨西哥咖啡可以被比作干白葡萄酒，那么也门摩卡就是波尔多葡萄酒。

图15-25 猫屎咖啡

图15-26 摩卡咖啡

5. Sumatra Mandheling（苏门答腊曼特宁咖啡）

曼特宁咖啡（图15-27）被认为是世界上最醇厚的咖啡，也被誉为"咖啡中的绅士"。这种咖啡因产于亚洲印度尼西亚的苏门答腊，因此也有别称为"苏门答腊咖啡"。主要产地有爪哇岛、苏拉威西岛及苏门答腊岛。

图15-27 苏门答腊曼特宁咖啡

在品尝曼特宁的时候，能在舌尖感觉到明显的润滑，它同时又有较低的酸度，但是这种酸度也能明显地尝到，微酸混合着最浓郁的香味。除此之外，这种咖啡还有一种淡淡的泥土的芳香，也有人将它形容为草本植物的芳香。品质优良的一等曼特宁咖啡酸味很轻，就像花果的微酸。除了印尼咖啡特有的醇厚味道以外，还有一种苦中带甜的味道，深受喜欢喝深度烘焙咖啡的人士的喜爱；典藏苏门答腊曼特宁咖啡之所以称之为"典藏"，是因为它在出口前在地窖中储藏3年。但典藏咖啡绝不是陈旧的咖啡，而是通过特殊处理的略微苍白的咖啡，这种咖啡更浓郁，酸度会降低，但是醇度会上升，余味也会更悠长，还会带上浓浓的香料味道，有时是辛酸味，有时是胡桃味，有时是巧克力味。在蓝山咖啡还未被发现前，曼特宁曾被视为咖啡中的极品。

曼特宁咖啡被人广泛认识还要推到第二次世界大战日本占领印尼期间。一名日本兵在一家咖啡馆喝到香醇无比的咖啡，于是他问店主咖啡的名字，老板误以为他是问你是哪里人，于是回答：曼特宁。战后日本兵回忆起在印尼喝过的"曼特宁"。于是托印尼咖啡客运了15t到日本，竟然大受欢迎。曼特宁的名字就这样的传了出来，那名咖啡客商现在就是大名鼎鼎的普旺尼咖啡公司（PWN）。

6. Hawaii Kona（夏威夷产的科纳咖啡）

最完美的外表，果实异常饱满，光泽鲜亮让“夏威夷科纳” 咖啡蜚声世界(图15-28)。20世纪70～80年代，科纳咖啡的价格又经历了几起几落，但也就是从这个时期开始，科纳咖啡树立了自己世界顶级咖啡的地位。即使科纳咖啡已经蜚声世界，其产量依然保持在比较低的水平。

图15-28　科纳咖啡豆

从19世纪早期开始，科纳咖啡就在科纳这个地方开始被种植，并从未中断过，而也只有这里出产的咖啡才能被叫作“夏威夷科纳”。 科纳咖啡是美国50个州中所出产的唯一顶级品种，它口味浓郁芳香，并带有肉桂香料的味道，酸度也较均衡适度。真正的科纳咖啡确实是世间珍品，不易找到。最佳的科纳咖啡分为三等：特好(Extra Fancy)、好(Fancy)和一号(Number One)。科纳咖啡豆也经常与世界上其他地方出产的咖啡豆一起被用来制作混合咖啡，科纳咖啡豆与其他豆的混合豆会在包装上注明“科纳混合豆(Kona Blend)”，遗憾的是，这种混合豆中，科纳豆的含量可能非常低，在夏威夷可以使用“科纳”标签的混合豆中科纳豆的最低含量标准仅为10%。因此，如果不是身处夏威夷的科纳，就很难拥有百分之百纯正的科纳咖啡豆。

7. Santos Coffee（圣多斯咖啡）

主产于巴西圣保罗的圣多斯咖啡(图15-29)在酸、甘、苦三味属中性，浓度适中，带适度酸味，口味高雅而特殊，是最好的调配用豆，被誉为咖啡之中坚，但品饮用风味亦佳。

“圣多斯”的名字来自于船运咖啡的港口，首都圣保罗四周山谷地区的咖啡是巴西最有代表性的咖啡。圣多斯属中性豆，风味之佳被誉为咖啡之冠，若调配其他咖啡更具独特风味，最适合有贵族气息、幽默感及极具人际关系的人饮用。品质上乘的巴西波旁圣多斯咖啡可以与蓝山咖啡相媲美，如果说蓝山是咖啡中的国王的话，那么巴西波旁圣多斯咖啡就是咖啡王国中的隐士。像所有的巴西咖啡一样，它们最适于鲜嫩的时候饮用，因为越老酸度越浓。

图15-29　圣多斯咖啡

咖啡传入巴西是18世纪以后的事。1727年，巴西与北方邻国法属圭亚那发生边境纠纷。为防止事态扩大，巴西总督派军官弗朗西斯科·德·莫罗巴列塔率团前往法属圭亚那进行谈判，试图以和平方式解决两国间的争端。岂料，他的边境问题谈判未果，却意外地成为巴西的"咖啡之父"。

8. Cafe de Colombia（哥伦比亚咖啡）

哥伦比亚咖啡（图15-30）产地为哥伦比亚，是少数冠以国名在世界上出售的单品咖啡之一。哥伦比亚咖啡拥有丝绸一般柔滑的口感。人们把哥伦比亚咖啡和高品质、好口味画上了等号。它酸中带甘，低度苦味，营养丰富，具独特的酸味与醇味，哥伦比亚特级咖啡的酸、苦、甜三种味道配合得恰到好处。独特的香味，喝下去后，香味充满整个口腔。把口腔里的香气再从鼻子里呼出来，气味非常充实。在质量方面，它获得了其他咖啡无法企及的赞誉。与其他生产国相比，哥伦比亚更关心开发产品和促进生产。正是这一点再加上其优越的地理条件和气候条件，使得哥伦比亚咖啡质优味美，誉满全球。烘焙后的咖啡豆会释放出甘甜的香味，具有酸中带甘、苦味中平的良质特性，因为浓度合宜的缘故，常被应用于高级的混合咖啡中。哥伦比亚咖啡散发着淡淡而优雅的香味，不像巴西咖啡那么浓烈，不像非洲咖啡带着酸意，而是一股甘甜的淡香，低调而优雅。

图15-30 哥伦比亚咖啡

世界咖啡分两大系列，一种是以巴西为代表的"硬"咖啡，味道浓烈；另一种是以哥伦比亚为代表的"软"咖啡，其味淡香。区别在于产地的海拔高度和种植方法，巴西将咖啡种在丘陵红壤比较粗放，哥伦比亚产在山地黑土精耕细作。哥伦比亚特级的香气浓郁而厚实，带有明朗的优质酸性，高均衡度，有时具有坚果味，令人回味无穷。不论是外观上还是品质上，哥伦比亚特级都相当优良。

每一种咖啡因品种产地不同，有着各自独特的性格。不论哪种咖啡符合你的味蕾，找一个午后端起一杯热腾腾的咖啡，体会人生最大的幸福。

小知识

喜欢特殊咖啡味的人除了可以选择已面市的"猫屎"咖啡，现在还可以选择"大象屎"咖啡，不过这种咖啡价格非常昂贵。据澳大利亚《每日电讯报》10月26日报道，泰国一家高端连锁酒店正在热销一种大象粪便咖啡，这种咖啡经过大象粪便的"自然提炼"后加工而成，每公斤售价高达1100美元（约合人民币6866元），使之成为世界上最昂贵的混合咖啡之一。

和俗称“猫屎咖啡”的麝香猫咖啡一样，“大象咖啡”其实就是让大象吞食之后，经消化随大便排出的咖啡豆。据泰国安纳塔拉酒店说，研究显示，大象消化系统当中的酶可以消化咖啡豆的蛋白质。由于蛋白质会令咖啡产生苦味，所以蛋白质越少，咖啡的苦味就越少，味道也更顺滑。

此外，越南还有一种“松鼠粪”咖啡。它产自越南少有的高山地带，香气很醇，淡淡的酸味与柔和的苦味很好地结合到了一起。每到咖啡采摘的世界，人们就会把饲养的松鼠放出来，让它们肆意“享受”一整天。松鼠们每次大快朵颐之后就会将咖啡果中难以消化的咖啡豆排出去。人们便将这些咖啡都收集起来，在清水中洗干净，加工成“松鼠粪”咖啡。这种咖啡的产量很少，即便在越南本土也鲜为人知。据说生产“松鼠粪”咖啡的这座农场是由越南官方机构经营的。在此出产的咖啡，主要用于礼品赠送外宾。

思考与练习

1. 咖啡香醇，是不是人人都适合饮用咖啡呢？
2. 简述咖啡豆的种类。
3. 简述咖啡豆的烘焙和研磨的注意事项。
4. 手动咖啡研磨机和电动咖啡研磨机哪个是你的菜？
5. 是不是咖啡越贵就表明咖啡质量越好？
6. 如果没有专门设备，日常生活中哪些物品可以用来存储咖啡？
7. 简述几款世界著名咖啡及其特点。

第十六章　咖啡的服务

第一节 世界咖啡习俗

咖啡因为它香醇且多味而深受人们的欢迎。据说世界上有1/3的人喝这种神奇的饮品。但若问到喝咖啡的方法究竟有多少种，这个问题恐怕谁也没办法说清楚。很难找到有哪两个国家会用同一种方式喝咖啡。正所谓一方水土养一方人，可以说世界上有多少个国家就有多少种喝咖啡的方法。咖啡在不同国家的文化熏陶融合下，也具有了“本土”的特色。“黑咖啡”或“白咖啡”都能找到自己的拥趸。

一、要站着喝咖啡的意大利人

有人说“欧洲咖啡文化源自意大利”。因此，说到咖啡首先要说说这个拥有 Espresso（意大利浓缩咖啡）、Cappuccino（卡布奇诺咖啡——意大利香奶咖啡，见图16-1）和Latte（拿铁咖啡——意大利香浓奶沫咖啡）的美丽的国度。约700年前，拥有魔力饮料之称的咖啡伴随着意大利悠久的水城文化一并带入欧美其他国家：加拿大、瑞士、法国、美国等。每当人们到意大利观光给人留下最深印象的是两件事：男人和咖啡。在意大利有一句名言：男人要像好咖啡，既强劲又充满热情！而意浓咖啡更是咖啡中的男人！意大利人酷爱咖啡，因此咖啡馆遍地开花。但是正宗的意大利咖啡是要站着喝的。在地狭人稠的意大利倘若如此众多的咖啡馆统统设座，既占地又费钱。因此他们选择了站着喝，反正正宗意大利蒸汽咖啡浓烈无比，提神醒脑，就算站会儿也不觉得很累。站着喝咖啡还有个好处就是快喝快走，好给别人腾地。因此，意大利人常点“Espresso”咖啡，意即“快”，泡一杯只需10秒。意大利人喝咖啡一般都是用小杯子喝，如图16-2所示，但是有放砂糖的咖啡一般用大杯。将砂糖放入杯中轻轻搅动。然后喝上二、三口，细细品味苦中带甜的咖啡。倘若杯底有残余的砂糖，则可以用茶匙舀着吃。正宗意大利咖啡是不加奶的，加奶咖啡只有兼卖早餐的铺子里有售，这些铺子都有座位，但意大利人多认为，它们其实算不上真正的咖啡馆。

图16-1　Cappuccino咖啡

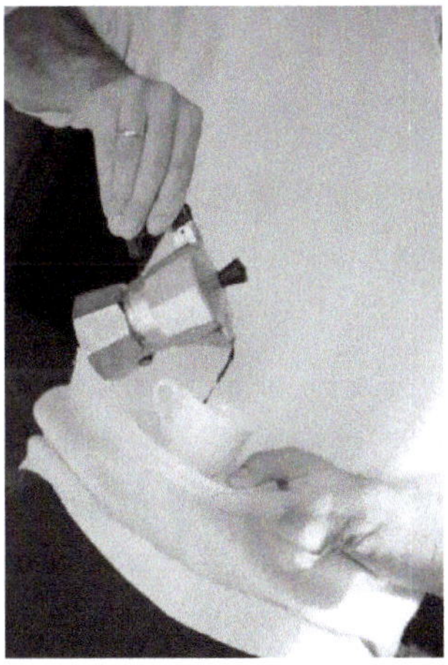

图16-2　意大利人喝咖啡

咖啡吧是意大利人的社交场所，很多新闻都是在咖啡吧中流传开来的。想了解意大利，咖啡吧是第一课，但你必须要学着像是一个当地人。“当地人”的概念不仅仅体现在穿衣打扮，更重要的是掌握点咖啡的技巧。在意大利不同时间要喝不同咖啡。总的来说，Espresso是一天24小时都适用的，但你想点Cappuccino，那就必须要在早晨10点半以前。当然，在此之后并非不能点，但那无疑是在向身边的意大利人宣告：我是一个外国人。生性开朗的意大利人并非不喜欢外国人，但在喝咖啡问题上，他们更喜欢懂规则的外国人。当美国或是德国游客在午饭后高呼Cappuccino时，意大利人往往露出讽刺的微笑。

二、随性自由喝咖啡的美国人

一般而言，美国生活比较忙碌紧张，不像欧洲、中东一带的人民那样能以悠闲心情享受生活，表现在喝咖啡方面，经常就是一大壶电热过滤式咖啡（Drip Coffee Marker），见图16-3。从早到晚，由于水加得多，咖啡少（一杯10克的咖啡量对200毫升的水），滋味特别淡薄，因此也多有人批评美式咖啡实在难喝。其实，在美国各地，咖啡嗜好者只要多费点心力，还是可以品尝到自己喜爱的咖啡口味。美式咖啡如果单纯分为浓淡两大类，美国东岸比西岸喝得浓，南方又比北方浓。以民族而言，南欧及拉丁裔比英、德、北欧移民较嗜好浓烈咖啡。

美式咖啡就是很淡很淡的咖啡（图16-4），法国人把美式咖啡戏称为“jus de chaussette”，就是洗袜子的水。在欧洲（法国和意大利），点美式咖啡很大可能会被人嘲笑。

图16-3　电热过滤式咖啡

图16-4　美式咖啡

其中美国人饮用咖啡的方式有几点让欧洲人不以为然：

第一，就餐时喝咖啡。这是美国人特有的习惯。

第二，过分节约。居然把凉咖啡重新加热后饮用！

第三，把咖啡壶熬好几个小时，直到咖啡脱水——就连这样的咖啡也不舍得扔掉！

第四，过分强调便利性，极力推崇研磨后的咖啡。不论罐装咖啡的密封性多好，只要是研磨后的咖啡，新鲜度都会大打折扣。

美国人喝咖啡，像进行一场不需要规则的游戏，随性放任，百无禁忌。欧洲人冲调咖啡时的种种讲究，美国人是不屑一顾的。美国人喝咖啡喝得自由，咖啡也同时深入他们的生活中难以分离，影响之深甚至到达没有咖啡不算生活的地步。据说第一次载人类上月球的阿波罗十三号宇宙飞船，在归航途中曾经发生生死关头的故障，当时地面人员安慰3位航天员的一句话就是：加油！香喷喷的热咖啡正等着你们归来。不论在家里、办公室、公共场合还是路边自动贩卖机，美国人几乎一天24小时都离不开咖啡。如此喝掉了世界咖啡生产量的1/3，是全球咖啡消耗量最大的国家。

三、享受神秘咖啡的土耳其人

如果说世上有种咖啡能让人喝完后仍有无尽遐想，那一定是土耳其咖啡。它不仅因奇特的味道闻名于世，而且更因其喝剩的残渣能占卜运势而充满了神秘的色彩。土耳其咖啡，又称阿拉伯咖啡，是欧洲咖啡的始祖，诞生已有700～800年。传统土耳其咖啡的做法，是将烘焙热炒浓黑的咖啡豆磨成细粉，连糖和冷水一起放入红铜质料像深勺一样的咖啡煮具里（Ibrik），以小火慢煮，经反复搅拌和加水过程，大约20分钟后，一小杯50毫升又香又浓的咖啡才算大功告成。由于当地人喝咖啡是不过滤的，这一杯浓稠似高汤的咖啡倒在杯子里，不但表面上有黏糊糊的泡沫，杯底还有渣子，见图16-5。

图16-5 土耳其咖啡

土耳其人有句谚语说：“喝你一杯土耳其咖啡，记你友谊四十年。”据说在土耳其，为客人煮一杯传统的土耳其咖啡是无比崇高的事情。受邀到别人家里喝咖啡，代表了主人最诚挚的敬意，因此客人除了要称赞咖啡的香醇外，还要切记即使喝得满嘴渣，也不能喝水，因为那暗示了咖啡不好喝。2013年12月5日，土耳其咖啡及其传统文化被列入联合国教科文组织人类非物质文化遗产名录。在土耳其的大街小巷，到处是挂有“咖啡”招牌的店，有的还画有一只小巧的咖啡杯，杯沿上似乎冒着缕缕热气。

土耳其沙子咖啡（图16-6）主要是利用了铁壶的特性和沙子的强热导性。土耳其沙子咖啡所使用的铁壶，是一种叫作“Brike”的咖啡壶，这种壶的手感非常绵软，具有很强的导热性，能够从沙子当中吸取足够的热量来煮沸咖啡。沙子下面有一直加热的火源，咖啡粉也比普通的咖啡粉细腻，只有具备这些条件，沙子才可能把咖啡煮开。具体步骤：先在铁壶中加入咖啡粉，再向铁壶中加入一定量的水，将铁壶放在沙子上，因为铁壶中有咖啡渣，所以当水加热沸腾后便会膨胀，这个时候倒出来的咖啡液是泡沫状的，等待咖啡液冷却一段时间后，泡沫状的咖啡就会成为咖啡液（表16-1）。土耳其人在萃取沙子咖啡时，除了加入咖啡粉之外，往往也会加入一些肉桂粉、豆蔻、迷迭香等，除此之外，还会根据个人爱好加入一些糖，不过绝对不会加入牛奶。故土耳其咖啡通常只有三种口味可选：苦、甜、特甜，也是唯一一种在萃取咖啡液的时候就加入糖的咖啡。土耳其咖啡的味道也相当浓郁，其搭配的小食为土耳其软糖，一苦一甜相得益彰。

图 16-6　土耳其沙子咖啡

土耳其沙子咖啡的制作　　表 16-1

咖啡豆烘焙	咖啡粉	用具	加热方式	萃取过程
重度烘焙	极细度研磨	铜质长柄 Briki 咖啡壶	火源位于沙子之下，利用沙子的热度加热	咖啡液反复煮沸，直至黏稠且保留泡沫

四、想爱咖啡不容易的英国人

优雅的英国绅士、严谨的英国文化、古朴的英国城堡，无疑是英国人向世人展示的最闪亮的名片。生活在这个传统深厚的国家里，人们因喜欢喝茶而闻名于世。一首英国民谣这样唱道："当时钟敲响四下时，世上的一切瞬间为茶而停。"由此可以判断出下午四五点左右就是著名的"Teatime"（饮茶时间）。此时，即使有天大的事也得等英国人喝完了下午茶再说，这是雷打不动的规矩。可人们也许不知道其实将茶叶推介给英国人的正是伦敦的咖啡馆。早在1650年，一个黎巴嫩犹太人在英国的牛津大学附近开了英国第一家深受学生欢迎的咖啡屋——雅各布咖啡馆。英国人在品尝咖啡的同时，还要高谈阔论一番。于是，咖啡馆渐渐发展成为英国社会重要的社交场所和信息交流场所，见图16-7。英国咖啡馆在当时还有一个别称——便士大学，意思是只要花一个便士就可以进入咖啡馆，在里面和人们交流想法、获取各类信息或者阅读报纸，俨然是一个如同大学般的学习场所。开放的咖啡馆打破了以前等级和身份分明的社交结构，同时也在另一层面上作了新的划分。有人说英国的咖啡馆具有“物以类聚、人以群分”这一独有的特质。清教徒、新教徒、天主教徒、犹太人、文人墨客、商贾、律师、医生等，几乎每个咖啡馆都有自己固定的一批客人。从一开始英国的咖啡馆就带有明显的“圈子”特征。

图16-7　英国咖啡馆

从17世纪中期到18世纪初，整个伦敦都泡在咖啡里而不是茶里。英国的男人由酗酒改成酗咖啡，或者两者兼而有之——在酒馆里喝醉了就跑去咖啡馆用咖啡因清醒一下，再跑去酒馆继续豪饮。然而，咖啡馆繁荣的盛况并未维持多久，很快就被茶叶和茶馆所取代。就在欧洲各国在其殖民地大肆种植咖啡时，英国人却在占领印度后，因为印度的咖啡遭受咖啡树锈蚀病的侵袭，大面积死去从而把原来的咖啡农场改成茶场。另外，优雅的茶馆原本是知识妇女和小孩偏好的地方，但越来越多的英国男性也开始迷恋这种场所。因为英国人的喜好发生了转移，因此茶取代咖啡成为英国人的最爱。当然，若是没有咖啡馆的推介，英国人喝茶的习惯未必那么普及。

直到20世纪50年代，咖啡的热潮才逐渐兴起。然而此次咖啡的回潮，英国人一贯秉承的对纯正事物爱好的传统却遭受到挑战——人们在欢迎来自意大利的浓缩咖啡的同时，更多的咖啡热情给了美国的速溶咖啡。最开始，意大利的浓缩咖啡风靡了喝茶的英国。1955年以后，伦敦装潢精美的意式咖啡馆随处可见，顾客盈门，人们在里面喝摩卡壶冲泡的浓缩咖啡。而且，这次咖啡馆不再是男人的专利，也对女人敞开了大门，于是一时间咖啡馆成了红男绿女云集的时髦场所。但这并未彻底改变英国人的饮茶习惯，直至美国的速溶咖啡与电视广告一起，进入还沉浸茶叶配给制饥荒的英国人的生活。1956年，英国茶叶配给制取消，但英国人喝茶的传统并没有人们想象中恢复得那么乐观——时髦的人去咖啡馆喝意大利浓缩咖啡，而更多的时候，大家选择即冲即喝的速溶咖啡。当速溶咖啡占据了英国人90%的咖啡市场并影响到茶叶时，恼怒的英国茶叶商人最终也不得不向速溶咖啡学习，放弃风味较佳的茶叶而改为把茶叶切碎装入茶包(图16-8)。虽然英国人喝茶的传统并未被咖啡彻底取代，但咖啡重入英国，确是一股不小的力量，至少英国人的茶叶传统因此而改变。英国国家统计局发布的报告发现，一度代表英国文化、最受英国大众欢迎的饮品——茶，如今也不得不让位于咖啡，屈居第二名了。同时调查发现在2000多名参与调研的英国人中，42%的受访者表示，他们不愿意买咖啡豆或咖啡粉自己煮，因为对自己调制咖啡饮料没有信心。近四成英国人嫌自己在家里煮咖啡太麻烦，即使拥有煮咖啡或泡咖啡的器具也极少使用；另有近四成的英国人干脆表示，家里没有任何咖啡器具。接受调查的多数英国人表示，在家中自己做咖啡的最大困难一是不知“每次应该放多少咖啡”，二是“不知道应该煮多长时间”。于是现在人们更习惯于走进星巴克或其他咖啡馆里享受一杯更廉价的咖啡。

图16-8　速溶咖啡与茶包

精致的咖啡/茶杯，精美的小点心。估计这一切都只能在地地道道的英式咖啡馆里出现了。而唯有此才会让人感受到最纯正最传统的英国咖啡文化的精髓。

五、讲究咖啡情调的法国人

法国人本来就是世界上最为浪漫的民族之一，自然他们喝咖啡的就离不开浪漫两个字了。法国人不是为了喝咖啡而喝，他们不是在喝，而是在品，品字所包含的意思太多了，品咖啡的味道，品咖啡的独特，归根到底来说，法国人所追求的是咖啡的情调、意境和环境，这一点和中国人喝茶倒有点相似。法国人可以为一杯咖啡而看整天报纸漫无目的地浏览，可以和几个亲朋好友谈天说地一整天，这就是一杯咖啡的魅力所在。在大街小巷中的餐馆和酒店前，都会有若干个给人们做休息用的露天咖啡座（图16-9），花花绿绿的遮阳伞，把法国的大街小巷点缀成一个充满浓厚民族特色的消遣佳所。法国人养成这种喝咖啡的习惯，不是调教出来的，是表达着一种优雅的韵味，一种浪漫情调，一种享受生活的写意感，注重品位，享受生活对于浪漫的法国人来说就是一种生活文化。"一杯咖啡，可以打发掉整整一个下午，再来一块散发着诱人香味和闪烁着晶莹光泽的蛋糕，夜幕就要降临了。"作家陈丹燕是这样描绘巴黎日常生活时一个场景的。

图16-9 法国露天咖啡座

也许对于法国人喝咖啡讲究的似乎不在于味道，品尝咖啡时那种闲适的氛围与悠然的情调可能更重要。因此大多数法国人不愿意闭门"独酌"，而要走出家门在外面凑热闹。"不在家，就在咖啡馆；不在咖啡馆，就在去咖啡馆的路上。"这一句流传甚广的咖啡广告用语很好地描述了法国人的咖啡情结。在法国，无论是繁华的都市还是僻静的小镇，只要有人活动的地方就一定会有咖啡馆。广场边、马路旁、游船上，甚至在埃菲尔铁塔那高高的塔座上，都可遇到或大或小、或古典或现代、或装修富丽堂皇或设计简洁明快的咖啡馆。花上比在家里自煮一壶咖啡要贵上好几倍的价钱到咖啡馆来喝上一小杯，显然解渴已经是次要的了。在法国不乏喝咖啡上瘾的人，但更多的是泡咖啡馆上瘾的人。只要花上二三欧元，你就可以任选一张座椅坐下来。品着香气浓郁的咖啡，可以什么都不说什么都不看只是发呆……当然，对法国人这种喜欢泡咖啡馆的闲适风尚，不少人也时有微词。如生产出速溶咖啡的美国人就以为这是一种懒惰的表现，法国经济的发展之所以与美国有着不小的差距，显然与这种闲适之风有着必然的联系。但是对于这种指责，法国人却以一则笑话做了回答：一个美国人问一个正在泡咖啡馆的法国人："你为什么不去找工作？"法国人反问道："找工作的目的是什么？"美国人说："找到工作可以赚钱。"法国人又问："赚了钱又可以干什么？"美国人说："赚了钱就可以过上好日子。"法国人又问："好日子怎么过？"美国人说："可以到咖啡馆喝咖啡呀。"法国人笑了。这个故事提出了一个也许永无答案的难题：人们究竟是生活为了工作，还是工作为了生活？

法国咖啡文化源远流长，绝非吃喝消遣般简单。几乎没有哪个法国艺术家不和咖啡馆发生关系，作家如此，音乐家、画家也如此。不同的咖啡馆可以形成不同的文化圈子，产生不同的艺术流派。作曲家夏布里埃曾经每晚都与诗人魏尔兰、画家莫奈一起泡咖啡馆，艺术思想互相影响，反映出19世纪末巴黎的精神面貌。而画家梵高曾住在法国一家咖啡馆的阁楼，他的画作就有一幅《夜晚的咖啡馆》（图16-10）。他对那家咖啡馆很有感情，生前曾在信上写道："我希望将来有一天在这咖啡馆举办一次我的个人画展。"而巴尔扎克就曾为为之疯狂的咖啡写道："比千次香吻更甜美，比陈年佳酿更醉人，只要有咖啡作伴，就算一辈子不结婚我也甘心"的名句。

图16-10 《夜晚的咖啡馆》

白色的桌子、蓝色的咖啡杯、随风飘扬的遮阳棚、忙碌的服务生，这些都是法国咖啡馆的特色所在。曾听说法国一度由于咖啡缺货而少喝了咖啡，马上就见打盹的人多起来。说来好像夸张，但法国人嗜咖啡倒是千真万确。1991年"海湾战争"爆发，法国也是参战国之一，国内部分老百姓担心战争影响日用品供应，纷纷跑到超市抢购。此事连电视台也惊动了，当镜头对着满抱"紧缺物资"的顾客时，却发现他们拿得最多的竟是咖啡和糖。此事一度成为当时的大笑话。

六、在"联合国教科文非物质文化遗产"里喝咖啡的维也纳人

提及维也纳，人们马上想到的是音乐和华尔兹。殊不知，维也纳人把咖啡和音乐、华尔兹相提并论———称为"维也纳三宝"。从街角供人们站着喝的咖啡亭、大学附近学子聚集的咖啡店，到剧院旁、皇城边富丽豪华的咖啡厅，少说也有几十家，有的咖啡屋早晨6点半即开张，直到凌晨2点才打烊。因此，说"音乐之都"的空气里不仅流动着音乐的韵律，而且弥漫着咖啡的清香，一点也不为过。喝咖啡在维也纳已成为生活的一部分，大理石的桌子、棉布卡座、吊灯、镜子、木质的门窗、门口的挡风玻璃和在咖啡店内任何角落都能看到的钟表，交织在一起组成了一种独有的悠闲的气氛，见图16-11。在这样的气氛中，人们只要付一杯咖啡的钱，就可以在咖啡馆会友、下棋、看书、写书、读报，或在一个不显眼的角落里看电视。

图16-11　维也纳咖啡馆

某些咖啡店有自己的一类顾客——作家或政治家，大多数咖啡馆里则是各类顾客云集。维也纳最出名的咖啡馆是位于市中心区的"中央咖啡馆"（Cafe Central）。1913年，这里就为前来喝咖啡的客人准备了250种欧洲报纸和杂志（比一所大学图书馆的还多）供他们喝咖啡时阅读。今天的中央咖啡馆生意十分兴隆，但不管里面多么拥挤，客人还是想待多久就可以

待多久，这是维也纳咖啡馆百年不变的传统。在这里可以静静地听人们谈天说地，也可以积极地参与时事讨论。这里是商人谈生意，情人谈情说爱，文学家们激发创作灵感，学生们温习功课，老人们消除寂寞的好去处——这就是维也纳咖啡馆。第一次世界大战前，这里一直是著名诗人、剧作家、艺术家、音乐家、外交官们聚会的地方。一位名叫彼得•艾顿伯格的作家甚至把他常去的咖啡馆地址写在自己的名片上。在作家把咖啡馆当成自己的家之前，作曲家们就已经发觉这个地方的魅力了。约翰•施特劳斯父子在咖啡馆里发表新作；甚至连莫扎特和贝多芬也在咖啡馆里进行过表演。无论维也纳人是出于怎样的目的去咖啡馆，放松、聊天、小吃、读书、游戏、工作、欣赏别人或展示自己，他们总能从中获益不少：咖啡馆是生活的灵药，在里面待得越久，药效就越明显。找个位子坐下，远离世俗的喧嚣。点一杯浓咖啡(Kleiner Schwarzer)、卡布奇诺、艾斯班拿(Einspänner)黑咖啡或者恺撒(Kaiser Melange)混合咖啡。然后坐下来好好放松，去做自己想做的事情。经历了几百年的磨砺，如今维也纳咖啡馆已经成为一种特殊的维也纳习俗了。

图 16-12　咖啡馆侍者

维也纳人去咖啡馆轻易不换地方，有些人甚至连去咖啡馆的时间、坐的位置以及喝的咖啡品牌都固定不变。当然每次他们也都能得到熟知自己秉性与嗜好的侍者的周到接待(图16-12)。侍者在端上客人喜欢的咖啡的同时，还会随手带来客人爱读的报刊。维也纳人围绕着咖啡饮品发展出了一整套文化，并将其升华成一种全方位的人生态度。2011年，维也纳咖啡被联合国教科文组织列为非物质文化遗产加以保护。

维也纳咖啡种类繁多，从清咖啡到各种成色的加奶咖啡，各有特色，适合不同人的口味，而且都有各自的名称。所以，步入维也纳咖啡馆，如果简单地说要一杯咖啡，会使服务员不知所措，因为咖啡至少有40个品种。无论你要哪一种咖啡，你都会同时得到一杯水——没什么原因，只因为维也纳的水特别清凉可口。但如果服务员给客人送去第二杯水，则示意“您在这里停留的时间太长了”。此外，维也纳人喜甜食，他们多喜欢在点上一杯咖啡的同时，再添一块精致的甜点充分享受悠闲，惬意的生活，见图16-13。

图 16-13　维也纳喝咖啡习俗

这一点从奥地利诗人彼得•阿尔腾贝格的《咖啡馆的诗歌》里不难品味到维也纳独有的咖啡文化。

小知识

你忧心忡忡，这也不顺心，那也不如意，就去咖啡馆！
如果她不能履约前来，无论理由多么充分，去咖啡馆！
你的靴子穿坏了，去咖啡馆！
你的收入只有400克朗，却花出去500克朗，去咖啡馆！
你一身俭朴，从不犒劳自己，去咖啡馆！
你是一个公务员，却奢想成为一个医生，去咖啡馆！
你找不到理想中的女朋友，去咖啡馆！
你嫉恨和蔑视所有的人，却又离不开他们，去咖啡馆！
谁也不想给你赊账了，去咖啡馆！

——奥地利诗人彼得·阿尔腾贝格《咖啡馆的诗歌》

七、向世界学习喝咖啡的中国人

中国人因喝茶历史悠久，喝茶礼仪讲究而闻名于世。但说到喝咖啡，恐怕我们得向其他国家的人学习了。毕竟这不是我们的习惯。据说咖啡在晚清时传入我国，因在《康熙字典》中既无“咖”字，也无“啡”字，更不见“咖啡”一词，由此可知清初中国人还未接触到咖啡。估计最早的“咖啡”一词大概出现于民国初年的《中华大字典》：“咖啡，西洋饮料，如我国之茶，英文 Coffee”。此后，20世纪30年代出版的《辞源》也收入了“咖啡”一词，解释得更详细且正确。可见“咖啡”一词在民国时代进入了汉语词汇库并固定下来，得以广泛使用。由此可见咖啡此时在我国已站稳脚跟。

尽管咖啡传入我国已有近百年，但它并未因其传入而在中国广泛流行。咖啡的苦味对惯于饮茶的中国人来说有些陌生，当年鲁迅为了出席筹备左联的聚会而前往离他当时上海的住所很近的公啡咖啡馆，他也仍然不喝咖啡，只要一杯绿茶，之后每次去，依然是只要一杯绿茶。不过，目前，迅速壮大的中产阶级把咖啡视为身份的象征。“大家开始喝咖啡，因为觉得这很酷。这是一个宣言。他们觉得喝咖啡高雅，人人都怕被人当成老土。”凭着这样的理念，咖啡在人们的生活中已是不可或缺的饮料。到咖啡馆喝咖啡，变成了挡不住的新流行。可即便这样，咖啡并没有像茶叶那样，真正进入寻常百姓家。因为在中国，对于大多数人来说，咖啡代表着一种高雅情调，是一个时尚标签。中国咖啡馆里的咖啡价格远非它们在欧洲那样亲民（图16-14）。因此，在中国去咖啡馆里喝价格高昂的咖啡，被看作是身份和地位的一种象征，时髦和富贵的一种象征，品质和档次的一种象征。曾有外国专家如此评价到：中国人光顾星巴克不是为了喝咖啡，而是在公共背景下体现自己是新潮一族。还有人说有些人在公共场所喝咖啡，而在家里喝

图16-14　巴黎咖啡馆价目表

茶。更有英国媒体直接报道称:中国人喝咖啡纯粹是为了“扮酷”。甚至还有中国人认为中国人喝咖啡是最大的“山寨”。

尽管喝咖啡的中国人越来越多。可是中国人喝咖啡还是和外国人大不一样。“外国人喜欢早上买杯咖啡带走喝,但中国人则把喝咖啡当作社交方式。外国人走到哪咖啡就可以喝到哪儿——不论是坐是站抑或是走着,咖啡不离手。而中国人喜欢在咖啡店里坐着,通常边谈生意边喝,或边等人边喝。”在世界别的地方,大包装的咖啡比小包装的好卖,在中国恰恰相反。中国人每年喝的咖啡还不及埃塞俄比亚人的1/6。尽管2002—2003年,中国咖啡的零售额增长了10%,但茶叶的销量要比这大20倍。

“中国人懂茶,能区别不同的茶,但不懂咖啡。”美国一家咖啡公司在上海的一名管理人员说。“3+1”的速溶咖啡是中国白领的首选。蓝山咖啡很贵,在不少地方卖68元一杯,但非常受欢迎,可能只是因为它有名,其实中国人说不出它有什么好。中国咖啡制造商如此评价到:在国外,人们认可而且喜欢我们的产品。但在中国,中国自己的咖啡在本土却没市场。人们说不出咖啡的区别。中国人不懂咖啡。可见,我们要想把喝咖啡培养成到喝茶这样的水平还需要时日。要学习如何品鉴咖啡,而不是单纯追求时髦。中国人要有自己的咖啡品牌,继而拥有中国自己独特的咖啡文化,这才是我们喝咖啡的终极境界吧。

全世界咖啡饮用者的习惯和喜好各不相同。除了上述提到的以外,还有很多国家和地区有着独特的特色。例如南欧人及拉丁美洲市区的人们习惯在早上和下午或晚上各喝一杯咖啡,他们偏好深度烘焙半苦半甜且带着焦味的咖啡,最好是以Espresso机器所冲煮出的咖啡,一小杯暗黑、浓郁、上层浮着油沫、带着一点点的沉淀在杯底,在哥伦比亚这种咖啡叫作Tinto,也就是墨水的意思。早上,一小杯这样的咖啡和热牛奶混合在一个碗或大杯子中,喝咖啡的人以双手捧着碗或杯子,以咖啡的热度来温热他们的手掌,用鼻孔来感觉咖啡香,如果可能的话,他们甚至希望能跳入碗或杯中洗澡。在下午或晚上时,南欧人则偏好如同中东人所使用的小杯子(大约早上所使用的碗的1/4),黑色、浓郁且苦中带甜的咖啡。而俄罗斯人饮咖啡时,则会选择黑咖啡加糖并加一小片柠檬,这种咖啡味道浓厚而沉稳。在南印度,人们热衷于配有大量牛奶和砂糖的咖啡,因为喝这样的咖啡有助于缓解吃过辛辣食物后的味觉刺激。各国饮用的咖啡习惯没有什么孰是孰非,抑或是哪种更高雅,最重要的是找对你的“味”。

你知道吗？坐下喝要单加钱！

意大利人的“精致生活”理念把喝咖啡这件事搞得极为复杂,甚至接近于艺术化。想感受这个特点,必须要走进咖啡吧。在咖啡吧里,点咖啡需要按照严格的程序。你首先要到收银处交钱,告诉收银员你想喝哪一种咖啡;此后,你拿着收银条从人缝中穿过,到吧台前告诉侍者你要喝哪种咖啡,精明的侍者们动作轻盈,不一会儿就会端给你一杯飘着香气的咖啡。

这时,你也许会发现,多数意大利人是站着喝咖啡的。需要提醒大家的一点是,如果有侍者对你说:“请你先坐下,我过一会儿把咖啡给你端来。”那就是一个圈套,因为坐下接受服务是要另加钱的。正因为如此,许多位于居民区的咖啡吧里干脆就没有椅子。

第二节 咖啡的冲调

判断一款咖啡的好坏可以从色、香、味三方面来考量。色——冲好后的咖啡，颜色如为黄色便是最好的，这代表咖啡豆在炒制时的火候恰如其分；香——咖啡独具的香味，香味越浓代表品质上乘，味——用鼻子可闻出醇厚的味道，就是好咖啡，不过味道的醇厚与否和冲煮的方法有密切的关系，如冲煮不得要领将适得其反，不是味道不透就是变成苦味。虽说咖啡在今天也算是一种普遍的饮料，可是如何去选购咖啡、研磨咖啡，又如何去泡煮咖啡，其实还真是一门独特的艺术。

一、冲泡咖啡的工具

（一）咖啡壶

1. 虹吸式（Siphon）

虹吸式咖啡壶又称为塞风壶或真空壶，分上下两截，玻璃做的，下方装水，用酒精灯或瓦斯灯加热，咖啡豆要磨成中等粗细放在上方，中间隔有包布滤网，待水沸腾后，蒸气压力迫使水透过管子上升，此时上壶中的咖啡豆粉与热水接触，经由搅拌的动作使其混合如泥泞状，溶析出咖啡的四味一香，如图16-15所示。让咖啡与水充分浸泡后熄灭火源，待下层球内的空气冷却后，会形成真空状态，将咖啡液体透过滤布吸回基座内，此时把咖啡倒入预热过的杯子，即可沉醉于其独特的芬芳中，品啜其甘苦兼备之口感。

图16-15 虹吸式咖啡壶

虹吸式咖啡壶在大多数人的印象里总带有一丝神秘的色彩。一般人经常对它是一知半解，甚至带有错误的印象，通常有两种极端的看法，一种说法认为使用虹吸式咖啡壶不过是把水煮开、咖啡粉搅一搅就好了；另一种说法认为虹吸式咖啡壶看起来很危险的样子，其实只要是不当的操作每一种咖啡的煮法都有隐藏的危险性。虹吸式咖啡壶需要较高的技术性，以及较烦琐的程序，在如今分秒必争的社会里有逐渐式微的趋势，但是虹吸式咖啡壶所能煮出咖啡的那份香醇是一般以机器冲泡的研磨咖啡所不能比拟的。

用虹吸式咖啡壶来煮咖啡，要注意几点：水量、水质、火候、咖啡粉的用量和粗细、搅拌、时间。具体步骤见表16-2。

虹吸式咖啡壶操作步骤 表16-2

步　骤	图　示	备　注
步骤一、倒入热水至玻璃下球，以大火煮开，待水沸腾	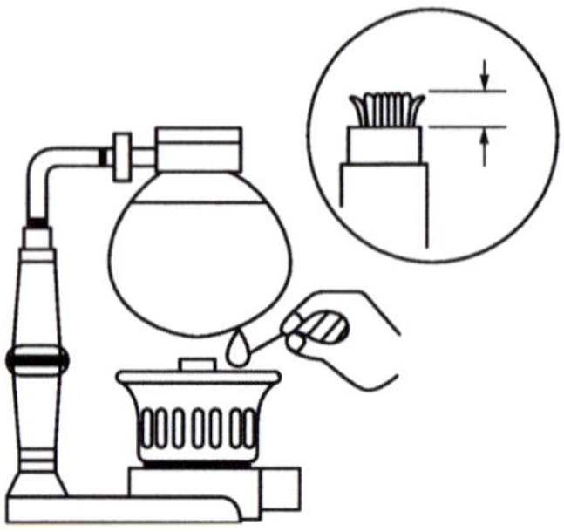	注意：煮一杯时要加入下球的水量为200毫升，不倒底水时需175毫升，煮两杯时需350毫升。倒完水后将玻璃下球用抹布擦干，否则容易使玻璃破裂
步骤二、将过滤器装入上球	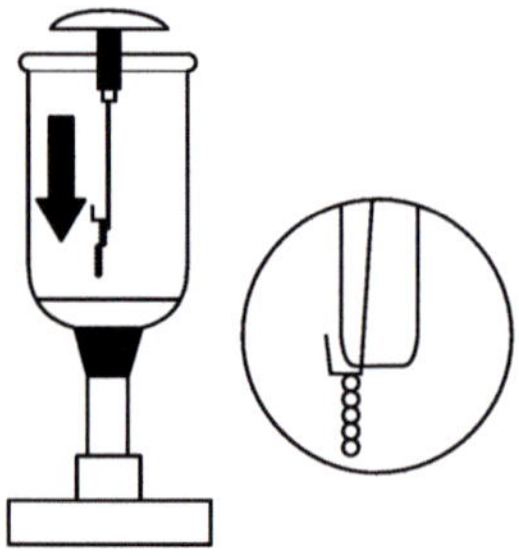	注意：将过滤器的勾子钩住上球的底部，再用调棒将过滤器调整到中间的位置
步骤三、水沸腾后，将上球插入下球	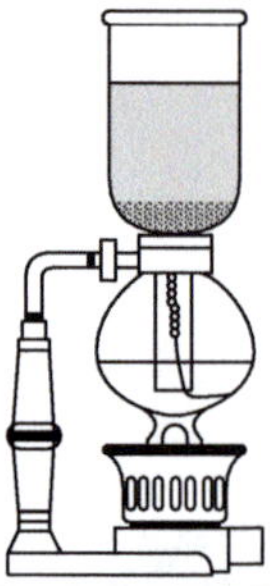	转成小火，小心地将玻璃上球斜放入下球，确定水不会太滚而喷出时，将玻璃上球直直地稍微向下压并同时旋转即可
步骤四、水上升一半后放咖啡粉，开始搅拌，搅拌完开始计时	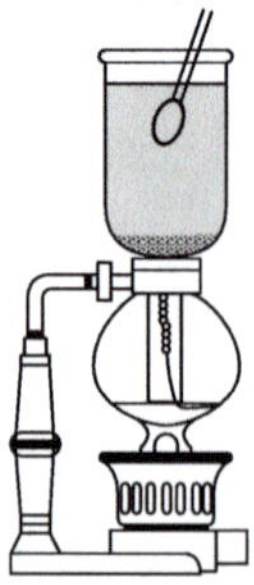	倒入每一杯的用量是15克，并开始第一遍的搅拌，搅拌的时候不要绕圆圈，应左右画四分之三圆来回，由上往下把粉压入水中，使两个不同方向的力量相互撞击，不要搅拌太久，只要使咖啡粉散开即可
步骤五、25s时做第二次搅拌		

续上表

步 骤	图 示	备 注
步骤六、55秒时做第三次搅拌，60秒时关火	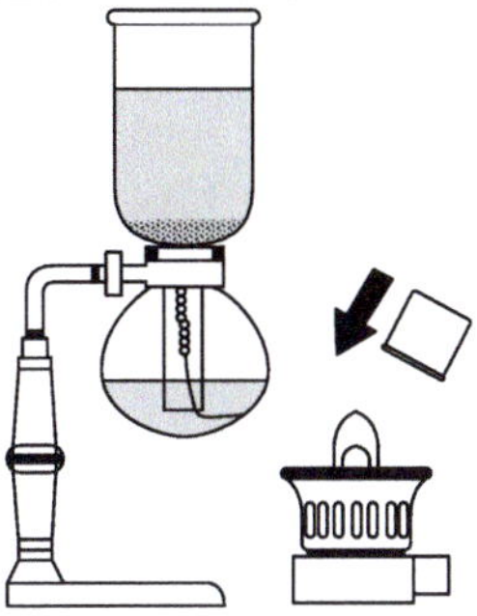	煮单品咖啡时间只要50秒(20秒时第二次、45秒时第三次)，煮一杯时，在关火后迅速将上球拔起，把下球的余水倒掉，再插回上球，这样的动作叫作倒底水，如果不想做这个步骤，水只要175毫升就可以
步骤七、关火后立即以湿冷的毛巾擦拭玻璃下球		
步骤八、当咖啡液过滤至快结束时，将玻璃上球拔起，不要让最后的咖啡流下		

使用虹吸式的方式冲泡咖啡时，滤布的清洁与保存是颇麻烦的工作，它在第一次使用之后，布质便由洁白变为棕褐色，积存了无法完全去除的脂肪及蛋白质，与空气接触会产生令人厌恶的恶臭味，严重影响咖啡的美味。

2. 蒸气冲煮式咖啡壶——摩卡壶

摩卡壶(图16-16)是一种利用水沸腾时产生的压力来帮助烹煮咖啡的方法，它最早起源于意大利，发明人Alfanso Bialetti从当地妇女使用的洗衣机上看到一个可运用在煮咖啡上的构造。当时的洗衣机中间有一根金属的管子，将加热后的肥皂水从洗衣机的底部吸上来再喷到衣服的上方。AlfansoBialetti从此处得到灵感，制作出世界上第一只通过蒸汽压力而萃取咖啡的家用咖啡壶，让人们可以在家就煮出咖啡馆般的好咖啡。因此也有人说“拥有一个意大利摩卡咖啡壶，就相当于拥有了一个Espresso咖啡馆，就能够喝上最好的意大利浓缩咖啡。”

每个意大利家庭都备有几个不同尺寸的摩卡壶。不管你是否喜欢咖啡本身，摩卡壶看上去实在漂亮极了，非常招人喜爱。摩卡壶的双层壶盖的完美设计使它的顶部可以用于加热。摩卡壶也因此兼有意大利咖啡机和咖啡渗滤壶的特点。冷水在摩卡壶中加热烧开后，通过壶中的一根管道向上，然后在向下，穿过幼细的咖啡粉。这样在1分钟内就调制出颇有特浓咖啡意味的咖啡来，完全可以满足酷爱咖啡人士的需要。

咖啡壶分为上下两部分，如图16-17所示，中间以导管连通。下面的A用来盛水，当对咖啡壶底部加热至沸腾后，水转化为水蒸气，水面上压力增大。于是开水从导管进入到上面盛放研磨咖啡的B部。经过滤网过滤后进入C部，之后便可饮用。使用于摩卡壶的咖啡粉一般研磨得较幼细，冲出来的咖啡比一般滴滤咖啡浓。

图16-16　摩卡壶外形

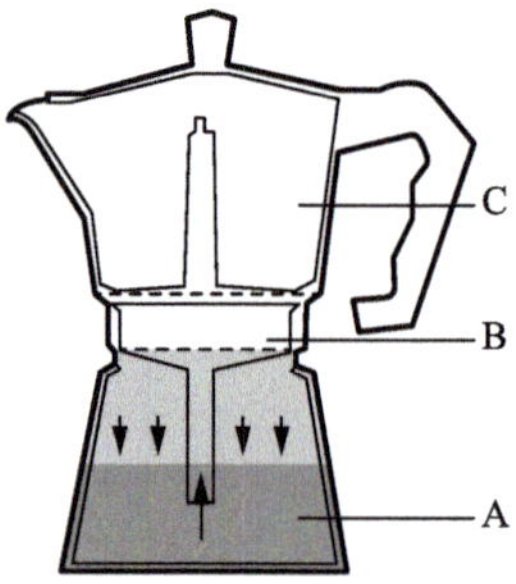

图16-17　摩卡壶构造

个性化的造型，美观又不占空间，使得摩卡壶成为很多家庭的选择。早期摩卡壶的材质大多为铝制品，现在则多改为对人体较为无害的不锈钢塑材。

利用煤气、瓦斯炉、酒精炉等工具加热壶底，水沸腾时产生的蒸汽压力使滚水上升，经过装有咖啡粉的过滤壶上半部；当咖啡流至上半部时，将火关小，如果温度太高会使咖啡产生焦味。摩卡壶可以使受压的蒸汽直接通过咖啡粉的细胞壁，将咖啡内的精华萃取出来，故而冲泡出的咖啡具有浓郁的香味及强烈的苦味，咖啡的表面会浮现一层薄薄的咖啡油，这层油正是意大利咖啡诱人香味的来源。而一杯好的意大利浓缩咖啡最重要的标志就是它表面的这层浅驼色的乳剂，这是由咖啡中的脂肪、水和空气在萃取过程中混合而成的，乳剂颜色均匀，3～5厘米厚，轻摇咖啡杯，这层乳剂会像稠糖浆一样粘在杯子上。如果乳剂呈深棕色甚至是黑色，表明咖啡萃取过了头；如果呈淡黄色，则表明咖啡还没有被充分萃取。

用摩卡壶煮咖啡时，首先把下腔室注满水，但不要超过安全气孔。再将滤器里装满咖啡粉。滤器都经过专家悉心设计尺寸，因此，不需要再去度量咖啡粉量，只要把滤器装满即可。然后把上下腔室套入旋紧，即可放到火上烧煮。具体操作见表16-3。

摩卡壶属于利用高压蒸汽萃取咖啡的器具，具有体积小、外形典雅、操作简单、冲煮快速等特点，所以摩卡壶非常适合家庭使用。摩卡壶烹煮出的咖啡也称为摩卡咖啡(Mocha)，虽然不是真正的浓缩咖啡，但可以说是加倍强劲的咖啡。

摩卡壶操作步骤　　表16-3

步　骤	图　示	备　注
步骤一、在摩卡壶的底部放入适量的热水		通常煮出一杯Espresso的量不会超过60毫升

续上表

步　骤	图　示	备　注
步骤二、将咖啡粉放入摩卡壶中间状似漏斗的容器中	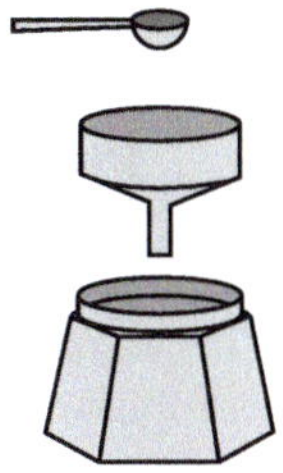	每一杯的用量为8～9克，将咖啡粉摊平，稍做挤压，但不要压得太密，然后放入壶中
步骤三、将摩卡壶的上座与下座完全拴紧，以确保加热时水不会从中间渗出		—
步骤四、将摩卡壶由底下加热，可以用手拿或是放在专用的架子上，底下用酒精灯或瓦斯炉来加热，直到水沸腾后全部流到上座为止		—
大功告成，品尝一下香浓的咖啡吧		—

3. 活塞壶——法式压榨壶（French Press）

法式压榨壶（French Press）是一种简单的冲泡咖啡的器具，是由法国人于1850年发明的，如图16-18所示。这个壶结构简单、使用方便和清洗快捷，最适合用来制作单品咖啡。使用时只需先用热水温壶，放入适量中度研磨咖啡粉。咖啡粉与水的比例是至少四尖茶匙咖啡粉对约半升水。到入刚烧开的水，用一根木汤勺充分搅拌匀，用一保温套包住咖啡壶保温。让咖啡浸泡3～5分钟，慢慢沉淀，然后将带有滤网的活塞压到壶底，使咖啡粉末和泡好的咖啡分开。如果喜欢喝浓一点的咖啡，可以用四茶匙以上的咖啡粉。具体操作见表16-4。

图 16-18　法式压榨壶

活塞壶操作步骤　　表 16-4

步　骤	图　示	备　注
步骤一、将咖啡粉置入法压壶中	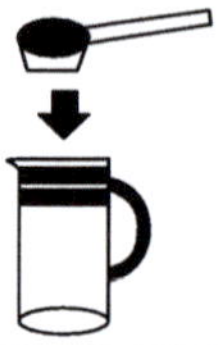	—
步骤二、将 86 ～ 92℃的水倒入法压壶中		—
步骤三、2 ～ 4 分钟后，用滤网将咖啡压下，此时动作一定要轻、要慢，否则咖啡中会混有大量的咖啡细粉		这个时间由个人掌握，时间长，则焦苦味道重些，反之则酸味重些，咖啡也清淡些，这个时间还同咖啡研磨度有关，粗粒则时间长些，反之时间短些
步骤四、盖上过滤网，轻压到底		
步骤五、将咖啡倒入已经温过的咖啡杯中。根据个人喜好加糖、加奶		

法式压榨壶（活塞式咖啡壶）非常方便，仅次于滴滤式，是目前制作新鲜咖啡最流行的两种方法之一。便宜一些的咖啡壶用尼龙代替不锈钢做个滤层。用活塞壶法可以很方便地处理掉咖啡残渣，使你得以充分享受百分之百的咖啡风味。它的另一个优点是可供选择的量很多，所以当你冲调早餐咖啡时，你不必使用八杯量的壶。正是因为它原始和简单，咖啡中独特而又复杂的各种味素都可以被表现得淋漓尽致，至今 150 多年依然非常流行，并广泛地使用，进入中国后更摇身一变成为了冲茶器，用来泡茶。

4. 滴滤式（Dripper）

滴滤方式萃取咖啡已有相当长的历史，从滤布到滤纸，从手动到自动，而用法兰绒手网来滴滤咖啡却是历经百年，至今仍令咖啡爱好者乐此不疲。法兰绒这种织物诞生于 18 世纪的英国威尔士，咖啡爱好者发现用法兰绒过滤，既保温又透气，咖啡粉能充分膨胀，可获得最香醇的咖啡，甚至一些其他萃取方式品尝不到的风味细节也能显露出来。滴滤式的咖啡壶可以看到咖啡豆完整的萃取过程，从咖啡粉膨胀到咖啡液一滴一滴滴落在晶莹剔透的壶内，整个过程赏心悦目，香气四溢，是你桌面最美的风景，见图 16-19。

图 16-19　滴滤式咖啡壶

滴滤式可能是现在煮咖啡最常用的一种方法，在德国和美国特别流行。事先用热水温壶，将滤纸放入滤杯，幼细的咖啡粉放入锥形滤器中，然后倒入接近滚开的水。最好先倒入少量开水淋湿咖啡粉末，使咖啡油先尽快释放出来。开水经过滤器中的咖啡，三角形的滤纸袋滤掉所有的残渣，留下的是清澈、香气宜人的咖啡液。具体操作见表 16-5。滤泡式适宜用细咖啡粒。粉末状咖啡粉会堵住滤孔，阻碍咖啡液往下流。粗颗粒咖啡粉则会让水流得太快，做出来的咖啡味道很淡。

滴滤式操作步骤　　表 16-5

步　骤	图　示
步骤一、将滤布装上，并放置在玻璃滤斗壶上	
步骤二、以量匙将中细研磨的咖啡粉人数份（一人份 10 ～ 12 克，对应 120 毫升水）倒入手网的法兰绒滤布。咖啡粉倒入过滤网后将咖啡粉摊平，由中心点稍微将咖啡粉往周围拨，但不要将咖啡粉压紧，使咖啡粉稍微呈漏斗状	
步骤三、将煮沸的热水降温至 90 ℃左右，用壶嘴细长的水壶，由咖啡粉的中心点开始倒水，以稳定的水量和速度，向外绕一圆圈让咖啡粉均吸到水，即可停手，让已膨胀起来的咖啡粉焖蒸约 20 秒	
步骤四、第二次注入以稳定的水量和速度，向外绕圆圈，但不要冲到没有咖啡粉的地方，等水淹满咖啡粉后，稍等让水滤下，继续再由中间开始向外绕圆圈冲水。直到滴到所要的水量之后，不论滤杯中是否仍有水，将过滤网即刻移开，完成	

冲泡咖啡的方式多种多样。有人偏爱享受虹吸式咖啡壶的浪漫悠雅，也有人独钟法压壶的简单纯粹、摩卡壶的意式风情，或是手冲滤泡式咖啡的风味。不必在乎别人怎么说，只要冲泡的人用得顺手，煮得方便，喝得开心，那就是最适合的咖啡煮法。

此外，冲泡出一杯好的咖啡，咖啡豆的质量至关重要。只购买“有标示烘焙日期”的“新鲜烘焙”咖啡豆是最基本的原则。在国外，咖啡豆是生鲜食品已是相当普及的观念。新鲜烘焙是一杯好咖啡的生命。新鲜烘焙的咖啡豆保有最香浓迷人的咖啡风味，能够轻易煮出一杯最香醇的咖啡。如果咖啡豆未清楚标示烘焙日期，或者已经烘焙超过7天的，最好就不要购买了。因为不新鲜的咖啡豆风味早已流失，只能煮出一杯不够香醇，甚至可能已经变调走味的苦涩黑水。另外，在一杯咖啡里，98%以上成分是水，因此水的重要性也是毋庸置疑的。如果使用不干净或有怪味的水煮咖啡，即使用最好的咖啡豆也是白费力气。因为差劲的水能够毁坏最好的咖啡。煮咖啡与泡茶一样，需避免使用蒸馏水，如果您所在的地方自来水质量不佳，使用干净的山泉水也是个理想的方法。

（二）咖啡杯

中国人吃饭讲究美食要有美器配。同样，一杯好咖啡，除了精心的烘焙和精巧的操作技巧以外，咖啡杯也充当着极其重要的角色。

1. 咖啡杯的尺寸

一杯咖啡的浓烈程度有时候可以从咖啡杯的尺寸看出端倪。一般来说传统咖啡杯的尺寸分为3种：

（1）100毫升以下的小型咖啡杯，盛装咖啡量在50～70毫升，多半用来盛装浓烈滚烫的意式或浓烈的单品咖啡，如图16-20所示。这种咖啡杯非常适合用来品尝纯正的优质咖啡，例如只有50毫升左右的Espresso，虽然几乎一口就能饮尽，但徘徊不去的香醇余味，最显咖啡的精致风味。

图16-20　小型咖啡杯

（2）200毫升左右的一般咖啡杯，盛装咖啡量在150～180毫升，是最常见的咖啡杯。一般喝咖啡时多选择这样的杯子，有足够的空间，可以自行调配，添加奶末和糖。清淡的美式咖啡多选择这样的杯子。

（3）300毫升以上的没有底盘的马克杯或法式欧蕾专用牛奶咖啡杯，适合加了大量牛奶的咖啡，像拿铁、美式摩卡，多用马克杯，才足以包容它香甜多样的口感。而浪漫的法国人，则惯常用一大碗牛奶咖啡（欧蕾咖啡），渲染持续一整个早上的雀跃心情。

当然，为了冲制一些美观和漂亮的花式咖啡，也会用到各种玻璃制高脚杯、啤酒杯等。不过不算在纯种咖啡杯内。

2. 咖啡杯的材质

现在越来越多的人喜爱喝咖啡，这样也就免不了备几个咖啡杯来用。咖啡杯的材质有很多种，瓷器、陶器、骨瓷、不锈钢、塑料、纸等等都是常见的材质。在选购咖啡杯时，可依咖啡的种类和喝法，再配合个人的喜好及饮用场合等条件来选择。各种各样的咖啡杯相对而言，都有自己的优缺点，所以在选购上面要根据自己的情况而定。

一般说来，瓷器杯子适于口感较清淡的咖啡，陶器杯子较适合深炒且口味浓郁的咖啡。瓷器和陶器都是上釉烧成，瓷器质地较细，不具吸水性，当然价格也会高很多。陶器质地较为粗糙，略具吸水性，若釉彩掉落，那一部分就容易被污染洗不掉。因此选陶瓷杯时无彩釉涂染的陶瓷杯应是首选，尤其是内壁要无色，如图16-21所示。这样的杯子不仅材质安全，耐高温，而且还有相对的保温效果。此外，咖啡液的颜色呈琥珀色，且很清澈。所以为了将咖啡这种特色显现出来，最好是用杯内呈白色的咖啡杯。用高级瓷土，混合动物骨粉烧制成的骨瓷，质地轻盈、色泽柔和，而且保温性很好，可使咖啡在杯中保持温度让品尝者慢慢品味。 因为骨瓷杯是用高级瓷土烧制而成的，因而价格极高。

不锈钢咖啡杯(图16-22)，主要是由金属元素构成，在通常情况下是比较稳定的，但是在酸性环境下，就有可能溶出，在喝咖啡、橙汁等酸性饮料的时候选用不锈钢的杯子是不安全的。所以若使用不锈钢咖啡杯，要尽量快速地饮完杯中的咖啡。

图16-21　陶瓷杯

图16-22　不锈钢咖啡杯

塑料咖啡杯在盛装热咖啡时，一些有毒的化学物质很容易稀释到水中，并对杯子塑料内部的微观构造造成很多的孔隙，隐藏污渍等，清洗不净容易产生细菌。在选购这类咖啡杯的时候，建议选购耐热性较好且底部标有“5”的PP材质的杯子。

纸质咖啡杯(图16-23)主要在于用起来方便快速，但是在卫生、合格率上面是无法保证的，若杯子不合格会给人体带来很大的潜在危害。因此在饮用咖啡时是不可取的。

此外，也有很多人喜欢用玻璃咖啡杯(图16-24)来盛咖啡。可以说用玻璃咖啡杯是健康安全的，而且容易清洗，但是由于它的耐热性没有陶瓷杯子好，所以多选用玻璃杯盛装冰咖啡，在盛装热咖啡的时候多选用陶瓷杯。

图16-23　纸质咖啡杯

图16-24　玻璃咖啡杯

这么多的咖啡杯可供选择，最基本的一条原则就是，咖啡杯是绝对不能和咖啡起化学反应的，所以活性金属绝对不能做咖啡杯，例如铝制杯子。咖啡杯的杯身要厚实，杯口不宽外张，杯子使咖啡的热气凝聚，不易迅速降温，不致影响咖啡的口感和味道。在个人喜好上，除了就杯子的外观来看之外，还要拿起来看看是否顺手，如此使用时才会感到方便舒服。杯子的重量，以挑选重量轻的为宜，因为较轻的杯子质地较密致，质地密致表示杯子的原料颗粒细微，所制成的杯面紧密而毛孔细小，不易使咖啡垢附着于杯面上。喝咖啡是一种生活享受，需要我们慢慢地品味，因此选择一款适合自己且喜欢的杯子是非常重要的。

3. 世界知名咖啡杯

（1）Wedgwood（威基伍德）

对欧洲瓷器稍有涉猎或收集的人，很少有不知道英国Wedgwood 的。从 1759 年创立至今的250年历史中，Wedgwood已经成为世界上最具有英国传统的陶瓷艺术的象征。因其优良的品质、精美的设计而一直作为英国皇室的御用瓷器提供商。

经过百年经营，Wedgwood俨然成为精品骨瓷的代名词，为了丰富Wedgwood商品系列，1986年与爱尔兰水晶品牌Waterford合并，正式成立Waterford Wedgwood集团，更于1997年加入了德国瓷器品牌Rosenthal。今日，Wedgwood每年的骨瓷生产量占全英国瓷器总量的25%，更曾一度获得女皇授予奖章以表彰对出口贸易的贡献。Wedgwood骨瓷除了色泽纯白和半透明外，还是世界上最坚固的陶瓷体，外观美丽悦目，质轻，但极其耐用，见图16-25。Wedgwood骨瓷餐具已经被遍及全世界的许多著名人士和具有辨别力的企业所选择。很多国家的政府、航空公司、医院、大学都是Wedgwood餐具的顾客。全世界80多个国家的旅馆和餐厅都最优先选用Wedgwood的陶瓷制品。

图16-25　Wedgwood骨瓷杯

Wedgwood代表了整个瓷器产业的演进史，从一个瓷器品牌，到旗下拥有数个品牌的居家精品集团。创始人Josiah在品牌创立初期发明Cream Ware（乳白瓷器），为Wedgwood带来丰厚的利润，美丽的外观加上极具竞争力的价格，促使Wedgwood乳白瓷器成为市场上的热销商品，也是英国瓷器史上的一大成就。1765年Wedgwood荣获英国皇家选用，夏绿蒂皇后特许他以Queen' s Ware（皇后御用瓷器）为名，这项殊荣让Wedgwood在上流社会中崭露头角，全欧洲皇家贵族竞相以拥有一套Wedgwood的餐具宴客为荣。Josiah终其一生醉心于瓷器制作与材质的研发，最知名的发明当属历经了千百次的试验，终于在1775年成功问世的Jasperware（浮雕玉石系列，见图16-26）。Wedgwood骨瓷浮雕玉石的成功，被誉为继中国人于1000年前发明陶瓷之后的最重要及最杰出的陶瓷制造技术，也是Wedgwood 中最令人赞赏的材质。直至今日，浮雕玉石仍旧是全世界最珍贵的装饰作品之一，其美丽配方至今仍是Wedgwood独步全球的秘密。

图16-26　Wedgwood浮雕玉石

（2）Rosenthal（罗森泰）

罗森泰又译为罗森塔尔，于1879年创立，至今已有100多年的历史。和欧洲其他老牌陶瓷厂商麦森、威基伍德相比，罗森泰的历史并不悠久。为了在竞争激烈的高端陶瓷行业中谋得一席之地，罗森泰在创立之初就有意识地把自己和这些传统风格的瓷器品牌区分开来，将自己定位于传达当代艺术文化的理念与精髓，生产兼具未来前瞻性与历史传统性的高级餐具。其瓷器见图16-27。在此清晰定位之下，罗森泰经过多年的发展，不仅成为德国规模最大的瓷器制造商，而且还成为世界顶级的陶瓷餐具品牌。在20世纪60年代，罗森泰公司在菲利普·罗森泰二世的经营下成为股票上市公司，之后更成为世界五大精致陶瓷及水晶器皿知名厂牌之一。在此时期，他决定了studio-linie（精品系列）的开发，他相信借由一流设计师的卓越创作，可以传达"当代艺术文化的理念与精髓"，罗森泰自此与无数国际知名设计师缔约，创作兼具未来前瞻性与历史传统性的高级餐具。

图16-27　罗森泰瓷器

Rosenthal studio-linie（罗森泰精品系列，见图16-28）：材质多为全瓷，作品均为当代知名艺术家精心杰作，采现代设计、限量发行为导向，颇具收藏价值。

Rosenthal classic（罗森泰古典系列，见图16-29）：材质多为珍珠瓷(pearlchina)，以欧洲皇室贵族品味为设计导向，具体表达精致优雅的传统品味。

Thomas（汤玛士系列）：以家庭餐厅实用为设计导向，属于活泼和功能性产品。cupola造型系列(图16-30)为近10年来罗森泰代表作，最受收藏者青睐，盘面上凸出的环状设计可防止杯子滑动。

图16-28　罗森泰精品系列

图16-29　罗森泰古典系列

图16-30　cupola造型系列

（3）Royal Copenhagen（皇家哥本哈根）

皇家哥本哈根瓷器，正式名称为皇家瓷器制造厂(丹麦语：Den kongelige Porcelensfabrik)，是由丹麦皇后茱莉安·玛莉于1775年5月1日在哥本哈根创立。标志上(图16-31)上的皇冠代表皇家御用的无上权威，三条波浪线则代表围绕丹麦的三个海峡：Oresund，Storebelt和Lille Belt。在1790年，皇家哥本哈根制造了现在出名的丹麦之花(拉丁语：Flora Danica)，其特色在于：蓝色涂料、镶金边和丹麦花卉图案，见图16-32。几乎一个世纪中，丹麦皇家瓷器工厂(Royal Danish Porcelain Manufactory)都是由皇室家族控制。直到1868年，才由私人掌管。1882年到1884年，工厂与Aluminia陶瓷工厂合并，后来，又于1853年与成立的第二丹麦瓷器厂Bing &Grondahl合并后，才成为今天的皇家哥本哈根(Royal Copenhagen)。

Royal Copenhagen皇家哥本哈根陶瓷是丹麦的最好的瓷器工厂，每件瓷器都由陶瓷艺术家传统手工绘制，笔触栩栩如生无可复制(图16-33)。高度的艺术涵养结合精致典雅的设计，精心制造出瓷器中的稀世珍宝。皇家哥本哈根瓷器兼具丹麦传统手工艺和中国瓷绘风格，因奢华尊贵闻名世界，是丹麦人引以为傲的国宝。建厂200多年来，皇家哥本哈根瓷厂创作了多款最具经典的系列陶瓷产品，因其高超典雅的艺术设计和制作工艺，一直是欧洲贵族和上流社会奢华用品的代表用具。

图16-31　皇家哥本哈根瓷器标志

图16-32　丹麦之花

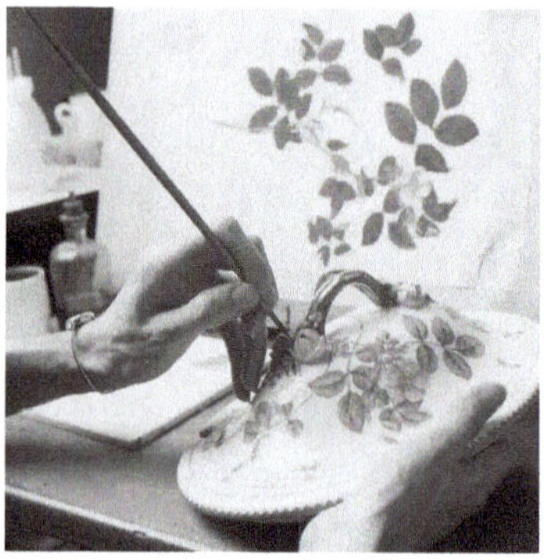

图16-33　手工绘制的皇家哥本哈根

(4)Herend（赫伦）

匈牙利国宝级手绘瓷器制造商、世界三大手绘瓷器之一的Herend于1826年在赫伦村庄创立。其以专业生产品质精良的手绘瓷器著称，至今仍然按照传统手工艺方法，利用手工成形和上漆制造陶瓷。早在1851年，Herend已得到当时维多利亚女王的垂青，今时今日，日皇明仁、文莱国王、英国及泰国的皇室成员，差不多所有美国历代总统、好莱坞明星和数不尽的皇室贵族及影视名人，同样是Herend陶瓷的忠实拥护者。

Herend对于旗下每件作品的每一个细节，都要求谨慎。即使是最小的一件作品，也至少要经过17双手的精雕细琢。其瓷器餐具因为多层次的手绘技法，而拥有各式各样明亮耀目的色彩，题材上则深深受到古典欧洲与中国风格的影响，图案取材以大自然的花、飞鸟、蝴蝶为主，并散发独特的东方色彩，即使百年后还是会为它感到骄傲。其中以Majestic（皇家典藏）系列为较高等级的系列，极具收藏价值，在花色及图样上也较为丰富。如同它的名字所意喻的高贵与庄严，在皇家典藏系列里，瓷器多带有强烈的金色调，并散发独特的东方色彩，杯组上的图案则是酝含某种故事意涵，可能是一只自在栖息的飞鸟，也可能传达出古老皇室的神秘浪漫。赫伦瓷器见图16-34。

图16-34　赫伦瓷器

（5）其他知名咖啡杯赏鉴（图16-35～图16-38）

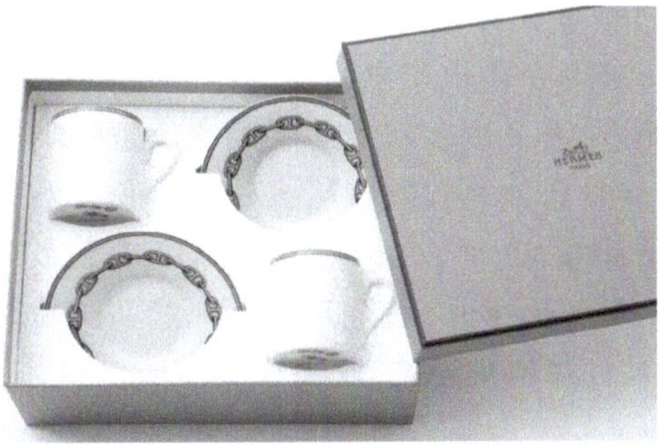

图16-35　法国HERMES（爱马仕）Chained Ancre锚炼系列

图16-36　法国LIMOGES CASTEL（里摩日卡斯塔诺）罗密欧与朱丽叶

图16-37　意大利最古老的瓷器品牌“Richard Ginori 理查德·基诺里”

图16-38　日本Narumi（鸣海）

你知道吗?

有些人端起精巧的咖啡杯品味咖啡美味的同时,往往会再仔细欣赏手中的咖啡杯。可有不少人无法正确地分辨出手中握的是咖啡杯还是红茶杯。通常红茶杯为了使红茶的香味能扩散开来,并且方便欣赏红茶的色泽,所以杯底较浅、杯口较广,透光性也较高,而咖啡杯则杯口较窄、材质较厚,且透光性低。质地优良的咖啡杯,杯面紧密、毛孔细小,不易附着咖啡垢,所以饮用完咖啡后,只要立即以清水冲洗,即能保持杯子的清洁。经长期使用的咖啡杯,或是用完后未能马上冲洗,使咖啡垢附着于杯子表面,此时可将杯子放入柠檬汁中浸泡,以去除咖啡垢。

二、咖啡的制作

对于大多数中国人来说,咖啡是一种流行饮品,是一种时尚标签。它不仅仅是一种点缀饮品,更是一种生活方式。所以越来越多的年轻人喜欢去咖啡馆聚会,咖啡也成了不少家庭的必备饮品。20世纪70年代,咖啡在中国仍停留在“贵族”阶段。一些大饭店的咖啡厅,主要是为住店的外宾准备的。20世纪80年代,人们开始认识了“麦氏”与“雀巢”速溶咖啡。20世纪90年代后期,星巴克传入中国时,中国人对喝咖啡的概念已经发生了变化。再到后来的越南G7、马来西亚白咖啡、旧街道等等品牌的速溶咖啡进入中国市场后,中国人对喝咖啡的情结已日趋高涨。对于大多数中国人来说,咖啡代表着一种情调,一个时尚标签。在长久的发展历程中,咖啡从单一的种类发展到现在有各种各样的款式和口味,人们对于咖啡这款流行饮品的选择更加多样化,咖啡中体现的文化也更加多样性,了解它们才可以更准确地选择一款适合自己的咖啡。咖啡店供应的许多品种咖啡有各种各样的添加调味剂,如巧克力、酒、薄荷、丁香、柠檬汁、奶油、奶精等,各民族的人喝咖啡的口味也不同。

(一)咖啡的种类

1. 单品咖啡

单品咖啡,就是用单一咖啡豆磨制而成,饮用时一般不加奶或糖的纯正咖啡。有强烈的特性,口感特别:或清新柔和,或香醇顺滑;成本较高,因此价格也比较贵。比如著名的蓝山咖啡、巴西咖啡、意大利咖啡、哥伦比亚咖啡都是以咖啡豆的出产地命名的单品。单品咖啡中摩卡咖啡的命名就比较特别。摩卡是也门的一个港口,在这个港口出产的咖啡都叫摩卡,但这些咖啡可能来自不同的产地,因此每一批的摩卡豆的味道都不尽相同。

2. 综合咖啡

综合咖啡,也称混合咖啡,一般是由3种或3种以上不同品种的咖啡,按其酸、苦、甘、香、醇调配成另一种具有独特风味的咖啡,好的综合咖啡调配完成后清香扑鼻、滑润爽口、色泽金黄,是咖啡中的上品。混合调配而成的咖啡饮品,随意性很强,追求个性色彩。

咖啡专业人士以及咖啡爱好者,通常会选择味道纯正的单品咖啡,而拼配出来的综合咖啡却能够迎合更多人的口味,特别是一些不太适应咖啡苦味,比较喜好甜食的人们,还有一些热衷于DIY创意的咖啡爱好者,他们往往根据自己喜好的口味,调配出具有特殊风格品位的咖啡,来享受这一特别的过程。另外,一些酒吧、咖啡馆也会推出多种咖啡饮品,供客人们选择。不过，想要调配出一杯好的综合咖啡来，并不是一件简单的事情，有些会有严格的比例要求，对于咖啡师来说，也是需要一定时间练习和掌握的。

有些人以为意式浓缩咖啡太浓，担心咖啡因太多，会影响睡眠或健康，所以选择法式咖啡、牛奶咖啡等。而真正喝咖啡的行家大多会用Espresso来测吧台的功力，因为Espresso无法用水与牛奶来掩饰，因此最能呈现咖啡的原味。

（二）咖啡的制作

1. 永恒的经典——拿铁咖啡（Caffè latte）

拿铁咖啡是意大利浓缩咖啡与牛奶的经典混合，意大利人也很喜欢把拿铁作为早餐的饮料，如图16-39所示。意大利人早晨的厨房里，照得到阳光的炉子上通常会同时煮着咖啡和牛奶。喝拿铁的意大利人，与其说他们喜欢意大利浓缩咖啡，不如说他们喜欢牛奶，也只有咖啡才能给普普通通的牛奶带来让人难以忘怀的味道。

图16-39 拿铁咖啡

拿铁咖啡的制作方法

材料：

- 浓缩咖啡30毫升
- 牛奶120毫升

做法：

（1）先将牛奶加热到80℃左右；

（2）将浓缩咖啡倒入杯中；

（3）将牛奶倒入杯中。

2. 完美无瑕——卡布奇诺（Cappuccino）

意大利人喜欢把卡布奇诺当作早餐中的饮料，如果再配上热而香甜的苹果派，简直就是一天的完美开始。他们有时也在一天中的闲暇时光喝上一杯卡布奇诺，但是通常会把正餐后的咖啡时间留给浓缩咖啡。

一杯地道的意大利卡布奇诺咖啡，需要半杯意大利浓缩咖啡和半杯打成泡沫状的牛奶，也可以在牛奶的上面洒上可可粉或肉桂粉，用来作为装饰之用，同时防止牛奶起皮，如图16-40所示。

图16-40 卡布其诺

卡布奇诺的制作方法

材料：

- 浓缩咖啡30毫升
- 牛奶90 毫升
- 肉桂粉少量

做法：

（1）制作牛奶泡沫；

（2）将浓缩咖啡倒入杯中；

（3）将牛奶泡沫浇在浓缩咖啡上；

（4）撒上肉桂粉。

3. 浓郁甜蜜——摩卡咖啡（Mocha coffee）

摩卡咖啡制作十分简单。在拿铁咖啡中加入巧克力就可以调成香浓的摩卡咖啡，如图16-41所示。不过巧克力通常会以巧克力糖浆的形式添加，但某些咖啡售卖系统便会以即溶巧克力粉取代。有时，打起了的奶油、可可粉，及棉花糖都会加在上面用来加重咖啡的香味和作为装饰之用。和意式卡布奇诺（Cappuccino）不一样，摩卡咖啡上面是没有鲜奶泡沫的。取而代之，摩卡咖啡上面通常是一些打起了的奶油和肉桂粉或者可可粉其中之一。也有可能加入葵蜜饯粉在表面作为装饰并且增加风味。有种摩卡的变种是白摩卡咖啡（White Café Mocha），用白巧克力代替牛奶和黑巧克力。除了白摩卡咖啡之外，还有一些变种是用两种巧克力糖浆混合，它们有时被称为“斑马”（Zebras），也有时会被滑稽地叫做“燕尾服摩卡”（Tuxedo Mocha）。摩卡的特点就在于它既有意大利浓缩咖啡的浓烈，又包容了巧克力的甜美，更融合了牛奶的柔滑。

图16-41　摩卡咖啡

摩卡咖啡的制作方法

材料：

- 浓缩咖啡30毫升
- 牛奶90毫升
- 榛子糖浆10毫升
- 巧克力酱20毫升
- 巧克力片适量

做法：

（1）向杯子中倒入榛子糖浆、巧克力酱和咖啡，搅拌；

（2）制作牛奶泡沫，加入（1）中；

（3）上面放上生奶油，撒上巧克力片，挤上巧克力酱。

4. 帝王气质——皇家咖啡（café royale）

法国一向以咖啡馆出名，自然也有几种代表性的咖啡了。首先是高贵的皇家咖啡。这一道极品可是由法国皇帝拿破仑发明的。他可不喜欢奶味，他喜欢的是法国的骄傲——白兰地！他在咖啡中掺入烈酒，这款咖啡最大的特点是在饮用时需要用火将白兰地和方糖点燃，当蓝色火焰舞起白兰地的芳醇与方糖的焦香，再合上浓浓的咖啡香，苦涩中略带着丝丝的甘甜，将法兰西的高傲和法国的浪漫完美地呈现出来。皇家咖啡如图16-42所示。

图16-42　皇家咖啡

皇家咖啡的制作方法

材料：

- 深度烘焙咖啡120毫升
- 白兰地20毫升
- 方糖一块

做法：

（1）将咖啡倒入杯中；

（2）将方糖放在小勺上，用白兰地将其渗透；

（3）将勺子放在杯子的边缘，将方糖用火烤；

（4）火熄灭后，将勺子轻轻地沉入咖啡中，搅拌。

5. 如泣如诉的爱尔兰咖啡（Irish coffee）

爱尔兰咖啡是一种既像酒又像咖啡的咖啡，如图16-43所示。它名字里就带着一阵威士忌浓烈的熏香。爱尔兰人视威士忌如生命，以威士忌调成的爱尔兰咖啡，更能将咖啡的酸甜味道衬托出来，让人在品味咖啡的同时感受到酒精的浓烈。原料是爱尔兰威士忌加咖啡豆，特殊的咖啡杯，特殊的煮法，认真而执着，古老而简朴。爱尔兰咖啡杯是一种方便于烤杯的耐热杯。烤杯的方法可以去除烈酒中的酒精，让酒香与咖啡更能够直接地调和。

图16-43　爱尔兰咖啡

爱尔兰咖啡的制作方法

材料：

- 深度烘焙咖啡100毫升
- 生奶油40毫升
- 爱尔兰威士忌20毫升
- 白砂糖2小勺

做法：

（1）将白砂糖放入耐热玻璃杯中，倒入爱尔兰威士忌；

（2）将冲调好的咖啡倒入杯中，约8分满；

（3）注入适量的鲜奶油。

6. 优雅柔美的维也纳咖啡（Viennese）

维也纳咖啡是一个名叫爱因·舒伯纳的马车夫发明的，也许是由于这个原因，今天，人们偶尔也会称维也纳咖啡为“单头马车”。

维也纳咖啡的制作有点像美式摩卡咖啡。首先在湿热的咖啡杯底部撒上薄薄一层砂糖或细冰糖，接着向杯中倒入滚烫而且偏浓的黑咖啡，最后在咖啡表面装饰两勺冷的新鲜奶油，一杯经典的维也纳咖啡就做好了，如图16-44所示。

图16-44　维也纳咖啡

维也纳咖啡的制作方法

材料：

- 浓缩咖啡30毫升
- 鲜奶油40毫升
- 巧克力糖浆适量
- 七彩米少许

- 糖包一包

做法：

（1）将冲调好的咖啡倒于杯中，约8分满；

（2）在咖啡上面以旋转方式加入鲜奶油；

（3）淋上适量巧克力糖浆；

（4）最后洒上七彩米，附糖包上桌。

7. 康宝兰（ConPanna）

属意大利式的维也纳咖啡。搅拌奶油既可以搅和在咖啡里，也可以当作小点心另外上，供宾客边吃边饮。后来，用加压方式煮咖啡后，便改称“搅拌奶油配浓咖啡”。在美国，搅拌奶油有时不另盛，而是浮盖在咖啡上面。 目前市面上贩售的康宝兰是在热的Espresso上，加上一球冰的鲜奶油，在冰与热、苦、甜之间，品尝一般惊艳的感觉，如图16-45所示。

图16-45　康宝兰

康宝兰的制作方法

材料：

- 浓缩咖啡30毫升
- 鲜奶油40毫升

做法：

（1）取一个容积为70毫升的意式浓缩咖啡杯，倒入热水温热杯子；

（2）将意式浓缩咖啡倒入杯中；

（3）将打发的鲜奶油挤在意式浓缩咖啡上即可。

8. 被牛奶弄脏的——焦糖玛奇朵（Caramel Macchiato）

焦糖玛奇朵（图16-46）是一种在香浓热牛奶上加入浓缩咖啡、香草，最后淋上纯正焦糖而制成的饮品，特点是在一杯饮品里可以喝到三种不同的口味。喝焦糖玛奇朵不可先搅拌，首先是覆盖在上头如同牛奶糖般甜甜的焦糖酱，再来是混合香草糖浆香甜的牛奶，最后一层是口味浓郁的意式咖啡。“Macchiato”是意大利文，意思是“烙印”和“印染”，中文音译成“玛奇朵”。“Caramel”就是焦糖的意思。焦糖玛奇朵就是加了焦糖的Macchiato，代表“甜蜜的印记”。香草糖浆及香滑的热鲜奶，面层加上绵绵细滑的奶泡，混合醇厚的浓缩咖啡，再加上软滑的焦糖酱，香甜醇厚的焦糖玛奇朵便成为咖啡爱好者品尝特浓咖啡的好选择。

图16-46　焦糖玛奇朵

焦糖玛奇朵的制作方法

材料：

- 浓缩咖啡30毫升
- 牛奶120毫升
- 焦糖浆15毫升
- 淡奶油100克
- 糖包一包

做法：

（1）取一个容积为250～300毫升的咖啡杯，倒入热水温热杯子；

（2）将意式浓缩咖啡和15毫升焦糖糖浆倒入咖啡杯内；

（3）将牛奶倒入钢杯中加热至60～70℃，不需打出奶泡，直接倒入咖啡杯中；

（4）将打发的鲜奶油挤在咖啡上；

（5）在打发的鲜奶油上淋少许装饰用焦糖糖浆即可。

9. 东西合璧的抹茶咖啡（Macha Coffee）

抹茶咖啡（图16-47）是一道充盈着日式风情的花式咖啡。在原本的咖啡中加入抹茶，适中的甜度和抹茶自带的清香让人感觉温暖。抹茶中和了部分咖啡的甜味，咖啡本来的香味混合着淡淡的茶香，让咖啡更香浓且更易入口。抹茶咖啡首次正式输入日本是在1877年，当时正是明治维新的时代，咖啡是被当作一种象征欧洲文化的高级饮料。绿茶所特有的优雅清香及略带苦涩的口感，与咖啡浓郁厚重的香味及略带圆柔酸味及甜香的口感，在口中交流激荡，如同东西方两种不同文化的交流过程，在冲突与融合中寻求安定平衡点。

图16-47 抹茶咖啡

抹茶咖啡的制作方法

材料：

- 浓缩咖啡30毫升
- 牛奶120毫升
- 抹茶少许
- 发泡鲜奶油适量
- 糖包一包

做法：

（1）将牛奶加热，再用奶泡机打奶泡；

（2）将奶泡倒入咖啡杯中；

（3）将浓缩咖啡倒入杯中；

（4）将奶油挤在咖啡上，最后筛上一层抹茶粉装饰。

图16-48 泰式冰咖啡

10. 清凉迷人的泰式冰咖啡（Thai iced coffee）

如果有一种咖啡能在炎热的夏日给你带来清凉的海风和亚洲古老的迷幻香气，那就是泰式冰咖啡，如图16-48所示。泰国人将浓浓的咖啡与冰块混合，加入小豆蔻，再配以奶油和糖，一杯清凉而美味的泰式冰咖啡就调制而成了，那味道仿佛一瞬间就把你带到了烈日和海风下的普吉岛。泰式冰咖啡不仅是一种极受当地人喜爱的饮品，对于远道而来的外国游客也同样极具吸引力。泰式冰咖啡最特别的地方在于，这种咖啡中加入了一种原产于东印度群岛的香料——小豆蔻。这味香料味辛、性温，有芬芳而浓郁的香气，因此泰国人也常常用它来制作咖喱粉。

泰式冰咖啡的制作方法

材料：

- 浓缩咖啡30毫升
- 牛奶120毫升
- 冰块数块
- 炼奶适量
- 小豆蔻一茶勺
- 糖包一包

做法：

（1）在一个冰杯中装满冰块；

（2）将炼奶与咖啡调匀，倒入冰杯中轻微搅拌一下；

（3）加入牛奶至满杯，均匀搅拌即成了泰式风味浓厚的冰牛奶咖啡。

（三）常见咖啡类别

黑咖啡（Black Coffee）：又称"清咖啡"——香港俗称"斋啡"——直接用咖啡豆烧制的咖啡，不加奶等会影响咖啡原味的饮用方式。速溶咖啡是不属于黑咖啡的范围的。

白咖啡（White Coffee，见图16-49）：马来西亚特产，颜色较黑咖啡淡得多，故以"白咖啡"命名，咖啡豆并不加焦糖，经低温烘焙加工后大量去除咖啡碱，焦苦与酸涩味较高温碳烤所产生的咖啡少，咖啡因含量亦较低，不加入任何添加剂来加强味道，保留原始的咖啡香味，对肠胃道的刺激较一般咖啡小。

越南式咖啡（Vietnamese Coffee，见图16-50）：将咖啡末盛在金属特殊的炮制过滤器，倒入滚水，让咖啡一滴一滴流到杯子里；等咖啡滴完，随每个人口味加糖或者加点炼奶搅拌好即可饮用，在越南有冷饮和热饮两种饮法。热饮的咖啡，人们主要在冬天喝，泡制的时候将杯子放在另一个有热水的小碗里以保暖。冷饮咖啡则多在炎热的夏季饮用，是咖啡泡制后再加上冰块。

图16-49　白咖啡

图16-50　越南式咖啡

鸳鸯（Yuanyang）：鸳鸯奶茶是香港特产饮品，常见于香港的茶餐厅，见图16-51。做法是混合了一半的咖啡和一半的奶茶，同时集合有咖啡的香味和奶茶的浓滑。饮用者可以自行加糖，也可以叫店里事先加入炼乳。

意式浓缩咖啡(Espresso):这种意大利咖啡不但香浓醇滑,做法也简单,只要将煮沸的开水,利用蒸气压力迫使热水穿过非常幼细并经过挤压的咖啡粉末,吸取咖啡最为浓郁的口味,然后滴入下面的杯中,冲调时不能萃取过分,因此咖啡机必须能够非常迅速地关闭,当咖啡机里滴出带有金黄色的咖啡时,这就是Espresso。由于是浓缩,所以一般都用小杯盛用,而且这种咖啡还被作为花式咖啡的基底。

意大利浓缩咖啡(图16-52)用小杯品尝,最好在三口之内喝完。饮用之时,无须加糖加奶,净品其中之味。

图16-51 鸳鸯

图16-52 意式浓缩咖啡

(四)星座与咖啡

咖啡种类多种多样,喜好咖啡的人凭不同的心情和不同的环境选择不同的咖啡品种。如今,越来越多的人对星座痴迷,以至于会因为各自的星座来决定哪款咖啡会是最中意的选择(表16-6)。从每个人出生那一刻开始,命运就已经安排了一个属于你自己的守护星座,不同星座的人有着各异的性格特点,就像那每一种口感独特的咖啡,各有回味,各有感触。

星座与咖啡 表16-6

星　座	推荐咖啡	推荐理由
水瓶座 (1.20–2.18) 	  摩卡咖啡值得一试	水瓶座是标准的仁道主义和博爱论者,对喜欢迎向挑战和变化的水瓶人来说,一成不变是生活最大的致命伤,崇尚自由和天马行空则是这个星座表现在外最明显的两大特色。对相交满天下的水瓶而言,即使喝一杯咖啡也应该有不断地变化,风味优雅的摩卡咖啡就很值得一试

续上表

星　　座	推荐咖啡	推荐理由
双鱼座 （2.19–3.20）	  法式牛奶咖啡	双鱼座特别容易沉沦于某种嗜好中，即使是咖啡，也可能上瘾，因此卡布奇诺咖啡最合适不过了。让温柔的牛奶减轻咖啡因的杀伤力
白羊座 （3.21–4.19）	  意大利式咖啡（Expresso）是最理想的选择	白羊座爱恨分明。命力特别旺盛，绝不会轻言退缩，为了配合白羊急促的脚步，一杯热情洋溢的意式咖啡，是最理想的选择
金牛座 （4.20–5.20）	  最适合是蓝山咖啡	金牛座是绝对美食主义。无论对衣服还是对食物，追求品味一向不遗余力，有直觉的敏感。不加糖不加奶精，蓝山最细致的风味最适合金牛座

续上表

星　座	推荐咖啡	推荐理由
双子座 （5.21–6.21） 	  味多变又是新时尚的调味咖啡最恰当不过	行动力强且快速的双子座，他们喜欢一切新鲜的事物，所以最适合他们的为多变又时尚的调味咖啡。各种水果、核果，或香料味道，从巧克力、杏仁到薄荷，有上百种选择，多面性格的双子，不妨从琳琅满目的口味中寻找自己最喜欢的味道
巨蟹座 （6.22–7.22） 	  综合咖啡	巨蟹座是天生的收藏家，念旧的巨蟹们几乎舍不得丢掉他身边任何一样拥有回忆的东西，对节俭而保守的巨蟹座而言，苦酸醇浓都恰到好处的综合咖啡，显然能满足需求
狮子座 （7.23–8.22） 	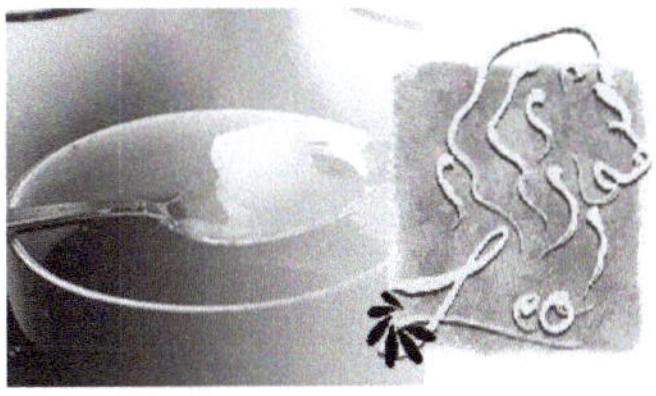  烧起火焰的皇家咖啡	狮子是十二个星座中最显赫尊贵的一个星座，喜欢受人膜拜的狮子座，霸道、慷慨、热情、自信都是他向外辐射的光环，像这样一个小太阳似的星座，狮子座的拿破仑创造的皇家咖啡是狮子座的不二之选

续上表

星　座	推荐咖啡	推荐理由
处女座 （8.23–9.22） 	  炭烧咖啡	处女座是标准的完美主义者，这个星座的人似乎都有无可救药的洁癖，喜欢杞人忧天，忧心忡忡的时间比别的星座都来得多。为了帮助“先天下之忧而忧，后天下之乐而乐”的处女座过于紧绷的神经，建议他喝炭烧咖啡
天秤座 （9.23–10.23） 	  维也纳咖啡显然是理想的选择	从天秤座的星座象征上就不难看出这是一个本着“一切以和为贵”永远在追求平衡的星座。他们对艺术、服饰、布置都有独到的品味。面对这样一个星座，纯美的维也纳咖啡显然是理想的选择
天蝎座 （10，24–11.22） 	  卡布奇诺	天蝎座集至善与邪恶在一身。敏感的蝎子，却常常喜欢隐藏住内心似火燃烧的烈焰，在脸上覆盖一层冷漠的面具，面对这样一座冰冻火山，神秘的卡布奇诺咖啡最能抓住蝎子的矛盾

续上表

星　座	推荐咖啡	推荐理由
射手座 （11.23–12.21） 	  爱尔兰咖啡	射手座的人崇尚自由，害怕任何烦琐的小事，认为这些芝麻绿豆的小事，会像绳索一样束缚自己。对于射手座的人而言，一杯加了威士忌的爱尔兰咖啡最能迎合他奔驰的想象力
摩羯座 （12.22–1.19） 	  又苦又香又醇的曼特宁	摩羯座的人坚忍不拔、脚踏实地、稳扎稳打。这个星座的人律己甚严，对任何事都一丝不苟，他们做起任何事来都一板一眼，因此在摩羯座的生活中找不到所谓的嬉戏和散漫，这样稳扎稳打的个性，在选择咖啡时，最适合又苦又香又醇的曼特宁

小知识

天使的眼泪（爱尔兰咖啡的传说）

爱尔兰一家咖啡店里的咖啡师喜欢上了一个常来咖啡店喝咖啡的女孩，但是他不敢将心意表露出来，只是每次匠心地给她调制咖啡。

有一天，他试着在她的咖啡里放入了白兰地，女孩尝了一口咖啡，感觉非常好，问咖啡师："这里面放了什么？"咖啡师想了想，告诉她，里面放了天使的泪水。女孩爱上了加天使的泪水的咖啡的味道，每一次来，她点咖啡时，咖啡师都会问她："要不要加眼泪？"她都会点头，咖啡师便将自己全部的爱调进咖啡里，并绞尽脑汁，将它从做法到配料做到尽善尽美。咖啡师告诉自己，如果这个女孩喝过100杯天使的眼泪后，就告诉她他爱她，不管出现什么样的结果。

但是，他只为她调制73杯，便患上了猩红热。他在女孩平时来喝咖啡的时间里回到咖啡店，他告诉老板，他希望能为他心爱的女人亲手再调一杯咖啡。

女孩果然来了，他像平时一样微笑着问他："要不要加眼泪？"她依然点头。在他用火焰焙融白兰地里的方糖时，他的眼泪掉了下来，和白兰地融为一体。他害怕自己的病会传染给女孩，便突发奇想，将杯里的白兰地点燃，将一杯火焰倒进了咖啡里。女孩看着燃烧的咖啡杯，开心地笑，她说她从来没有喝过这么好喝的天使的泪水，没有看过这么漂亮的咖啡，女孩再来的时候，咖啡师因病不治身亡。她等着他像平时一向微笑着走近她，得体地问她："要不要加眼泪？"可是她等来的却是咖啡店的老板，他告诉了她咖啡师的心事，还有他最后的遗憾——他没能为她调制100杯天使的眼泪，没有来得及向她说他爱她。女孩默默地流泪，离开了咖啡店。以后的日子里，她去了很多城市，去了很多咖啡店，她一直期待在她点过的咖啡后，有人在身后温柔地问她："要不要加眼泪？"但是她一生都没有再听见。

第三节 飞机客舱内咖啡服务

随着越来越多的人选择飞机作为他们的出行交通工具，各个航空公司之间的竞争也愈演愈烈。为了吸引旅客成为他们忠实的顾客，每家公司也使出了浑身的解数。为了避免恶性竞争，国际航空公约对各航空公司限制得很严格，机上餐饮就成了航空公司招待旅客的重头戏，餐具和菜肴都很讲究。进餐时，将前座背后的小桌拉出来，以便服务员摆餐具。对于食物有特殊要求的旅客，事先向订度组或机场柜台办理登机手续时说明，航空公司会做特别的准备。为适应国际旅客，飞机上一律采用西餐的形式。进餐时，也供应茶、咖啡、可乐、汽水等饮料，可以随时向空服员索取。

一、餐饮服务规范

餐饮服务是机上服务的一个重要环节，在为旅客提供餐饮服务时的原则：冷的要冷、热的要热、美观整洁、安全方便。

（一）服务用具使用规范

（1）饮料车：通常情况下是指对半车（图16-53），主要用来放置各种饮料及酒类。在起飞、着陆、送水及未使用状态下应踩下刹车键，锁闭车门。

图16-53　饮料车

（2）备份箱：用于盛放一次性杯子、棉织品、各种供应品的箱子。

（3）棉织品：毛巾、无纺布、水车布、餐巾纸、小型塑料袋。

（4）机供品（图16-54）：袋茶、速溶咖啡、糖包、咖啡伴侣、盐包、胡椒包、搅拌棍、牙签、小托盘、冰勺、防滑纸、锡纸（包裹热食）、一次性刀叉包等物品。

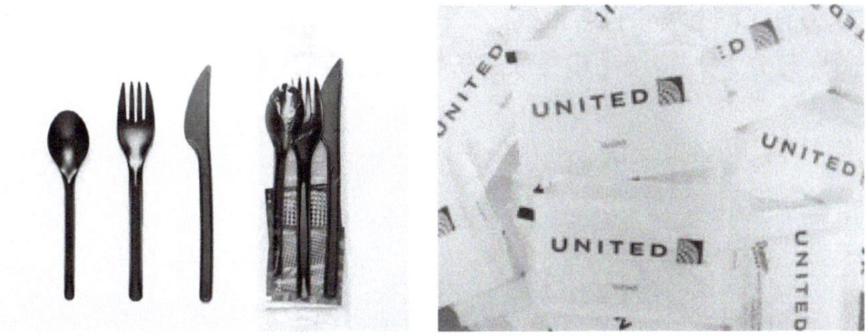

图16-54　机供品

（5）防滑纸：垫放在托盘中，以防止物品从托盘中滑出。

（6）杯子：经济舱配备四种杯子，见表16-7。

经济舱配备杯型　　表16-7

杯　型	性　质	功　能	示　例
纸杯	一次性	供饮用热饮	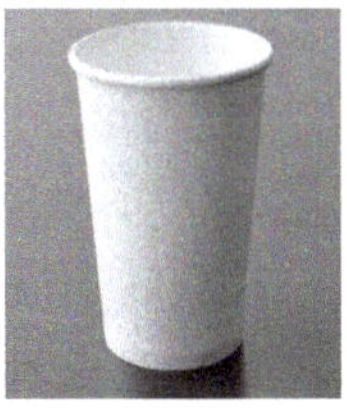
大塑料杯	一次性	供饮用冷饮	
小塑料杯	一次性	仅供饮用红、白葡萄酒	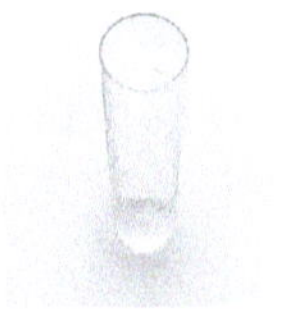
旅客餐盘中的杯子	随餐盘回收	供旅客饮用热饮	

（7）不锈钢水壶：为旅客提供热饮时使用。

（二）饮品的摆放规范

（1）用服务车送饮品时，大筒饮料摆水车中间，小筒饮料摆在四周，标志向外，要整齐美观，方便取用；

（2）杯子倒扣，高度不超过车上最高的瓶子；

(3)非冷藏的饮料上放一沓餐巾纸；
(4)吸管一包分2份，将湿毛巾叠成长条状，包住吸管的底部，放到一个杯子里；
(5)咖啡和茶壶下垫一块湿毛巾；
(6)服务车车两边各放一块湿毛巾备用。

(三)倒饮品的规范

(1)为成年人倒软饮料，倒至杯子的七成满；
(2)倒带气的饮料，需将杯子倾斜45°角，以免泡沫溢出；
(3)为小旅客倒饮料时，倒至杯子的五成满，倒好后放在桌子中间，并告诉其陪同人员。

(四)饮品的送达规范

(1)先介绍饮料种类，再询问客人需要何种饮料，带气的饮料要询问旅客要不要加冰，并告知咖啡和茶水为热饮；

(2)送饮品应遵循：从前至后，先里后外，先左后右(即先ABC后DEF)，先女士后男士；左边的客人用右手送，右边的客人用左手送；

(3)传递杯子时，无名指和小指托住杯底，其余三个手指扶住杯身；

(4)将小桌板放下，将餐巾纸放在小桌板上，再放倒好的饮料。

(五)咖啡饮品服务规范

尽管在客舱内提供的咖啡通常为速溶咖啡。但是，机上的咖啡的饮用方法仍分为：正常咖啡、黑咖啡和白咖啡。其中，正常咖啡为加糖和咖啡伴侣的咖啡；不加糖和咖啡伴侣的咖啡称之为黑咖啡；而只加咖啡伴侣而不加糖的咖啡是白咖啡。

经济舱冲泡咖啡的方法：

(1)一袋冲泡一壶。

(2)壶内不要放糖和奶，提供时将糖包和咖啡伴侣一同交给旅客。

(3)温度与浓度要适宜。

注意：及时清理客舱和通道的卫生(禁止用垃圾袋在客舱内直接回收)。杯内、罐内剩余的饮料不要倒入垃圾袋内，果汁、牛奶、咖啡不要倒入厨房漏水槽内。

二、客舱咖啡服务用具

(一)瓷杯(China Cup)

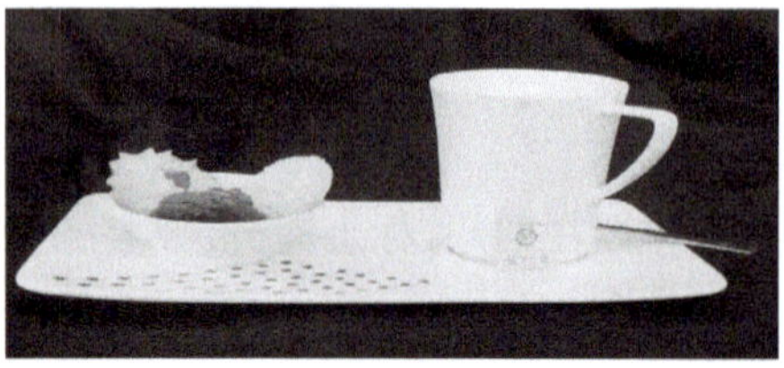

图16-55　瓷杯的摆放

功能：盛放茶水、咖啡。

操作方法：

(1)提供热饮时，先摆放热饮垫盘。

(2)单手拿杯柄放在热饮垫盘上，杯柄在乘客右侧成45°角，见图16-55。

备注：用餐过程中乘客需要热饮，直接将瓷杯放在小桌板上为乘客提供。

（二）糖盅、奶盅（Sugar Container，Milk Jug）

功能：用于盛放冰糖、糖包、奶包，见图16-56。

操作方法：

（1）将冰糖放入糖盅，同时放入小勺备用。鲜奶放入奶盅。糖包、奶包放入糖盅，每种不超过4包。

（2）乘客需要菊花茶时，将盛放冰糖的糖盅摆放在大银托盘上，根据乘客需求提供。

（3）乘客需要红茶时，将盛放糖奶包的糖盅、盛放鲜奶的奶盅摆放在大银托盘上，根据乘客需求提供。

备注：个别乘客与大部分乘客用餐不同步时，各种餐具可按照现有标准单手操作。

图16-56　糖盅、奶盅

（三）热饮垫盘（Hot Drink Saucer）

功能：盛放热饮杯使用。

操作方法：

（1）摆放热饮垫盘，双手各执热饮垫盘对角线一角，面向乘客摆放在小桌板中间。

（2）红色门钉图案朝向乘客，肢体不能挡住乘客视线。

（3）将热饮杯摆放在热饮垫盘的卡槽上。

三、常见咖啡搭配小吃

虽然在客舱里乘务员提供的咖啡多是“1+2”的速溶咖啡，但是细心的人会发现，如今航空公司提供的咖啡无论是质量还是种类都悄悄地发生着变化，以满足旅客日益增长的要求，从而不断提升机上服务品质。除了提供单纯的咖啡供旅客享用之外，同时也会配搭各种小吃增加咖啡的风味。那么不同的咖啡该和搭配什么小吃才能使其味道最大化地发挥呢？

（一）咖啡小吃搭配原则

图16-57　单品咖啡+重口味甜点

1. 单品咖啡+重口味甜点（图16-57）

目前在客舱里提供的单品咖啡多为美式咖啡。个别航空如国航也提供Espresso。这种人们常称之为黑咖啡的饮品因口味单一而香醇最适合搭配口味重的甜点。芝士蛋糕、黑森林蛋糕、巧克力布朗尼、法式烤布丁和瑞士巧克力慕斯等都是不错的选择。这样的搭配可以使甜点甜而不腻，而同时让单品咖啡中的苦与酸变得柔和不刺激。

图 16-58　花式咖啡＋酸甜味甜点

2. 花式咖啡＋酸甜味甜点（图 16-58）

花式咖啡泛指经过调味的咖啡。拿铁、摩卡和卡布奇诺等时下最流行的咖啡，就是以添加鲜奶、糖浆、巧克力或肉桂等做出来的花式咖啡。这类咖啡的味道丰富，不仅有咖啡浓郁的香醇还富含了其他材料的特殊香气。这样的咖啡最适合搭配诸如蓝莓起司蛋糕或柠檬奶油瑞士卷这样的具有层次感的甜品。口味清爽的波士顿派或是蛋挞也是不错的选择。因为它们可以突出咖啡本身的丰富口感。

3. 冰咖啡＋水果甜点（图 16-59）

冰咖啡在口感上总是要比热咖啡来得更清爽些，更内敛些。如果搭配上水果松饼、草莓派或是水果塔，那么无论是咖啡的醇还是甜品的味都能得到很好的配合。

图 16-59　冰咖啡＋水果甜点

咖啡到底和哪种小吃搭配最合适。孰是孰非，没有定数。估计没有人能给出最终的答案。最重要的是品咖啡时的心境。放下一切紧张的情绪，全身心地享受手中的那杯咖啡。如果这样，不论搭配的是什么点心小吃，都会愉悦地体会到咖啡带来的香醇和甜品带来的幸福。

（二）著名蛋糕

1. 芝士蛋糕（cheesecake）

据说1929年，纽约市内的Turf Restaurant烹调出首个由忌廉芝士制成的芝士蛋糕，并成为Turf Restaurant内最受欢迎的食品。自此，Turf Restaurant芝士蛋糕于美国纽约盛行，成为纽约市民最喜爱的甜品。不少餐厅都以芝士蛋糕（图 16-60）作招徕，当中以Lindy’s餐厅的芝士蛋糕最为出色，纽约市民更把此餐厅的芝士蛋糕称作“纽约芝士蛋糕”。

图 16-60　芝士蛋糕

2. 提拉米苏（Tiramisu）

经常喝下午茶的人都知道，提拉米苏和卡布奇诺是绝佳的搭配，就如同一对完美的恋人，能将蛋糕的甜与咖啡的苦极好地融合。提拉米苏吃到嘴里香、滑、甜、腻，柔和中带有质感的变化，味道并不是一味的甜，因为有了可可粉，所以略有一点点不着边际的苦涩，这正好与带有醇香奶味的卡布奇诺相配，见图 16-61。

图 16-61　提拉米苏和卡布奇诺的搭配

而作为意大利最负盛名的甜点，在意大利语里的意思是“带我走吧”。提拉米苏还有一个温馨的传说：二战时期，一个意大利士兵要出征了，可是家里已经什么都没有，爱他的妻子为了给他准备干粮，把家里所有能吃的饼干、面包全做进了一个甜品里，那个甜品就叫提拉米苏。后来，这款甜点成了专属于爱与幸福的寓言。

3. 维也纳巧克力杏仁蛋糕（Imperial Torte）

维也纳巧克力杏仁蛋糕（图16-62）的名字起源于奥地利最好的宾馆之名——Hotel Imperial。当年宾馆开幕时曾经是权贵集中的地方。而后一直都被认作是奥地利最好的旅馆。在1994年更是被评选为世界最好的饭店之一。据说当年为了庆祝饭店的开幕并彰显皇帝Franz-joseph的荣耀，一位糕饼师傅烘焙出了一种口感特殊的蛋糕。它不仅受到了皇帝的喜爱，还被皇帝亲自赐名为"Imperial Torte"（甜蜜的问候）。

图16-62　维也纳巧克力杏仁蛋糕

4. 黑森林蛋糕（Schwarzwaelder Kirschtorte）

黑森林蛋糕这款著名的甜点源于德国。它的名字"Schwarzwaelder"在德文里全名即为黑森林。它融合了樱桃的酸、奶油的甜、巧克力的苦、樱桃酒的醇香，见图16-63。

图16-63　黑森林蛋糕

黑森林蛋糕的雏形最早出现于南部黑森林地区，黑森林区是德国西南的一个山区。相传，每当樱桃丰收时，农妇们除了将过剩的樱桃制成果酱外，在做蛋糕时，也会大方地将樱桃一颗颗塞在蛋糕的夹层里，或是作为装饰细心地点缀在蛋糕的表面。这种以樱桃与鲜奶油为主的蛋糕从黑森林传到外地后，也就变成所谓的"黑森林蛋糕"了。

5. 萨赫蛋糕（Sachertorte）

萨赫蛋糕代表了奥地利的国宝级点心，是维也纳萨赫酒店独特的巧克力蛋糕，见图16-64。蛋糕由两层甜巧克力和两层巧克力中间的杏子酱构成，蛋糕上面有巧克力片。据说这款蛋糕是在1832年，由法兰兹· 萨赫（Franz Sacher）在奥地利维也纳发明。当时奥地利首相克莱门斯·梅特涅伯爵，天天举办宴会，必须事先准备大量甜点，某日要求厨子开发一道能让宾客难忘的新甜点，不巧，大厨生病，由16岁学徒"法兰兹·萨赫"担负重任，他灵机一动写下食谱，烘焙出此道巧克力蛋糕，美味无比，宾客大加赞赏。而在当时没有冰箱与防腐剂的年代，萨赫蛋糕居然能保存至少2周，自始闻名于世。如今虽说萨赫蛋糕在世界各地都可以品尝得到，但据说萨赫蛋糕的制法已经成为奥地利的国家机密。因此想一尝正宗萨赫蛋糕就不得不前往奥地利了。

图16-64　萨赫蛋糕

6. 歌剧院蛋糕——欧培拉（Opera Cake）

歌剧院蛋糕（图16-65）号称蛋糕中的极品，于20世纪60年代，由一位著名的法国饼师发明。法式歌剧院蛋糕的表面会用巧克力奶油写上“Opera”，有些师傅会在铺了巧克力淋面的蛋糕面上画音乐符号。蛋糕内芯重重叠叠达8层，如果算上不可见的3层咖啡糖浆就是11层之多，每一层都足以引爆强烈的味觉冲击，一口咬下所有8层，那是一种极致的味觉体验。蛋糕的外形四四方方，乍看似乎不是典型的法国做派，但是无论是在呈现的蛋糕盘里还是在小碟中，内敛的外表自有一种富贵优雅的气场环绕。有时蛋糕表面也会缀上一片金箔，象征着歌剧院加尼叶（巴黎歌剧院又称为加尼叶歌剧院。法语：Opéra Garnier）。

图16-65　欧培拉

（三）客舱咖啡服务经典案例欣赏

客舱咖啡服务经典案例见图16-66～图16-73。

图16-66　俄罗斯航空公司（Aeroflot-Russian Airlines）黑咖啡（Black Coffee）配冰淇淋（Ice-cream）

图16-67　泰国航空（Thai Airways International PCL）双份浓缩咖啡（Double Espressos）配慕斯蛋糕（Galliano Mousse）

图16-68　奥地利航空（Austrian Airlines）梅兰锡咖啡（Melange Coffee）配萨赫蛋糕（Sachertorte）

图 16-69　加拿大航空(Air Canada)奶咖(Milk Coffee)配焦糖玛芬(Caramel Muffin)

图 16-70　日本航空(Japan Airlines)咖啡配提拉米苏(Tiramisu)

图 16-71　太阳城航空公司(Sun Country Airlines)咖啡配现烤巧克力曲奇(Freshly Baked Chocolate Chip Cookie)

图 16-72　美国航空公司(American Airlines)美式咖啡(American Coffee)配圣代冰淇淋(Sundae)

图 16-73　美国达美航空公司(Delta Air Lines，Inc.) 星巴克 VIA 速溶咖啡(Starbucks VIA "Ready Brew" Instant Coffee)

小知识

冲泡咖啡时糖的选择

人们在喝咖啡时大多会选择加糖来缓和咖啡的苦味，使之入口更容易。同时，加糖的咖啡在苦味上也有所不同。但为了不让咖啡原本的香味被糖影响，糖不宜多加。同时可以根据咖啡的不同风格来配搭不同的糖。

由蔗糖提炼精制而成的白砂糖是最常见的。但由于在提炼过程中养分丧失，已经不再受注重营养的人群青睐。而由甘蔗汁去除有机酸和部分杂质后浓缩而成的黑砂糖，因其营养成分比白砂糖高出许多逐渐成为人们的选择。同时，这种糖有一定的焦香味，在调制爱尔兰咖啡时被普遍使用。如果将黑砂糖进一步加工就会得到黄砂糖。这种糖溶解速度快，是如今尤其是欧美人士最爱用的搭配咖啡的天然糖。因此现在使用的咖啡糖一般指的就是黄砂糖。

此外，冰糖、糖粉和蜂蜜也是不少人喜爱的选择。不论选择哪种，只要适量，一定会让你的咖啡更加香甜美味。

思考与练习

1. 简述各国咖啡饮用习惯。
2. 辨识图标，说出各种咖啡壶的名称及使用步骤。

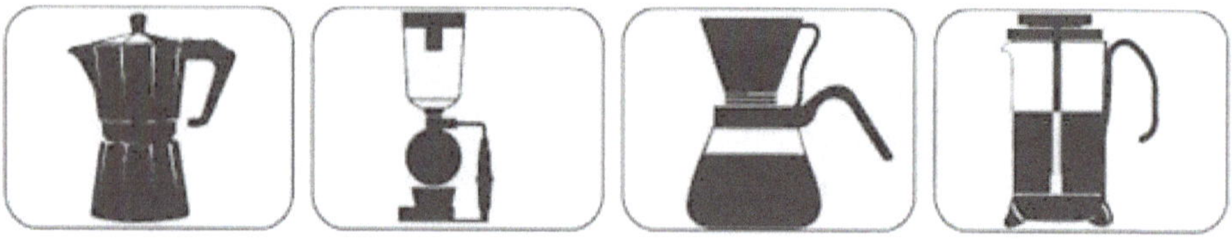

3. 简述不少于3种咖啡的制作流程。
4. 解释说明你选择某种咖啡品尝的理由。
5. 简述客舱咖啡服务注意事项。
6. 简述咖啡配小吃的原则。
7. 请设计出一组全新的咖啡小吃配搭。

参考文献

[1] 周巨根.茶学概论[M].北京:中国中医药出版社，2013.
[2] 钟茂桢.酒的轻百科[M].北京:化学工业出版社，2010.
[3] 林裕森.葡萄酒全书[M].北京:中信出版社，2010.
[4] 索恩.咖啡鉴赏手册[M].上海:上海科学技术出版社，2011.